2018年度河南省高校哲学社会科学基础研究重大项目
“比较视野下河南传统文化创新发展研究”（2018-JCZD-012）

比较视野下传统文化创新发展研究

钱同舟　张书霞◎著

郑州大学出版社

图书在版编目(CIP)数据

比较视野下传统文化创新发展研究 / 钱同舟，张书霞著. — 郑州：郑州大学出版社，2021. 4(2024.6 重印)
ISBN 978-7-5645-7462-8

Ⅰ. ①比…　Ⅱ. ①钱…②张…　Ⅲ. ①中华文化－研究
Ⅳ. ①K203

中国版本图书馆 CIP 数据核字(2020)第 215352 号

比较视野下传统文化创新发展研究
BIJIAO SHIYEXIA CHUANTONG WENHUA CHUANGXIN FAZHAN YANJIU

策划编辑	王卫疆	封面设计	苏永生
责任编辑	康静芳	版式设计	苏永生
责任校对	孙　泓	责任监制	李瑞卿
出版发行	郑州大学出版社	地　　址	郑州市大学路 40 号(450052)
出 版 人	孙保营	网　　址	http://www.zzup.cn
经　　销	全国新华书店	发行电话	0371-66966070
印　　刷	廊坊市印艺阁数字科技有限公司		
开　　本	787 mm×1 092 mm　1 / 16		
印　　张	12.5	字　　数	296 千字
版　　次	2021 年 4 月第 1 版	印　　次	2024 年 6 月第 2 次印刷
书　　号	ISBN 978-7-5645-7462-8	定　　价	68.00 元

作者简介

钱同舟，男，1968 年 10 月生，河南平舆人，河南工业大学政治学教授。

张书霞，女，副教授，1969 年 10 月生，河南平舆人，郑州工程技术学院德育副教授。

内容提要

在漫长的历史进程中，人类用智慧和汗水凝结成了具有强大生命力的灿烂文化。河南省域地处中原腹地，作为华夏文明的重要发祥地，传统文化积淀厚重、特色鲜明、内容丰富。河南文化代表着传统农耕文化的精髓所在，集中体现中华民族的民族精神、民族心理和民族性格，团结统一、爱好和平、勤劳勇敢、自强不息。河南人重家庭、明伦常，知进退、不服输。传承着“和”“合”价值体系、思维方式及系统深刻的道德伦理。改革开放以来，河南文化增加的是活力，不变的是和谐发展的生命力。厚重的河南文化，可以作为中国文化的缩影，诉说着中原文明的历史，护佑着中原发展的现在，照耀着中原腾飞的前程。

本书系 2018 年度河南省高校哲学社会科学基础研究重大项目“比较视野下河南传统文化创新发展研究”（2018-JCZD-012）和 2017 年度河南工业大学国家社科基金培育项目“传统家庭美德传承和创新研究”（2017SKPY02）的研究成果。编写工作具体分工如下：河南工业大学的钱同舟同志负责绪论、第一章的前两节、第一章第五节、第二章、第六章和第八章的撰写工作；郑州工程技术学院的张书霞同志负责第三章、第四章、第五章、第七章的撰写工作；中原工学院的赵云同志负责第一章第三、四节的撰写；南京师范大学的钱东晓同志撰写了第八章第一、第二节内容；赵云和钱东晓两位同志参与了全书初稿的校订工作。

目录

绪论 …… 001
第一节　厘清“文化”的概念 …… 001
第二节　文化的分层与特征 …… 003
第三节　河南文化的主要特征 …… 004
第四节　“和”文化的主体特征 …… 007
第五节　“和”文化的价值追求 …… 012
第一章　河南农村家庭文化的现状及其分析 …… 016
第一节　河南农村文化的研究背景 …… 016
第二节　中国传统文化与家庭文化 …… 018
第三节　家庭文化存在形式及结构 …… 021
第四节　河南省域家庭文化的调研 …… 022
第五节　河南省域家庭文化的变化 …… 024
第六节　河南省域家庭文化的问题 …… 027
第二章　比较视野下传统家庭文化的价值转化 …… 035
第一节　挖掘传统家庭文化丰富的文化资源 …… 035
第二节　传统文化价值转化主体的功能挖掘 …… 038
第三节　反思传统文化价值重构研究的不足 …… 040
第四节　韩日传统家庭文化价值转化的借鉴 …… 042
第五节　剖析农村家庭文化问题存在的原因 …… 044

第三章　国外传统文化创新发展的借鉴 …………………………………………………… 047
第一节　儒家文化在韩日的创新转化与发展 ………………………………………… 048
第二节　国外儒家文化创新发展的主要经验 ………………………………………… 050
第三节　对国外传统文化创新与发展的反思 ………………………………………… 053
第四章　国内传统文化创新发展的经验
——以礼乐文化的两次创新发展为例 ………………………………………………… 057
第一节　礼乐美学创新发展的逻辑路线 ……………………………………………… 057
第二节　礼乐文化创新过程的美学功能 ……………………………………………… 061
第三节　东周礼乐崩坏及礼乐美学批判 ……………………………………………… 064
第四节　儒家诸子基于人性表达的创新 ……………………………………………… 070
第五节　先秦诸子礼乐美学的身体探讨 ……………………………………………… 077
第六节　春秋礼乐文化现时代价值创新 ……………………………………………… 082
第七节　讨论礼乐创新发展的几点感悟 ……………………………………………… 084
第五章　传统文化创新发展的多种途径
——以老庄、荀子等人的和谐思想为例 ……………………………………………… 090
第一节　老庄身心和谐思想及其价值转化 …………………………………………… 091
第二节　荀子的和谐政治观思想及其价值 …………………………………………… 098
第三节　陆象山心性学脉络及当代价值 ……………………………………………… 106
第四节　人文关怀与和谐社会心理的塑造 …………………………………………… 116
第五节　儒家哲学的人文精神的时代价值 …………………………………………… 123
第六章　传统文化创新发展的方法拓展
——以当前家风文化的价值创新为例 ………………………………………………… 132
第一节　家风文化思想资源梳理 ……………………………………………………… 133
第二节　传统家风思想价值开发 ……………………………………………………… 135
第三节　家风文化创新发展经验 ……………………………………………………… 138
第四节　家风文化的传统哲学基础 …………………………………………………… 143

第五节　家风建设遵循的一般规律 …………………………………………………… 145
第七章　传统文化创新发展的价值呈现
——以抗疫战场家国情怀之价值为例 ……………………………………………… 150
第一节　疫情战场成为检验优秀文化素养的试验场 ………………………………… 151
第二节　传统文化家国情怀成为人们责任心的动力 ………………………………… 153
第三节　以人为本和人文关怀在抗疫战场大放光彩 ………………………………… 156
第四节　文化修养在新时代条件下突出的引领价值 ………………………………… 158
第八章　比较视野下河南传统文化对策 ………………………………………… 162
第一节　以文化创新促进河南经济发展 …………………………………………… 163
第二节　河南文化产业发展定位及思路 …………………………………………… 170
第三节　河南传统文化创新与民风建设 …………………………………………… 176
第四节　构建新时代良好的和谐家庭 ……………………………………………… 180
第五节　建设全新文化发展保障机制 ……………………………………………… 189
第六节　建设文化舆论监督有效平台 ……………………………………………… 190
主要参考文献 …………………………………………………………………… 193

绪　论

在漫长的历史进程中，人类创造了具有强大生命力的灿烂文化。从时间上来说，文化起始于人类的产生，伴随着人类创造性活动。从这个意义上来说，人类文化发展史比人类文明史更久远，因为后者是文化发展到人类有了文字记载能力以后才开始的。从某种意义上来讲，人类的文化发展史就是人类发展史。文化以丰富多彩、多种多样的形式反映人类生活的方方面面。在内容呈现上包罗万象、博大精深；在门类上涉及道德、政治、教育、宗教、军事、文学、艺术、科技等活动；在形式上可以表现为美轮美奂的艺术精品、流芳于世的经典著作、饱含智慧的科学成就等。丰厚的文化遗产是前人留下来的无价瑰宝。社会进入高度发达的新时代，人类文化，特别是人类在认识人与人、人与自然和人与社会的诸多关系中积淀的智慧，仍具有鲜活的生命力。对人类文化进行系统认识，思索文化发展脉络和文化的深层内涵，对认识和解决新时代的各种矛盾具有积极意义。对文化进行系统思考的目的，就是要以自信和自省的态度审视文化历史，取其精华、弃其糟粕，服务人类新时代的新生活。

第一节　厘清"文化"的概念

在古汉语中，"文化"的"文"通"纹"，意指各色交错的纹理。"文"亦可指象征符号，包括文物典籍、语言文字、礼乐制度；也可以指富含伦理意蕴的人为装饰，以表达教化和修养之义；"文"还可指人们的美、善、德等修为以及这些精神修养的修炼过程。"文化"的"化"本义指变化和生成，引申为"造化"。"文"与"化"并用，最早见于《礼记》"观乎天文，以察时变；观乎人文，以化成天下"

的表述中。在这一表述中的“天文”与“人文”相对，分别指天道自然与社会人伦，从两个方面概括了文化的主要内容。可见，“文化”也就是文明教化，是人类精神、智慧、意识及其创造的成果。除了作为名词来描述人类文明成果，“文化”在中国语境中还常作动词（使动用法），是“使之文明和开化”的意思。

拉丁语系的“文化”，源于人类实践中与物质生活相关的活动，如“耕种、培育、居住、掘垦”等。由这些实践活动引申出包括神明拜祭、心灵沐浴等与人类精神相关的实践活动，后逐渐引申出“对人性情的陶冶、品德的教养”等意义。

可见，中西方的“文化”涵义，都包含了物质和精神两个方面的内容，从物质文化发端，继而引申到对精神领域各种现象的认识，这其实也反映出人类发展的进程和规律。虽然人们对文化的概念一直存在着不同理解，但有两种理解最为常见，并且具有较高的共识性。

第一种理解，把文化看作人类创造的一切历史财富的总和，包括物质财富，也包括精神财富。与其他动物相区别，也与自然界相分离，把人类物质与精神上的种种进步与成绩、全部努力与结果都作为文化的内容。这样的文化概念不仅包含显性特征的事物，还包括隐性的。只要是人类实践活动的物化成果，即可作为人类文化的成功或体现。这种理解的文化，又被称作“大文化”或“广义文化”。

第二种理解，认为文化应该是人类精神、意识、思想方面的创造及其成果，包括语言、文学、艺术以及一切意识形态在内的精神财富。这种理解，把人类实践的精神产品与物质生产及其器物性、实体性成果相对立，作为文化的内容。把文化定义为“代表一定社会的政治和经济在观念上的反映”。这里的“文化”，是精神的、意识的和观念的，即是在人类全部实践成果里排除人类社会关于物质创造活动及其成果的部分，而专指精神创造活动及其成果，所以又被称为“小文化”或“狭义文化”。

在当前社会全面、和谐的发展进程中，科学、全面的文化观认为，人类在适应自然的过程中，发挥主观能动性改造自然、将人类智慧融入自然，产生自然的人化。文化就是人类改造自然和改造人类自身过程中所创造、为人类所特有的成果。一切精神和意识形态的东西构成直观的文化；而一切体现人类智慧和信仰的物质财富成果则构成文化的载体。所以，文化包括了人类实践活动所创造的全部精神财富和物质结晶。

第二节　文化的分层与特征

文化内容的庞杂使得对文化进行分层研究很有必要。根据文化的内容体系，笔者认为比较有代表性的文化分层说是“四层次说”，即把文化分为物质文化、制度文化、行为文化和心态文化四个层次。

物质文化是人类在社会实践中的物质生产活动以及产品的总和。它是可感知的、具有物质实体的文化形式。物质文化是社会生产力发展水平的反映，物质文化在形态上是实物的、实体的，是人类知识和技术的“物化”，反映人与自然的关系。物质文化代表着人类认识、把握、利用和改造自然界能力，构成整个文化创造活动的基础。

制度文化是人类在社会实践中逐步形成或建立起来的各种社会规章制度或组织形式等所体现的文化内容。制度文化是人类自觉的较高表现形式，来源于人类对自身实践活动进行的规范性总结；人们建立起来的制度文化反过来又服务于人类活动。其主要表现形式是为整体利益而规范或约束个人活动。制度文化是约定成俗的应对人与人、人与自然和人与社会等相互关系的准则体系，包括社会经济制度、政治法律制度、婚姻制度、家庭制度等制度体系，以及国家、民族、家庭、经济、政治、宗教、教育等各种组织。制度文化实际上就是社会运行的组织法则。

行为文化是在人际交往相关的人类社会实践活动中，地域特色的民风、民俗形态，或者以民族特色出现的具有鲜明的模式和特征。行为文化体现在人们的社交礼仪、日常起居、婚丧嫁娶之中。行为文化是集体的、社会的，是代代相传的文化模式。

心态文化是指社会心理、社会意识，也受地域、宗教或历史背景的影响。心态文化是不同心态和思维定式在思想、意识、概念上的体现和表达。心态文化经过人类社会实践和认识活动的长期孕育和发展，构成地域性较强的社会心理和社会意识。社会心理构成大众心态文化，反映人们心理需求、愿望、情绪等；社会意识形态则是在社会心理基础上，经过归纳和提炼表现出来的较高层次文化，反映着文化发展的大趋势。

上述文化结构四个层次中，广义的文化包括了四个文化层面，而狭义的文化则涵盖后三个层面内容。狭义的文化与人类社会的政治、经济结构共同构成社会的经济、政治与文化三大支柱。

无论如何分类和分层，从不同视角看各类文化，也总能找到文化的基本特征，可以帮助我们进一步理解文化的内涵。文化的基本特征主要有以下几点。第一，文化的人类共同性。虽然由于种族、民族的差异，有着明显的地域差异，但文化作为人类在改造自然和社会的实践活动中取得的物质和精神成果的总和，总会具有共同性。不同文化群体的人们虽然创造出了不同的制度文化、行为方式和心态文化，但彼此之间亦有相似性和可借鉴性。文化为全人类所创造，理应为全人类服务，努力开发文化的人类共同性，为全世界人民带来福祉。第二，文化的时代性。任何文化都是在历史发展演变过程中产生的，不同时代的文化有着不同的时代烙印。人类社会不断进步，人类文化也不断在批判、继承和改造的基础上，随着时代的前进而进步。第三，文化的民族性。文化的产生与存在具有明确的地域性，具有明显的民族性。共同的地域、共同的语言、共同的心理认同、共同的经济发展状况和共同的社会发展经历等是一个民族形成的必要元素。从这个意义上来说，文化是民族的，其次才是人类的。第四，文化的阶级性。进入阶级社会以后，反映在意识形态领域的文化带有明确的阶级色彩，文化要服务于统治阶级，统治阶级掌握着文化的话语权，文化成为统治阶级的工具和专利品。第五，文化的宗教性。特别是在西方社会，在较长历史时期内的"政教合一"，使宗教与政治相互利用、共生共存。由于宗教在人类政治舞台中作用极大，必然对文化产生重要的影响。物质文化、制度文化、行为文化、心态文化都与宗教有着千丝万缕的联系。

第三节　河南文化的主要特征

河南省位处中原腹地，是华夏文明的重要文化发祥地。河南省域传统文化内容厚重，特色鲜明，可供挖掘的典型案例丰富。河南文化的很多内容是体现传统农耕文化核心内容的精髓所在。在上下五千年的历史发展中，中原农耕文化区一直是中华文明的核心区。中国传统文化在这一核心区域里汇聚、升华、传播，生生不息、源源不断、一脉相承、薪火相传。民族文化传统是民族生存和发展的本质力量，而中原文化作为中华民族文化的典型代表，集中体现民族精神、民族心理和民族性格：团结统一、爱好和平、勤劳勇敢、自强不息。中原文化体现着中华文化独特的价值系统和思维方式；有着开近代文化先河的科学技术和绚丽多彩的文学艺术；有耐人寻味的政治智慧和完备深刻的道德伦理。厚重的河南文化，可以作为中国文化的缩影，很好地诠释中国传统文化的历史和未来，具有以下特征。

第一，河南文化重家庭与明伦常的生活特色明显。河南省域位处中原农耕文明腹地，很好地保留了重家庭、明伦常、知进退、不认输的生活文化。重家庭、明伦常是传统社会的农民生活最基础的文化伦常。在河南的大多数村落里，流传下来的仍然是按照邻里、同村、同乡、宗族、亲戚、街坊、等血缘和地缘的交际概念。人们选择的交往内容和交往对象，往往以血缘的亲疏和地缘的远近为标准。以婚配习俗为例，直到今天，绝大多数农民仍保留着在村内或者周围村庄选择配偶对象的习俗，究其原因，农村通婚圈较小只是原因之一，根深蒂固的“不远嫁”、恋土情结、家乡观念是更深层次的内因。通婚范围反过来又稳定和加强了农民原有的交际范围，如此循环往复，使得文化的稳定性代代相传。虽然现在随着人口流动性的增强，也有不少年轻人在打工过程中选择了“外地人”，但从心理上，“远嫁他乡”还不能被寻常百姓家所接受。乡土社会文化在人际关系亲密的环境里不易发生实质性的变化，宗亲习俗、血脉相承，千年不变。同样，重家庭、明伦常不易受到现代生活和文化的影响，也对西方文化具有较好的抗渗透能力。

第二，人们安身立命的基础十分明确。宗亲观念是传统农民价值观的核心，“孝悌”观则是传统农民最基本的道德原则，这些是构成农民安身立命的基础。宗亲观念和其他地域性风俗习惯融合相生，与积淀深厚的家庭宗法制度、宗法伦理和地域性风俗习惯共同融合构成社会秩序。一方面，维系“家庭门面”“个体面子”，激发强烈的家庭意识和家庭责任感，产生浓厚的传统农民乡土观念。这些理念以及相似的对于社会秩序的理解，被传统农民视为精神生活的基本需要和道德存在的根本，内化到人们的观念世界和灵魂深处，指导着人们的社会实践，规范着人们的行为模式甚至影响着人们的个性发展，社会个体的主体性意识和独立精神不强。同时，传统农民十分看重荣誉和声望，正所谓“人活一张脸，树活一张皮”。“爱面子”是传统农民内在人格的重要特征之一。另一方面，维系中华文明两千多年，至今影响厚重的儒家伦理十分重视“礼”。强调“礼尚往来”，重视私人关系。正所谓“来而不往非礼也”，传承着“人情大于天”的古训。不同地域有不同的生活风格和习俗特点，但在人际交往中，请客送礼作为基本行为规范和重要交往形式，却很普遍。约定俗成的习惯，使得人们彼此制约，而且地方色彩浓厚。

第三，文化具有明确的实用性功能。这样的村风和民俗导致的社会影响是综合性的。一方面，它反映了几千年的传统农耕文明文化思想积淀，对维护社会和谐、展开生产和生活具有积极意义；另一方面，很多内容和形式都严重制约了人们的创新精神，是根深蒂固的庸俗平均主义思想、逆来顺受心态作祟，面子观和人情观很多时候会让人难以做出正确判断。即使这样，为什么消极的东西没有退出历史舞台呢？以“面子”观念为例，从表面上看，“家庭门面”“个体面子”是为了家族和个人，在事实上，它往往可以实现“为他人、为社会”的社会效果或效应。而且，也正是这种道德维护的传统文化维护了农耕文明的社会生态。

从古至今，互相帮助、共同分享资源是中国传统社会的一大特点。在古代，人们需要团结起来，共同战胜洪水和猛兽；现代社会，在大多数的乡民之间仍具有互助和互惠的双重属性。实际上，传统农民的交往的基础不仅有感情纽带，邻里之间长期共同生活，基于生产活动的交往关系也是十分常见的。正所谓“远亲不如近邻”，指的就是这个理儿。感情做基础，需要做动力，促成了人们之间的“利益群体”。前者是密切联系和彼此熟悉；后者是因为农业生产具有季节性，而且一旦遭遇自然损害，个体家庭很难独自应对。亲属和邻居相互寻求帮助，共同度过春播、夏种、秋收、冬藏等农忙季节是很常见的交往形式。人们在生产活动中互助与合作特征的交往关系，反映出中国传统文化的多重特征，也是这种文化拥有强大生命力的重要内因。

与重实用的价值取向紧密联系的，是偏重理性、以勤俭为要。这就把价值观普遍性地体现在社会生活的方方面面，成为广大的普通民众延续生活和生命的日常依循。自然和历史反复给人们带来“储备盈余以备不时之需”的经验。一方面，传统社会孕育的忧患意识，使“备不时之需”成为经验，不节约就可能导致生存困难成为一种基本生活认识。享受被降低到了最低限度，勤俭成了基本道德原则。另一方面，传统农业生产主要依靠繁重的体力劳动，广大农民基本上是人与土地交换，整个漫长的传统农耕社会，绝大部分劳动对象都是自然物，生产力低下，加之收成常因气候条件的不济而不稳定的状况，不出力就难以有好的收成，人们明白“粒粒皆辛苦”的道理。

从对河南文化理性与实用性的分析上，我们除了深深理解了其中的“难处”，还能看到文化发展进步的必要性和重要性。唯有此，社会才能进步。乡土社会常态的生活是终老是乡，传统农民易于满足，很难走出原来熟悉的生活环境，到新的社会空间去寻求生存与发展；很难抛弃原有生活方式，到外界承担更大的风险，长此以往，必然缺乏冒险精神和开拓型思维。这些都是应该革新的地方。当然，“日出而作，日落而息”实现了人与自然的和谐，是农民作息的常态，但这些是在传统农村社会以自给自足的小农生产为主的状态。随着生产力的极大发展和进步，我们在理解普通民众延续生活的日常依循时，也要加强农村文化教育，发扬优秀文化的精神价值的同时，为农村文化注入新鲜活力。

第四，河南文化体现的知进退、不认输和包容旷达。河南省位于中原腹地，在长期的历史发展中，经受了多次来自于边远民族的侵袭和外夷的侵略。特别是在中国近代上遭受的帝国主义列强的蹂躏，把水深火热中的河南人民逼到了亡种灭族的危险境地。在几千年的历史长河中，英勇的中原华夏儿女虽身处农耕文明气息最浓厚的区域，但并不甘于落后和保守，而表现出了知进退、不认输和包容旷达的民族文化特性。

在漫长的历史年代里，知进退、不认输和包容旷达的民族文化成为中原文化融合中国境内各民族文化的纽带和线索，共同语言、共同地域、民族心理等民族共同体要素渐趋完备。

第四节 “和”文化的主体特征

中原文化的核心要义，也是整个中华传统文化的核心内容，那就是一个字：“和”。“和”，是中国历代志士仁人为之奋斗的崇高理想；“和”，也是中国传统哲学中的核心要素；“和”，也是中国传统哲学的基本特征。

儒家讲究人际关系的和谐，道家讲求自然关系的和谐，墨家则强调“和”中的辩证关系。中国传统哲学内容极为丰富，它有中国特有的思维方式、价值取向、精神意境、理论形态和语言风格，而上述三种“关系”范畴涵盖了关于对象世界的一般理解与规定，凸显了中国传统哲学或中国传统文化的某种基本特质。领悟中国传统哲学“和”的精神，汲取传统哲学中的“和”的思想，以光大传统哲学之“和生”“和立”“和达”“和爱”“和处”原理，对于当今构建社会主义和谐社会具有重要的现实意义。中国传统哲学与西方哲学在人类文明史上双峰并峙，统领着东方哲学的主流。犹如一个博大精深的思想宝库，凝结了自先秦以来每个历史时期各派哲人的智慧。社会发展到新时代，这些哲学理论仍然散发着人性的光辉，具有指导现代人生活的丰富价值。

无论是从实践方面还是从理论方面来说，中国传统哲学在当代的意义在于，中国古人的智慧对人们应对各种矛盾和问题仍具有重大指导价值。在对待中国哲学的问题上，应该从中国的历史情况和特有的文化形态出发，按照中国的思维方式去理解中国的哲学传统和传统文化，这样才能真正把握中国的文化精神实质，理解中国哲学的特有价值。中国文化和哲学的价值，主要体现在思维的独特风格和理论的特有意境上。发扬中国优秀传统文化和哲学的现代价值，认识文化和哲学产生的历史环境至关重要。

“中国传统哲学”既包括自然科学哲学，也包括人文哲学部分，有丰富的唯物主义哲学思想。近世以来，中国学者一直致力于用自然科学原理、人文主义原则和唯物主义思想认知、发掘、整理中国传统哲学内容。对这些认知方式，我们应本着实践性原则，探讨传统文化对现代的重大理论意义和现实意义。解读中国传统哲学，可以充分发掘其神圣的、真善美的价值，透过哲学和科学，通过艺术和宗教，理解中国古人的智慧，分享他们的道德理想、艺术理想和真理。事实上，中国传统哲学的宇宙观不但不贫乏，把真善美的最高标准同宇宙真相贯串起来，还使得我们能够探索更加丰富的真相系统，开辟更为丰富的价值系统。

从实践方面说，面对当今世界的种种困境和问题，可以发现中国传统哲学在当代具有丰富的启示意义。比如“道”，作为中国传统哲学追求的一种精神境界，会给现代生活中的人们多一些观察世界的角度和思路。中国传统哲学的创造观是在整体论思想指导下的发展观和实践观。它蕴涵着关于创造之“境”、达“创”之法的世界观和方法论，具有创造性人格的功效以及关于人人都具有创造性人格的鼓励。道的哲学包含世界观、认识论、美学、逻辑学等学科的丰富内容，对其进行研究具有丰富的当代价值。再如“和谐”思想，实现幸福美满的和谐社会，是中国历代志士仁人为之奋斗的崇高理想。和谐也是中国传统哲学中的一个重要问题，从某种意义上说，中国传统哲学的基本特征就是和谐，这表现在中国哲学的两个主要流派——儒家和道家不同侧面但相似内容的学说表达中。儒家讲究人际关系的和谐，道家讲求自然关系的和谐。这种作为表征宇宙万物或整体要素之间的“关系”范畴，涵盖了关于对象世界的一般理解与规定，凸显了中国传统哲学或中国传统文化的“和谐”之基本特质。领悟中华和谐之精神，汲取传统和合思想及“和”“合”之学的基本原理，对于当今构建社会主义和谐社会具有重要的现实意义。中国哲学源远流长，在几千年的思维发展过程中，虽然派别林立，异说蠡起，但古代哲人大都对和谐表现了浓郁的兴趣和高度的关注，从而历史地积淀为一种追求和谐的致思倾向。和谐观念的萌发及对和谐的追求，可以追溯到古老的原始社会时代。中国古人的智慧及其和谐思想发展的路径，历经不断发展而发扬光大。到春秋末及战国时期，和谐观念已经蔚为大观，包括儒、道、阴阳五行等在内的各家分别从不同的层面表示了对和谐的执着追求。道家思想相较于儒家思想，其对和谐的兴趣并不呈弱势。到春秋战国时期，中国哲学大体奠定了和谐理论的基础。此后的两千多年，和谐观念日趋发展，并且逐渐积淀和强化为一种思维定势和文化范式。

中国传统哲学中“和”的思想光辉普照。中国传统哲学中“和”的思想源远流长。《周易》的“太和”概念是和谐思想的重要起源。《易·乾·彖传》的“大哉乾元，万物资始，乃统天。云行雨施，品物流形”赋予乾以万物源泉和原始动力的地位，称“乾元”。乾元在激发创造性活动和产生万事万物的过程中起着很大作用。而《坤卦·彖传》的“至哉坤元，万物资生，乃顺承天”说明了坤的兴起与乾的兴起相伴随且密不可分。这种相互依赖和相互交叉的乾坤观反映了《易经》和谐的自然观。“和”为万物在相互依赖和相互交叉中创造生存条件；“和”是使万物和谐相处的力量；“和”让生命和生机繁荣壮大，并为未来的发展积蓄力量，“和”的力量与作用催生万物并促进发展。孔子主张“礼之用，和为贵”（《论语·学而》），和谐成为人类社会最理想的原则。孔子主张“和为贵”“不偏不倚，无过之无不及”的“中庸之道”，主张“中行”，反对偏激。“中庸之道”成为儒家思想的精髓。孟子的父子有亲、君臣有义、夫妇有别、长幼有序、朋友有信充分显示了儒道重视社会关系协调的基本精神。认为“天时不如地利，地利不如人和”的孟子更有“民本”思想，“老吾老以及人之老，幼吾幼以及人之幼”,主张“以人为本”。儒家思想虽有很大的局限性,但“民本”思想等的反专制、反暴政进步意义明显。

再以道家思想中对于“和”的理解为例。道家思想与儒家思想对立诸多,但对和谐同样重视。道家崇尚的“混沌”即原始的自然状态,认为最理想的和谐状态是“当是时也,阴阳和静,四时得节,万物不伤,群众不夭,莫之为而常自然也”(《庄子·缮性》)的客观世界未经人化的和谐。因而强调返朴归真,“和之以天倪”,“守其一以处其和”,恢复自然的原始和谐状态。与儒家相比,道家“和”的思想从另一面确认了和谐的价值。相类似地,天人合一思想也主要强调的是人和自然界的统一。

人与自然一一对应和相互感应的关系在《吕氏春秋》的“十二纪”得到详细体现。“十二纪”以某种神秘的形式表示了古人的一种大和谐观。为了避免与自然界的失和,为了人和社会的平安,人类的生活必须与自然界的变化统一或协调起来。

在先秦哲学奠定的和谐理论的基础上,“和”“合”核心理念便日趋发展并不断积淀和强化。从墨子的“兼爱”“非攻”到陶渊明的“世外桃源”体现着“尚自然”的追求;从康有为、梁启超的“天下共享”,到孙中山的“天下为公”包含着人类“和谐”的政治理念。董仲舒认为和谐是自然界最美好的状态,提出宇宙的和谐观,作为宇宙根本规律的体现;魏晋时期阮籍与嵇康的自然和谐观,崇尚自然界和人类社会的原始状态,倡导未经人为破坏的和谐;宋明时期周敦颐提出“中和”“中节”观,即所谓的“中也者,和也”,“中节也,天下之达道也”;程颢、程颐提出“极吾和以尽天地之和”;司马光倡导“以中和养志”;朱熹、张载也都提出了自己的和谐观。

概括总结起来,中国传统哲学中“和”“合”思想内容涵盖多种辩证关系的思考,意义广泛、博大精深,至少包含了以下三个方面的内容。

第一是人与自然的和谐。“和”“合”思想首先源自人们对人与自然关系的认识。重要的代表性表述是“天人合一”观和《周易》中的“太和”概念。天道和人道生命统一的立场是中国哲学对于人与自然关系的表达,观察自然,顺应自然,正所谓“参天地,赞化育”,在此基础上利用自然。中国古人认为人与自然和人与人之间的和谐共处是生命演进的前提。“夫大人者,与天地合其德,与日月合其明,与四时合其序”(《易·文言传》)与天地感而万物化生,圣人感人心而天下和平”(《易·咸卦·彖传》)是密切相关、不可分割的。

第二是和谐的辩证法。中国古代的朴素辩证法思想内容丰富。从客观上承认矛盾的存在与冲突，并且比较正确地认识到了正是矛盾反映的差异性丰富了世界。认为矛盾双方的斗争过程到终结，并不以矛盾一方去消灭另一方为目的或者把消灭对方作为唯一想要的结果。那中国古人对矛盾双方斗争的目的与结构到底是什么的认识呢？中国古人认为，根据仁德原则和克制的原则，为了双方的利益达成谅解，要控制矛盾双方冲突的度，公开地进行谈判，让矛盾在自然中消解。认为在处理矛盾对立统一的关系中，总会有相同的东西存在，总能找到矛盾的统一性并且更注重矛盾的统一性。正所谓"求同存异"。按照这种思路，暂时搁置分歧，放大共同点，会带来意想不到的效果。那就是即使矛盾的对立性问题不能得到有效解决，也能使矛盾双方和谐相处。因为矛盾双方总能在"求同存异"原则的指导下，暂时放置争议，寻找和开发两者的共同之处，使看似对立的双方得以和谐相处。

第三是人与人之间关系之"和"。人与人之间关系之"和"是从人对客观世界的认识中演进过来的，主要体现在孔子、孟子等众多思想大儒的表达和国家政治治理的特色上。孔子的仁爱思想、墨子的"兼爱"等思想、孟子的"民本"思想是其中典型的代表。从认识自然"和实生物"到修身养性"心平气和"，是一种观念的引渡；从人与人交往"和而不同"到应对各种社会现象的"和而不流"，是一种态度的超然。所有的"和""合"思想，会聚在一起，便造就了治理国家的"政通人和"。今天来看，虽然孔子的"仁爱"学说缺乏人的主体性的缺陷，也没能体现互为主体性的统一等，但孔子仁爱思想实质上是一种"以人为本"的人本主义学说，它是明确地从其"爱人"的根本理念处罚的，只不过因社会制度的限制不能彻底贯彻其人本主义罢了。不过，中国传统哲学中"和"思想的当代价值却不容置疑，中国传统哲学的"天人合一"自然和谐思想、人与他人及世界的"求同存异"以及终极关怀思想等都极具现代价值和意义。

中原文化，"和"字当先。千百年来，"和"的思想已经深入我们的骨髓。坚持"和为贵"的思想体现在家庭文化、邻里关系上；体现在社会文化、社交礼仪上；体现在国家交往上。在个体生活、国家生活的价值取向上，处处体现和谐理念与和谐精神。

环视当今世界，不少国家在困难面前转嫁国内矛盾、转移国内民众注意力的做法，实在令人不齿。但稍加反思，这些国家的民族性格就与我们截然相反，他们中的很多国家，从始至终，信奉的是个人主义，以自我为中心，个人利益至上。在应对人与人、国与国之间关系时，凭借的是优胜劣汰的“丛林法则”，从蛮荒野蛮时代的海盗逻辑，到现代文明高度发达的今天的“本国利益至上”，自私自利的嘴脸暴露无遗。有的国家，历来就是“战争狂魔”，国家历史200多年，发动与别国的战争也有200多次。到处充当世界警察、贩卖自己的“价值观”，高傲自大、自不量力。这种邪恶国家的存在是世界和平的威胁，更是和谐世界的绊脚石。全世界的绝大多数普通民众是热爱生活的，也必然是爱好和平的。这也正是研究和谐观念的价值所在。

尽管世界充满着矛盾，多种多样的利益矛盾导致了人与人、人与自然之间的矛盾，也使世界范围内不同地区、国家之间对立和冲突。但谁也不能否认，整个人类共同利益愈来愈多，命运息息相关；国家之间的联系愈益密切，发展相互依赖。毫无例外地，“全球化”正把所有国家和人民卷入紧密相连的发展大潮。人类应在宽容、协调、和平、和睦中发展，而不应在对立冲突中沉沦和毁灭。如今，世界发展大局需要“和为贵”的价值理念。进入新时代，我国社会总体上是和谐的。但随着改革进入攻坚阶段，也存在着不少影响社会和谐的矛盾和问题。这是随着经济的发展和精神文明建设的深入，非对抗性的人民内部矛盾出现的结果。总的来说，因为相互间有着共同的根本利益，所以，各种矛盾通过对话、沟通、交流、引导，最终能够得到化解。其结果也必然是社会在改革中更加协调和谐地发展，社会各阶层、各群体、各组织的创造活力进一步加强。

在建设社会主义和谐社会的今天，在应对人与自然、人与人、人与社会以及国际交往时，批判地继承“和谐、中庸之道”有利于我们正确处理人与自然之间的关系：生态发展、减少环境伤害；有利于我们正确处理人际关系：与人为善、团结进步；更好地团结各民族的兄弟姐妹：全国协调，共同进步；更加有信心地正确处理国际关系：和平相处，和谐共赢。

第五节　“和”文化的价值追求

河南省域处于中原腹地，从古至今倡导和谐理念、培育和谐精神。河南人传统,但并不保守,在文化交流方面尊重差异。在今天的现代化建设中,作为重要物流集散地,国内极其重要的交通枢纽,“和”内容守护优秀传统但并不保守,追求和谐但并非回避矛盾、否认差异。恰恰相反,它是以承认矛盾和差异为前提的。

在社会文化建设方面,河南是人口大省,也是文化消费大省。在近几年的文化发展中,各地市开发文化市场,取得重大进展。当然,和谐社会是在社会主义市场经济基础上的和谐,而市场就意味着竞争,竞争导致优胜劣汰,形成差异。多元的社会所有制结构、多元的利益主体、多元的分配方式以及不同社会阶层的存在及其发展,也使得社会成员的思想道德价值观和行为方式表现为多元和多样。孔子的“君子和而不同,小人同而不和”极具启示意义。人们既要在同一中把握事物,又要在差异中把握事物。

当然,对河南人来说,和谐理念的实现,更多的是体现在社会生活中,体现在社会生活的方方面面,要求主体在对待包括其他人、其他民族、国家,以及其他文化,直至各种自然生命形式和非生命在内的“他者”时,必须承认差异,尊重差异,在与千差万别的“他者”,与不同利益、不同文化、不同话语主体的交流碰撞中求同存异、取长补短、和谐共处。倡导和谐理念,培育和谐精神,需要宽容。随着人的活动领域的展开和社会关系的丰富,不妥协的自主性愈来愈少。市场经济中供求双方讨价还价,相互妥协,达成交易,维持市场均衡。在这一意义上,市场制度就是一种达成妥协的制度。社会生活中,亲人之间、同事之间、个人与群体、群体与群体之间的矛盾不可避免,有时甚至表现得很激烈,但依然有通融的余地,这就是妥协。如果矛盾双方都不妥协,不计后果,导致对抗冲突,必然是两败俱伤。与妥协相联系的是宽容。“君子以厚德载物”。豁达大度,宽厚待人,相互体谅、理解、包容和接纳,这种礼让宽容精神是人际间交往和沟通的润滑剂,是达到相互理解和信任的桥梁。

今天,随着中西方经济、政治和文化上交流的增加,社会利益主体日益多元化,各种各样的利益冲突日益增多,不同利益主体间的矛盾因思想偏差、处理失当而加剧,是导致社会不和谐的重要原因。因此,在不失原则和尺度的前提下,以宽容精神对待不同的利益主体,尊重、理解各自的价值观点、行为选择和生活方式,“化干戈为玉帛”,无疑是明智之举。宽容既表现在社会政治生活中,也表现在人们日常生活交往中,表现在领导、被领导及其相互关系中。宽容是一种自信,是一种气度,是一种可贵的品质。汲取“天人合一”的思想精华，还有助于保护自然环境、实施可持续发展战略，促进人和自然和谐相处。

用仁爱思想启迪现代人“以人为本”。孔子的“爱人”思想包含着对人的尊重，在这一点上我们还要结合墨家的“兼爱”思想，使实质上是一种“以人为本”的人本主义学说的仁爱思想具有现代意义和科学意义；理解古典仁爱思想体系，树立人类整体观念的理论构架，使思想做到理论与实践的统一。我们应理解和剔除孔子仁爱思想中缺乏普遍和整体性的因素，把“以人为本”的科学发展观和仁爱的思想的结合作为原则。以人为本既是构建和谐社会必须坚持理论前提和牢牢把握的前进方向，也是社会主义核心价值体系建设的重要基础。以人为本是社会主义核心价值体系建设与构建社会主义和谐社会的双重命题。以人为本以广大的人民群众为本；以人为本是与哲学本体论相对的哲学价值论概念，这里的本是“根本”的本；提出以人为本就是在我们生活的这个世界上，人是最重要、最根本、最值得我们关注的对象。以人为本就是充分尊重人的个性、尊严和权利，将人民的利益放在最优先的位置，促进人的全面发展。在我们国家新时代发展理念的论述中，人民至上、以人为本是对发展目的的高度概括。它科学地回答了为什么发展、发展“为了谁”的问题，也回答了怎样发展、发展“依靠谁”的问题。人是发展的根本目的，也是发展的根本动力，二者的统一构成以人为本的完整内容。

解放生产力、发展生产力就必须坚持以人为本；消灭剥削、消除两极分化是努力做到以人为本的体现；最终达到共同富裕是以人为本的实现。以人为本是构建和谐社会的本质和核心，突出了以人为本在构建社会主义和谐社会中的指导作用，也进一步凸现了以人为本的价值和意义。以人为本是人类社会关于社会发展规律理论的最高境界，是中国人民千百年来追求的关于人的发展理论的最高境界。

随着社会的发展，随着东西方文化交流的不断增多，河南省域传统文化也经历着自身变革和外来文化挑战。但是，在今天的河南省域，无论在政治、经济还是社会生活，都能找到中国优秀传统文化的影子，在相关领域内都较好地传承着中国传统文化的精髓。特别是在近几年的社会发展中，“和”“合”核心理念以及中国传统文化的主要内容都得到比较充分的体现。与很多别的省域相比，在这里，优秀传统文化发挥着更多的作用；在这里，传统文化资源丰富，仁、义、礼、智、信等内容博大精深，有极具参考和借鉴价值的准则可以作为人们个人品德、家庭美德、职业道德、社会公德建设的指南；在这里，优秀传统文化是人们理想信念教育的核心内容,凝聚人心,鼓舞斗志;在这里,传统文化资源蕴含的爱国主义为核心的中华民族精神、集体主义为核心的民族性格处处闪烁着理性的光辉。

第一章　河南农村家庭文化的现状及其分析

自改革开放以来，尤其是国家实行中部崛起重大战略决策之后，河南省实现了经济社会的大发展。但在实现经济社会发展华丽转身的同时，各种文化观念和思想意识相互碰撞、相互冲击，传统的家庭文化观念也受到了强烈的冲击，这种变化在家庭文化中，尤其在农村家庭文化建设中表现得尤为突出。通过以河南省农村地区家庭为例进行访谈和调研，概括和总结了新时期河南农村家庭文化在家庭观念、家庭结构、家庭关系等方面体现出的深刻变化。

第一节　河南农村文化的研究背景

社会进入新时代，应特别重视家庭文化建设，家庭文化建设的作用不容忽视。家庭文化建设是建立在家庭中物质资料、伦理道德和精神生活中，既包含家庭的衣、食、住、行等物质生活中所体现的文化色彩，也包括伦理道德、爱情生活、文化生活、伦理道德等所体现出来的价值观念和行为方式。家庭是最基本的社会单位之一，家庭是人类最基本最重要的一种制度和群体的存在形式。在社会主义文化建设中，家庭文化建设是重要组成部分之一，家庭文化建设在社会主义精神文明建设中具有不可替代的实践意义和理论价值。家庭文化建设是社会建设的基础，因此必须重视家庭文化的建设，在强调加强家庭文化建设的步伐中为河南省乃至全国的家庭文化建设提供强有力的参考价值。

随着社会经济的快速发展，在人口大省河南省，农村家庭文化建设迫在眉睫。近年来，为紧跟国家强调推动家庭文化建设的步伐，根据实际情况，河南省成立了河南省家庭发展委员会，以促进家庭和谐幸福、提高家庭发展能力为宗旨。此外,诸如此类的河南省家庭伦理道德文化促进会、家庭教育信息网、河南省和谐慈善基金会等机构都为河南省农村家庭文化建设提供了有效保证。全省各地区的相关部门及各种组织团体多次围绕着家庭文化建设组织了形式多样的关于优良家风、和谐家庭创建活动,得到了广大人士的积极响应与参与,并取得了显著的效果。但学界关于以河南省为例进行家庭文化建设、发展和变迁的学术研究较少,为了更好地推动河南省农村地区家庭文化建设和河南省的全面可持续发展,为推进中原之崛起,必须对河南省农村家庭文化建设存在的矛盾、问题进行总结梳理,加大投入研究力度,并提出有针对性的相关解决措施。

家庭文化建设应在符合社会主义现代化建设发展的大方向下发展,才能更好地彰显思想政治教育、社会主义核心价值观、科学的家庭观的理论意义。本章的研究思路是首先通过对家庭文化的内涵分析,并与科学的家庭观相结合,以符合社会主义核心价值观的理论为基础进行论述,并针对河南省农村家庭文化建设中存在的问题的原因进行深度的剖析,为今后提出行之有效的措施做准备。通过揭示家庭文化的存在形式、内涵并进行结构解析,结合社会主义核心价值观的主要内容、科学的家庭观,正确把握家庭文化的主要内涵及本质。为此,通过调查问卷的设计与发放,对河南省农村地区家庭文化现状进行,并在调查数据的基础上进行分析、归纳总结。通过分析河南省农村家庭文化建设存在的突出问题,阐述农村家庭文化建设现状,进行剖析总结,并提出符合社会主义现代化文化建设中的合理对策与解决途径。

近几年来,我们国家倡导"重视家庭建设,注重家庭、注重家教、注重家风",从正面强调了加强家庭建设的重要性,保障农村民生问题和改善工作,重视农村"三留守"问题。特别重视空心村的问题,继续推进社会主义新农村建设,加快推进农村人居环境整治,建设农村人民幸福家园和美丽乡村。

家庭是社会的细胞,是构成社会的最基本元素,是人类生存中最基本、最重要的一种群体形式和社会制度。从理论上来说,我国是以马克思主义理论为指导的社会主义国家,在社会主义文化建设中,家庭文化建设是其重要的组成部分。在调研河南省文化发展现状时发现,现阶段家庭文化在农村地区尤其是留守家庭中出现了许多突出问题,如家庭代际冲突严重、家庭责任感缺失、家庭伦理秩序失调、家庭养老问题突出、家庭教育有失偏颇。社会经济的快速发展带来各种思想意识和价值观念、文化观念之间的剧烈冲突,许多社会不良风气影响着人们的思想。因此,在解决河南省农村地区家庭文化建设问题时,必须坚持以思想政治教育、社会主义核心价值观、科学而全面的家庭观为理论指导和支撑。

在实地访谈、问卷调查过程中,发现家庭经济和家庭文化建设具有紧密结合、相互渗透的关系。提示河南省农村地区健康向上的家庭文化理念的重要性,以农村家庭文化的发展促进社会整体的发展具有可行性,通过文化对经济的发展作用来推动经济新常态的发展。在对家庭文化建设分领域研究的基础上,有部分学者以河南省的个别农村地区为例进行实地调查研究,但因学术界对家庭文化的研究尚未形成统一的语境,相关的结构体系也尚未完整,本研究尚需进一步加深,通过研究河南省农村地区家庭文化建设中存在的问题,探讨以文化的发展推动河南省的综合发展。

第二节　中国传统文化与家庭文化

家庭文化是历史久远的社会文化概念,随着社会从较低阶段向较高阶段发展,家庭文化从较低的形式发展到较高的形式。《说文解字》卷七释“家”中,给家庭的释义是“居也。从宀,豭省声。家,古文家。‘庭’,宫中也,即宫室的中央。”《康熙字典》对“家”的解释为:“豖之圈为家。”后人借为室家之家。“庭”意为厅堂,指正房前的空地。“家庭”一词是后来才有的,基本含义是指一家之内。在现代,我国一直公认的关于家庭的定义来自《现代汉语分类大词典》:家庭是以婚姻、血缘或收养关系为纽带而形成的人的群体,是社会生活的基本单位。马克思恩格斯说:“每日都在重新生产自己生命的人们开始生产另外一些人,即增值。这就是夫妻之间的关系,父母和子女之间的关系,也就是家庭。”

家庭在社会生活需要中是最初级的群体,是实现社会化的最小单位和提供人才建设的源泉,是实现社会长期稳定、也是祛恶扬善的基础。家庭是由血缘关系、婚姻关系、收养关系组成的社会组织,并且长期共同生活的小群体,也是社会中最小的基本单位。在现代,家庭至今仍是构成社会的细胞,是最基本的社会生活组织形式。

家庭文化是随着我国经济的不断发展才出现的，虽至今还没有明确的科学界定，但通过查阅相关资料，关于家庭文化的概念，发现各学者从不同的角度、不同的方面阐释了自己对家庭文化的理解，具有代表性的阐述如下。家庭文化是指家庭在社会生活中所呈现出的形式和文化形态，家庭文化包括物质文化和精神文化两种形态。一为物质的，包括家庭成员中所推崇的物质生产方式与物质消费方式，以及生活方式中所表现出的行为形态。二为精神的，其中包括家庭成员人性信仰、思想观念的倾向、追求核心价值取向的树立等精神生活。家庭文化是家庭存在形式和家庭教育理念、行为取向和价值观的思想体现。我国的家庭方面的教育在当下已发生了很大的变化，其中最重要的教育理念是价值观和行为取向是家庭意志所表达的行动方式，是家庭文化之体，属于家庭文化形而下的层面，而家庭意识、境界所形成的世界观和方法论，是家庭文化之魂，是属于家庭文化形而上的层面。

家庭文化，代表着一个家庭的生活方式、生活作风、家庭道德规范和为人处世之道，因此一个家庭的文化教育就明显地代表着一个家庭的理想信念和价值追求，具有明显的导向功能。家庭文化是社会下的家庭，是时代下的家庭，是具体环境下的家庭，而不是在一种真空中独立存在。家庭文化分为三个层次，第一层次是表层文化即物化环境；第二层次是中层文化即家庭生活方式和生活制度；第三层次是家庭成员的情操和思想道德，这三者的有机统一方能构成完整的家庭文化。

家庭文化的主要特征包括以下几个方面。一是时代性，家庭文化的发展的状态是前进的、上升的。家庭文化作为重要意识形态领域的内容，随着社会发展的要求而不断自己批判自己、自己否定自己、自己发展自己，这符合了辩证否定观的思想。经济的发展决定文化，社会经济的发展带来丰富的物质资料且同时推动文化的进步，家庭文化作为社会文化的主要部分之一，随着经济的发展而变化，具有明显的时代性。在《家庭文化学》中，学者王继华从家庭中文化学的角度出发，指出家庭中包含了母亲文化、父亲文化、夫妻文化、子女文化，而在新时期的责任与义务、男子气概、女性气质、亲情关系等理念、思想、概念也有了新的变化，因此说家庭文化所具备的时代性是社会发展的必然结果。二是家庭文化具有开放性，家庭文化是和校园文化、企业文化等并列的文化分支，在社会文化大系统中有着特殊的地位和作用。家庭文化是社会文化体系中尤为重要的一个分支，在社会文化体系中家庭文化属于亚文化系统，它既具有属于自己特殊的价值观念，又包含着与社会文化相通的价值和观念。家庭文化不是封闭的，而社会文化从来都是多元化的，家庭文化是随着社会发展而不断变化的，最终融入整个社会的大潮流中。家庭是小型的社会，家庭文化与社会文化的关系表现为社会文化通过政治、经济交流等渠道影响家庭文化的变化。三是其具有相对的独立性，社会文化的发展影响着家庭文化的变化，但家庭文化以其独特的存在方式反作用于社会文化，以自身的理念变化推动社会文化的发展。四是其具有继承性，家庭文化中关于家庭精神生活和物质生活的行为准则、价值取向和思想观念是在一定的社会历史环境下形成的。家庭文化是在一代一代的发展中，一脉相承下来的，它的形成是随着社会变化的，在发展的过程中、在继承的基础上保留下来的，并不是一蹴而就。不同的家庭有不同的家庭文化，家庭文化在世世代代相传中继承、发展、沉淀下来的，是在不同的家庭中所表现出来的行为习惯、思想观念等。因此，家庭文化的影响力很大，不止影响一代人，甚至世世代代都有深远的影响，而这影响离不开对家庭文化的继承和发展。五是家庭文化具有抽象性，家庭文化是文化范畴的一种，属于社会意识形态领域，在潜移默化中形成的，不像具体的实物一样能被人真切地理解。它的抽象性一方面为形式的抽象性，即所谓的家庭文化是家的本质和其在社会中所发挥的作用，在家庭生活的这个过程中，家庭成员之间所形成的约定俗成的价值观念、行为方式等使家庭文化以一种抽象的方式表现出来。另一方面为表达个体发展的抽象性，家庭文化的建设可以指导人们更好地服务家庭、服务社会，当代家庭成员在社会市场经济的快速发展下出现了很多诸如自私自利、冷漠无情等不良观念。而中国传统的优秀家庭文化则具有彰显人性光辉的作用，对人性的抽象构成进行潜移默化的影响，具有指导人们向社会主义核心价值观方向前进的现实意义，是抽象性的文化意识形态，因为人是一个独立的个体，所以在传播、发展家庭文化的时候具有相应的抽象性的特点。

近几年，国家出台的一系列的重大论述中关于家风、家教和家训等传统文化价值的重大论述中，总书记强调增进家庭文化融入社会主义核心价值观为主线的文化重构，使传统家风文化价值与现代相结合，使我们的优秀传统文化得到继承和发扬；使家风建设服务于党风党纪建设，成为执政党建设的重要抓手；使家风建设服务人们正确的价值观、人生观、世界观，成为实现中国梦重要的推动力。总书记家风理论观既有丰厚的文化底蕴，同时又有深厚的哲学基础，继承性地发展了马克思主义的家庭文化观与中国传统哲学中的相关理论；使无产阶级革命家老一辈的家庭文化观念得到了继承和创新；也是家风、家教和家训建设实践经验的深刻总结。

第三节　家庭文化存在形式及结构

家庭文化建设是内在规定性的一个整体。关于家庭文化的类型的划分，通过对不同学者观点的对比、分析、总结，按照内容构成可分为以下几种家庭文化的类型：夫妻文化、子女文化、教养文化、饮食文化、家训文化、家庭环境文化等，可总结为物质文化、精神文化、行为文化这三个层面。第一层面为表层文化，即物质文化，指家庭的衣食住行的外化环境；第二层面为中层文化，即行为文化，指家庭生活方式、家庭纪律等；第三层面为深层文化，即精神文化，指凝聚在家庭内在的情感理念，如家庭里的爱情观、价值观、思想观念等。家庭文化形态是社会文化体系中的亚文化形态之一，是家庭的“人”化，因此会随着社会经济的发展和人们研究角度的不同而有所不同，因此对家庭的构成形式的划分要考虑家庭文化的多质性、多样性、历史性等，不可一概而论。

对家庭文化影响至深的是以儒家“合”“和”思想为中心的传统文化，传统家庭文化蕴含着亲爱友善、崇尚和谐以及忧患意识等一些博大精深的思想精华。在传统的家庭文化中，团结、节俭、责任、勤奋、秩序是重要内容。在传统家庭文化中，家风、家规、家教等多个方面的文化资源都极为丰富，几乎包含了所有中国传统道德思想，是今天中华民族家庭美德、社会公德、职业道德以及个人品德建设的主要内容来源。传统家庭文化内容给每一个社会个体带来了理想信念的早期教育，也对人们有了终身教育的影响，潜移默化，润物无声。从小家到整个国家，凝聚人心，鼓舞斗志。传统家庭文化内容对现代素质教育仍有着深远的启迪意义。传统家风思想理念蕴含的很多优秀的传统家庭文化构筑中华民族精神，是中华民族文化的核心和灵魂。传统家庭文化中注重培养爱国主义，要求个人利益服从整体利益，处处体现着“合”“和”思想的光辉。我们还应该注意到，中国文化在从传统向现代转型过程中，优秀的传统文化得到传承发展，消极的传统文化仍然有一定的影响力。因此，对待传统文化资源批判性的继承过程是必不可少的。

家是最小国，国是千万家，国家富强，小家才能安康。传统的家庭文化强调的是家庭为根、社会为本、国家至上、社会为先。家国文化自古以来是中国家庭文化的脊梁。传统的家庭文化的最高原则是对国家的忠诚，是人生之大义，“忠孝两全”是人们追求的理想道德最高境界，忠孝不能两全时，取其大义是大多数人的选择。“先天下之忧而忧，后天下之乐而乐”也是普遍且重要的传统家训。国富才能民强，有国才有家是中国人的共识。传统家庭文化的核心理念是爱国主义和集体主义。

家和万事兴，是传统家庭文化所倡导的求同存异协商共识，是家庭和谐文化的重要理论源泉，非常契合今天的和谐思想理论文化建设。亲子伦理、夫妇伦理、长幼伦理等家庭伦理是家庭文化的主要内容。亲子伦理强调父慈子孝，父母养育、爱护、教育子女；夫妇伦理则强调夫义妻柔、勤俭持家、忧乐与共；长幼伦理则要求长幼有序、长者宽容、幼者谦卑，家庭和睦是社会和谐的基础。仁义礼智信等博大精深的精神理念仍是当今和谐社会建设中的道德要求的内容。在新时代的今天，我们应该把中国传统家庭文化固有的美德发扬光大，让我们更好地继承和发展这些传统文化精华。

家庭文化是社会科学范畴之一，是社会文化体系中的一个重要部分，它从物质文化到关系文化，再发展到精神文化，在这一过程中得到不断的提升。它是建立在家庭物质生活基础上的家庭精神生活与伦理生活的文化体现，其中物质文化是家庭文化的基础工程。可以从家庭文化要素和文化类别两个方面对家庭文化内部结构进行解析。家庭文化要素因各方面的不同而不同，如因地域、生活习惯、传统民俗等差异，每个家庭可以单独发挥一定程度的家庭文化功能。家庭文化由诸多相似的家庭文化要素组成，它是更具体的划分，如家训文化、生育文化、饮食文化、礼仪文化、娱乐文化等。

第四节　河南省域家庭文化的调研

自改革开放以来，河南省的经济发展水平取得很大进展，目前，河南省已成为我国中西部地区的经济大省，也是全国最重要的经济大省之一。河南省作为一个农业大省，农村人口占总人口数量的一半以上，在经济快速发展的同时，农村家庭文化也随之发生了较大的变化，农村传承下来的传统优秀美德在经济跨跃式发展的进程中遭遇了很大的变化，如家庭教育缺失问题凸显、两性婚姻问题突出、代际亲情感下降、老人生活得不到较好的照料等问题不断出现。本文在实地访谈、问卷调查所得数据分析的基础上，总结出了河南省农村地区家庭文化建设的现状，针对各种各样家庭问题的出现，探索出符合河南省农村地区实际情况的具体措施。参考河南省统计局发布的近几年的“河南省人口抽样调查主要数据”，河南省的农村人口占比仍超过50%。城镇人口比重虽逐年提高，但农村人口所占比重仍然较大。

调查样本的基本情况：本次调查问卷总共设置 1500 份，调查人群为农村地区的随机遇到的原居住民。回收的有效问卷为 1478 份，回收率为 98.53%。主要通过实地发放问卷的途径发放问卷，由于个人能力有限，发放调查问卷利用了节假日和项目组成员一起发放，也有请居住在当地的大学生志愿者代为调查，并将搜集的数据进行分析整理。调研地区位于中国河南省农村地区，工业基础力量薄弱，经济较为落后，多年来的人均 GDP 位于全省中等或以下层次。调查要反映的主要问题包括近些年来在农村地区出现的常见问题，如高离婚率、婚外情、亲子关系紧张现象，以及留守现象（留守老人、留守儿童）等问题。调查的目的在于采集第一手资料，探索农村地区家庭发生的较为严重的变化，特别是在家庭观念、家庭结构、家庭关系等主要环节的问题。查找当前出现的影响家庭功能发挥、家庭矛盾和不利于社会稳定与和谐的消极因素，科学认识河南省农村家庭文化现状。

从河南省域家庭文化现状、河南省地区家庭文化存在问题的分析总结中可以看出河南省域家庭，特别是农村家庭文化的变化还是比较明显的。

第一，家庭规模构成在不断缩小。以往，土地收入在农民家庭收入中占重要的地位，在机械化水平较低的情况下，家庭劳动力的多少直接影响到农忙时的效率及家庭总收入，但随着机械化水平的提高和外出务工人员的增加，一方面农忙时所需要的劳动力数量在不断减少，另一方面很多外出务工人员的增多，大多数人把自家土地转租或承包给别人，原来农村在农忙时的互助现象大为减少，家庭的规模逐渐减少，需要劳动力的数量在逐渐减少。

第二，核心家庭成为主要家庭结构。人数少、结构较为简单是核心家庭的特点。随着社会发展，农村家庭孩子的数量也在减少，不再重男轻女，家庭内部只有一个权力和活动中心，家庭中各成员间容易交流、协商、相处。根据调查可知，核心家庭在农村大部分家庭占比较大。即使家里有一个或者两个外出务工人员，但大多数的家庭结构仍为核心家庭。

第三，主干家庭数量稳中有降。在农业社会向工业社会转变的当代，主干家庭仍在整个家庭结构中占有一定的比率，具有较强的生命力，如家庭的祖辈或父母双方的一位需要留在家里照顾孩子，但对比核心家庭来说地位次之。

第四，重组家庭数量大幅增加。随着外出务工人员越来越多，多媒体的发展越来越快，农村地区的思想也越来越开化，对于婚姻这个问题大家都有了新的看法，不再以离婚为耻。在农村地区如果夫妻长期分居，就会使得夫妻双方之间的沟通减少，加之城市和农村的生活环境、物质水平有所不同，异地生活使夫妻双方感情开始出现各种问题。婚姻的充分自由使得男女双方有权利去追求自己的幸福，因此农村的离婚率有所上升，继而带来了再婚率的上升，即重组家庭的数量开始呈上升趋势。

第五，隔代家庭数量缓慢增加。在农村地区，夫妇双方出于各种原因如向往城市生活环境、改善家庭物质条件等选择双双在外务工，这时家里往往剩下祖辈和孙辈留守在农村老家。因此，留守儿童、留守老人的家庭数目呈缓慢上升趋势。

在中国社会变化的大环境下，农村家庭结构发生了以上几种变化，在家庭结构发生变化的同时也带来了很多现实的问题，这些都值得人们去发现、去深思。

第五节　河南省域家庭文化的变化

家庭文化是社会文化重要分支之一，家庭文化的构成形式和内容会随着经济结构、社会制度的变化而发生变化，在自然经济环境条件下，传统的家庭文化是以儒家思想为核心的传统的伦理道德，“孝”文化是内化为思想、外化为行为的家庭文化主题，为当时社会共同认可。随着市场经济的发展，社会形态发生了变化，传统的家庭文化也发生了巨大的变化，具体表现为家庭结构、家庭功能、家庭关系、家庭伦理的变化。

家庭结构发生了新的变化。家庭结构是指家庭中成员的构成及其相互影响、相互作用的状态，以及由这种状态形成的相对稳定的关系模式。家庭结构包括两个基本方面：一是家庭人数的构成，一个家庭由多少人组成，家庭的规模大小。二是家庭模式构成，家庭各成员之间怎样相处，以及因相处方式不同而形成的家庭模式的不同。家庭结构是代际结构和人口结构综合起来的统一体，它的变化随着经济的发展而变化，归根到底是受社会生产力发生变化而改变。以亲属关系和家庭代际层次为标准可将一个家庭的构成划分为以下几种类型：核心家庭，是指由已婚夫妇和未婚子女或收养子女两代组成的家庭；主干家庭，又指直系家庭，是指中间无断代的家庭，家庭成员由两代或两代以上夫妻组成，每代最多不超过一对夫妻。联合家庭，是指包括父母、未婚子女、已婚子女、孙子女、曾孙子女等几代居住在一起的家庭。此外，还有其他类型的家庭包括单亲家庭（是指由离异、丧偶或未婚的单身父亲或母亲及其子女或领养子女组成的家庭）、重组家庭（指夫妇双方至少有一人已经历过一次婚姻，并可有一个或多个前次婚姻的子女及夫妇重组的共同子女）、丁克家庭（是指由夫妇两人组成的无子女家庭）、隔代家庭（是指由祖辈和孙辈组成的家庭）等。

家庭劳动力是家庭经济的决定性作用，家庭劳动力的多少和强弱，直接关系到生产规模的大小和收入的多少及家庭生活的物质水平。生产资料是构成传统家庭经济条件的主要因素之一，分散就会削弱实力，所以为了保持强大的家庭生产力，就要求保持弟兄在一起，行成家庭共同体，共同拥有财产，以此来维持共同体的发展和延续，分配则采取平均主义加能力。以往由于农村小农经济的限制，农民依赖于土地，家庭中的兄弟姐妹为了更好地获得劳动报酬，满足最基本的生存资料消费，普遍乐于生活在一起，因此当时形成了家族式的生活方式。但随着现代社会经济条件的变化，这种同居共财的大家庭现象发生了变化，人们开始脱离集体而存在，大家庭结构模式逐渐减少。在调查中发现关于家庭模式中，夫妻与未婚子女同住的占66.67%，夫妻与已婚子女同住的占16.67%，夫妻二人同住的占8.33%，三代人同住的占8.33%。通过对该问题的具体分析，可知主干家庭、联合家庭在时代发展的要求下数量呈下降趋势，而作为小家庭结构模式的夫妻家庭、核心家庭数量呈上升趋势。小家庭结构模式不断增加，是家庭在现代社会变化的重要表现形式之一。

家庭生育功能的减弱。马克思、恩格斯曾指出："人们的观念、观点和概念，一句话，人们的意识，随着人们的生活条件、人们的社会关系、人们的存在而变化。”传统意义上的“多子多福”在传统社会文化中得到普遍的思想认识。在没有计划生育的年代且不论，即使是在执行计划生育的年代里，在不少农村地区家庭为了生男孩，甚至没有男孩就一直生下去。在当时的社会环境下，生育男孩的主要目的是传宗接代和养儿防老，还有就是劳动力的问题。家庭是生育的法定场所，具有很重要的生育功能。随着社会的发展，现在在农村地区这样的思想虽仍然存在，但远不如以前普遍。以往“越穷越生，越生越穷”的现象在国家计划生育政策的指导下、社会经济发展水平不断提高的背景下发生了根本的变化。

关于家庭的生育问题，20 世纪 70 年代初，我国政府根据当时实际情况开始大力推行的计划生育政策成为中国的一项基本国策之一。国家为实现人口与经济、社会的协调发展，国家提倡“晚婚、晚育、优生、优育”；2002 年 9 月，《中华人民共和国人口与计划生育法》施行；2010 年 1 月，国家人口计生委下发的《国家人口发展“十二五”规划思路（征求意见稿）》提到要“稳妥开展实行‘夫妻一方为独生子女的家庭可以生育第二个孩子’的政策试点工作”；2013 年 11 月，十八届三中全会通过的《中共中央关于全面深化改革若干重大问题的决定》对外发布，其中提到“坚持计划生育的基本国策，启动实施一方是独生子女的夫妇可生育两个孩子的政策”，这标志着“单独二孩”政策的实施；2016 年 1 月，实施全面二孩政策，2020 年 5 月 31 日河南省十三届人大常委会第十八次会议通过了《河南省人口与计划生育条例》，鼓励生育，解决人口结构建设问题。

上述系列变化是随着我国经济的发展水平变化而发生的。随着经济的发展，农村地区的思想观念发生了变化，加之有关生育的相关政策近年来也宣传到农村地区，也影响了该地区人们的生育观念，农民生育观念发生变化的具体表现如下：在生育目的上，随着国家社会保障体系的健全，农村地区的很多家庭也开始加入社保，不再是以往完全依赖子女养老，农村地区五保户及孤寡老人的养老问题由国家、社会、亲属三方进行承担，因此养儿为防老的观念有所改变，但传宗接代的目的仍有所保留。在生育数量上也发生了变化，随着农村外出务工人员的增加，经济水平的提高，女性亦越来越独立，不再只是充当母亲的角色，她们的家庭地位也越来越高，开始规划家庭的生活，不管是外出务工的还是留守的妇女都不再是简单的生育工具，而是开始参与到家庭计划中来。随着生活消费水平的提高，家庭对于孩子的教育培养大力支持，于是很多夫妇都选择要一个孩子进行“富养”，家里一个或两个孩子的居多，有三个以上孩子的现象较少出现。根据调查显示，在生育性别上，不再为了追求男孩而无节制地生育，男孩女孩都一样的观念被大部分人所接受，但重男轻女的思想在该地区仍然存在，随着结婚彩礼的增加甚至有少许的农民认为女孩比男孩还好，虽然这只是个别现象，但过去千年不变的传统观念也正在发生变化。

第六节 河南省域家庭文化的问题

近年来，家庭经济条件明显提高。在自然经济体系中占比例最大的生产资料是来自土地的收入，商品流通也呈现出封闭性，人们对土地具有极大的依赖性，因此在自然经济的影响下，盛行“男子不远游、女子不交易”“父母在，不远游，游必有方”的传统思想，但如今，土地收入已不能满足家庭的日常开销。随着市场经济的发展，土地给农民带来的收入已远没有外出务工挣得多挣得快，再加上大城市环境好、机会多，使得农村地区的青壮年都选择了外出务工，有少量的已在工作地定居生活，“外面的世界那么大，我想去看看”的思想也开始影响新一代的农民。大量的农村青壮年选择外出打工，以便提高生活物质水平，获得更大的经济报酬。经济条件的变化具体表现为：家庭消费水平的提高。外出务工加之土地的收入使得农村家庭的收入逐渐增加，收入是消费的基础和前提，农村家庭收入的增加直接提高了他们的消费水平和影响了消费方式。消费结构不够合理，虽然收入有所提高，但从具体的消费方向来看，他们还是倾向于物质消费即日常的衣食住行，而对于精神消费如家庭教育环境的投入、投资理财等虽有增加但占比仍较少，大部分改变都是消费偏物质而轻精神，情感沟通交流功能弱化。传统大家庭模式解体，小家庭的自主空间不断扩大，使得代沟问题越来越严重、家庭成员间的亲情关系淡化，对年轻人的发展和父辈们的沟通方式造成了冲击，大量的年轻人选择外出务工，势必会减少与父母、子女的相处时间和交流。“留守妇女”“留守儿童”“留守老人”是家庭成员之间情感交流缺失的表现，更是导致农村离婚率增高的主要方面。家庭文化的建设需要营造一个良好的家庭氛围，更需要家庭成员积极参与特别是父母，但缺乏沟通使得家庭变得冷漠、不和谐、亲情感急剧下降，各家庭成员

（夫妻之间、父子、母子）之间的交流机会不断减少，家庭的情感交流功能弱化，各种问题凸显出来。

在调研中发现，一个值得庆幸的现象是家庭关系出现很多积极方面的变化。家庭关系是指基于婚姻、血缘或法律拟制的责任与义务而形成的一定范围的亲属之间的权利和义务关系。家庭是充满感情色彩的社会小群体，是个人与社会关系之间的纽带。家庭成员之间的相处沟通形成了家庭关系，按主体为标准可以分为代际关系、夫妻关系和其他家庭成员之间的关系。家庭关系的改变主要表现在夫妻关系和亲子关系两大方面。首先，夫妻关系变化最大的表现是女性的地位得到极大提高，在以往，婚姻都是由父母做主、媒妁之言，当事人则安心顺从。以往所仅有的那一点夫妻之爱，并不是自主的选择，而是客观的义务；即不是婚姻的基础，而是婚姻的附加物。而随着经济的发展，女性被解放出来且越来越独立，在婚姻上有了自主权，且因为女性参与社会建设的机会越来越多，在照顾家庭的同时为家里增加了经济收入，“男主外女主内”的传统模式也受到了巨大的挑战，女性在家庭中的地位大幅提高。经济基础决定上层建筑，当代女性更加独立包括经济独立，在家里也有了更多的发言权，如在家庭消费方面，女性不再是衣来伸手、只关注家庭柴米油盐，而是参与对家庭未来的规划，对于大部分农村地区，女性在家庭消费支出上占有主动权；在孩子的教育方面，女性的视野受到其接触社会的时间、深度的增加而有较大的变化，对于子女的教育也有了决策权，在孩子的生活、学习过程中不再是一个旁观者，而是一位参与者，帮助孩子制定发展计划。

代际关系变化表现为代际层次减少、代际关系简化的特点。根据调查分析，三代户的家庭居多，由于大量农村夫妇选择外出务工，老人承担了照顾孩子的责任，但这种隔代的陪伴使得孙辈对祖辈的管教缺乏认同，而父母二人长期不在家既造成了与孩子之间的沟通减少，又影响了与孩子之间的关系。在走访中发现很多留守儿童偏向于自我，在缺少父母爱的家庭中很少愿意听从长辈的管教，普遍认为祖辈的思想老旧，与自己的思想格格不入。此外，外出务工者与自己的父母之间由于思想观念的不同而缺少沟通和理解，因此，整个家庭三代人之间的关系变得微妙而紧张，因为价值观、世界观、人生观等观念的不同，代际问题越来越明显，“敬老不足、爱幼有余”成为现状。

在一个家庭中，兄弟姐妹之间的关系也很重要，处理不当的话，会极大地影响家庭和谐。随着计划生育政策的实行，一个家庭拥有孩子的数量有所减少，兄弟姐妹之间本应该关系更亲密，可现实是由于市场经济带来的压力，农村出现了兄弟姐妹之间关系紧张、对老人的赡养问题相互推辞、“各扫门前雪”的现象。以前都是养儿为防老，现如今女儿也要尽赡养的义务，“兄爱而友，弟敬而顺”“兄弟虽有小忿，不废懿亲”等优良传统家庭文化在现如今质朴的农村地区也发生了变化。

在调研中还发现，家庭中传统的伦理道德仍然对农村文化的影响和家庭稳定起着重要的作用。对于传统的家庭伦理，要有批判的精神继承和发扬，同时，还要注意一些国外文化影响下出现的家庭不良影响。家庭伦理道德是调整家庭成员之间关系的重要的行为规范或准则，亦是社会伦理道德的组成部分。家庭伦理道德具有潜移默化的特点，不靠国家法律强制人们去接受或执行，是在家庭生活中形成的一种行为规范，在长久的家庭生活中约束、规范和影响其家庭成员。人类社会是在生产劳动基础上和男女关系上形成的最初的关系，即原始的家庭伦理关系即亲子、长幼关系。社会的进步不只是物质水平的提高，更在于社会和谐和人性的进步。“要是人类没有了伦理教育，人类就不会得救”（爱因斯坦），而人性则是伦理首先要表达的。在家庭的伦理关系中主要为夫妻之间的伦理关系、与原生家庭之间的伦理关系、亲子之间的伦理关系，即家庭关系中人与人之间的关系。自古以来，男人在家庭中拥有绝对的领导权，扮演着领导者的角色，女人在家庭中是没有地位的，她们大多是家庭中家务劳动的主体，男尊女卑的传统观念直接影响着夫妻之间的关系。但随着社会的发展，男女平等的观念被人们所接受，女性越来越独立，但社会上对女性的要求也越来越高。婚姻自由被大部分人所接受，结婚不再是一辈子的承诺，离婚不再是难以启齿的事情，夫妻之间的伦理发生了根本性的变化。亲子伦理关系，在农村的家庭中，父亲对子女的统治是君主式的，在生活中父亲代表着权威，父亲对子女的指示和命令只有服从，伦理秩序表现得非常明显。但据调查显示，当下在农村家庭教育中，母亲扮演了重要的角色，因为农村外出务工者大部分为男性，但因家庭的压力和女性自身性格的特点，不能独撑家庭教育的重担，在缺少父亲教育的家庭中，母亲与孩子不能有效地沟通，孩子普遍比较叛逆。在长期缺少父爱的情况下，孩子不再像从前一样对父亲有一种惧怕、崇拜的心理。父子之间的问题开始增多，父亲偶尔回家一次，往往不能和子女正常沟通且会发生语言甚至肢体上的冲突，子女对父亲的态度也变得比较冷淡，稍有不满就会恶语相对，大多数留守家庭的亲子关系并不和谐。

在中国传统文化伦理中,“伦”是指辈分、秩序、等级,意味着人和人之间的一种关系。“理”是指治理、整理、道理,是指对人伦关系的治理和秩序。在家庭生活中,家庭伦理秩序隶属于家庭内部关系的软调试的范畴,用于家庭文化中是指家庭各成员之间道德观念、伦理关系、价值观等等以及与之相关的社会活动。家庭从本质上讲是一种伦理组织,一个家庭伦理秩序的形成和发展首先要受到家庭成员自我修养和调适的影响,其次受到社会环境的发展及社会舆论的影响。可见,家庭的伦理秩序是随着社会的发展而变化。

关于伦理道德在我国优秀传统经典中有很多的的名言警句,引导着人们在日常生活中要遵循着一定的伦理秩序,如“弟子入则孝,出则悌,谨而信,泛爱众,而亲仁,行有余力,则以学文。”“正家之道在于正伦理,笃恩义。”“弟先兄伦理非宜。”“父母呼,应勿缓;父母命,行勿懒;父母教,须敬听;父母责,须顺承”。这些都可以引导人们提高个人修养,推动家庭的和谐健康发展。但在所调查地区中存在这样一种状况:有些人随着私欲的满足和不断膨胀,享乐主义、利己主义思想盛行,如部分外出务工人员为了个人的舒适与享乐,把孩子留给年迈的父母,自己却常年不回家照看子女和赡养父母,使得孩子成为“别人家的孩子”,使父母成为“别人家的父母”,既没有尽到为人父母应尽的抚养责任,又没有尽到作为子女应尽的赡养义务。在这样的家庭里,不团结的现象经常出现,兄弟姐妹之间因利益反目成仇。

现在家庭生活中男性责任感缺失,不懂得如何去承担家庭责任,不懂得关爱家人,其突出表现在家庭暴力时有发生。无论是身体暴力、冷暴力、经济暴力等都给家人的身心健康带来很大的伤害,在社会中,有些人为了逃避家庭的冷漠和家庭暴力,不幸走上自杀或者犯罪的道路,对社会的和谐安定发展产生了严重的影响。

家庭暴力简称家暴,是指发生在家庭成员之间的,以殴打、捆绑、禁闭、残害或者其他手段对家庭成员从身体、精神、性等方面进行伤害和摧残的行为。家庭暴力是一个全球性的问题,据世界银行调查统计,20 世纪全世界有 25% ~50% 的妇女都曾受到过与其关系密切者的身体虐待。全国妇联的一项最新抽样调查表明,在被调查的公众中,有 16% 的女性承认被家庭成员打过,14.4% 的男性承认自己有过家暴行为。每年约 40 万个解体的家庭中,与家庭暴力相关的占25% 。据调查资料统计,目前全国2.7 亿个家庭中,有高达30% 的妇女遭受过家庭暴力。家庭暴力一般发生在家庭内部,因此无法得到及时有效的制止和处理，是导致婚姻破裂和家庭离散的直接原因。同时，惩戒不及时也使得加害人有恃无恐。并且，发生家庭暴力的家庭中的孩子通过潜移默化、耳濡目染，在他们成人后大大增加了使用暴力的可能性。研究表明，在有家暴的家庭中长大的孩子在自己的婚姻中使用家暴的概率会很大。另外，在农村地区家庭中，家庭成员普遍受教育程度较低，很大一部分为初中毕业就辍学外出务工。在农村家庭中实施家暴者多为男性，受害者绝大部分是妇女，这些妇女没有固定收入，主要就在家庭中承担照顾孩子和公婆的责任，农村家庭收入往往依赖男性。中国社会自古以来的“经济基础决定上层建筑”的思想在农村家庭中表现特别明显，由于家庭妇女没有工作，家庭的日常开支都依靠丈夫的收入，偶尔遇到丈夫工作不顺、心情不好，会受到丈夫的责怪，被嫌弃不知挣钱只知道花钱。随着时间的推移，家庭中的男性往往会形成大男子主义，男权意识与日俱增，女性在家庭中没有地位，成为男性的出气筒，在家庭发生矛盾时容易对妻子进行冷嘲热讽的冷暴力或者进行身体上的殴打等。根据法律规定，受家庭暴力的离婚妇女，不但可请求物质赔偿，而且可以请求精神赔偿。但农村家庭的女性一方面由于缺少收入来源而过度依赖男方，在受到人身伤害时因各种原因不愿向社会求助而选择隐忍；另一方面，由于在信息不发达的农村环境中，有关保护妇女权益的法律宣传不到位，受到传统思想的影响严重，她们法律意识薄弱，在受到人身伤害时会选择妥协而非勇敢地站出来寻求法律保护，这相当于在变相地支持施暴者的行为，会进一步助推家庭暴力的恶化，造成离婚或悲剧。

家庭教育有失偏颇。家庭教育在人的一生中起到了很重要的作用，而父母通常是子女的第一任老师，在其一生的发展中起到至关重要的影响。目前家庭在教育责任上的偏失，使家长很难胜任或者无暇顾及对子女的文化教育责任。很多年轻的父母自己也没有太多的文化修养，只是简单地对子女进行灌输，致使家庭变成了孩子完成作业的场所，父母变成了学校的督导教师，进而导致今天青少年精神结构失衡，演变成少有精神信仰的萎靡的状态。今天的家长往往有一种习惯，就是面对孩子的成长寄托以无限希望，时时不乏语重心长的告诫。望子成龙、望女成凤心切，寄托有无限的希望。对孩子所有的表达都集中在“要好好学习”“要争气”“不要让爸爸妈妈失望”的“说教”。这样的简单沟通让人感到语言空洞、情感干瘪。父母对子女应承担相应的家庭培养教育的义务，但对于留守儿童这近几年出现的一特殊群体，他们的父母一方或者双方都不在身边，把他们留给爷爷、奶奶或者其他亲属甚至是同辈人来照看，使孩子不能受到来自父母的直接的家庭教育。此外，未受到良好的家庭教育，这对于孩子的教育本身就是一种缺憾。这样的孩子往往自我，对父母、同学、师长缺乏感恩之心，对同事缺乏合作意识，对未来缺乏境界与胸襟，对社会缺乏责任担当。

关于家庭教育重智轻德方面，国家从人的发展和市场经济发展的需要提出实行素质教育，素质教育重视人的个性发展、能力培养、身体健康、心理健康教育和思想道德素质。家庭是培养子女思想教育的第一所学校，人性的善与恶、丑与美、高尚与低俗所表达的人性都是家庭给予的。但对于绝大多数农村家庭来说，只看中分数，形成了以分数至上的不当评价标准。大部分农村儿童是由父母中的一方或者爷爷奶奶照顾，他们对孩子唯一的要求是考试取得好的成绩，对于成绩差的孩子难免进行语言上或者身体上的惩罚，对于成绩优异的给予物质上的奖励，而忽略了孩子在不同阶段应进行不同的素质教育或者是正确的心理疏导，因此大部分的留守儿童出现了不同程度的问题。经实地与一些留守儿童交流得知，他们都希望在成绩之外得到父母更多的生活中的关爱。

教育目的急功近利。随着市场经济的发展带来的冲击，一部分表现为个人主义突出，每个人都在追求个人利益的最大化。外出务工的父母由于在大城市接触了较多的多元化思想，再加上城乡贫富差距带来的心理落差，他们往往会把自己未能实现的梦想寄托于下一代，而自己只需要提供物质基础，不重视情感交流。偶尔的联系往往只是提醒孩子好好学习，询问班级名次，而忽视孩子的感情需求。城市里快节奏的生活带来人与人之间的冷漠、现代化的生活环境正通过这些务工人员传递给留守儿童，农村特有的淳朴亲情日益减少，很多儿童开始以我为中心，欺凌事件偶有发生，而留守儿童往往是被欺凌的对象。

教育方式不合规律。父母是孩子的第一任老师，家长在家庭中处于主导作用，大部分农村家庭都是母亲或者爷爷奶奶担负起孩子的起居生活，老一辈的“棍棒出孝子”的思想深入人心，由于生活的压力，对于一些调皮或者叛逆的孩子，家长往往采取暴力手段进行管制或者是无可奈何地放置不管，很少会通过讲道理的方式对孩子晓之以理、动之以情地进行教育，更不会根据孩子的发展阶段去和孩子沟通交流、去了解孩子的心理变化和需求。加之现在农村家庭大都是一个或者两个孩子，很多孩子成了家里的核心，特别是爷爷奶奶带的孩子，本应是培养孩子吃苦耐劳、尊老爱幼的优良品质的时期，逐渐被娇生惯养、自私自利所替代。因此，要想使留守儿童身心健康，除了保证身体健康成长外，关键使心灵能够得到更多的关注和净化。

最后，中国家庭还面临一个棘手的问题，就是随着中国社会慢慢步入老龄化时代，家庭养老问题突出。21 世纪，中国面临的一大问题就是人口老龄化，根据河南省统计局发布的《2015 年河南省人口抽样调查主要数据公布》可知，早在 2015 年年末，河南省总人口为 10722 万人，常住人口为 9480 万人，其中农村人口为 5039 万人，占 53.15%。从年龄结构来看，60 岁及以上人口为 1500 万人，占 15.82%；其中 65 岁及以上人口为 913 万人，占 9.63%。（人民网）按照国际通行标准，65 岁及以上人口占总人口的 7% 以上就进入老年型人口社会，因此河南省的老龄化问题比较突出。在这样的一个大背景下，为建设和谐的家庭文化，探索农村家庭的养老问题显得尤为重要。

现在社会老龄化严重，农村家庭的养老问题亦是首要问题。家庭养老是农村地区传统且有效的养老方式，国家实行的计划生育政策在农村地区得到了很好的实践，很多家庭都出现了夫妇二人要赡养两到四个甚至更多老人的现象，还有孩子需要抚养，这对于大部分农村家庭来说负担尤为重，随着农村青壮年的外出务工，老年人不能真正得到子女的赡养。部分老年人不仅得不到应有的赡养，还要承担照料孙子的责任，这对于他们的生活来说也是个很大的挑战。老人不仅需要得到经济上的帮助，更需要精神上的安抚，虽然外出务工的子女大部分都会定时或不定时地寄回生活费，因每次回家的时间较短，很少能坐下来陪陪老人聊天，很少关注老年人的心理需求。因此，农村老年人的精神生活甚为贫瘠。随着现在生活节奏加快，年轻人对于家庭中亲情的需求越来越淡化，兄弟姐妹之间对于老人的赡养问题不能有个良好的解决办法，特别是对于一些高龄、无收入、有病的老人，就更容易遇到“不孝子女”。甚至有些地方出现了子女不能主动承担赡养父母的责任，严重的对父母不管不问等情况，此外，在有的农村地区出现了虐待老人、不赡养、遗弃的现象。在这种情况下，政府在农村养老方面发挥着较为重要的作用，国家通过改革农村社会保障制度等，加大了对农村的养老投入，这在一定程度上缓解了家庭养老的压力。但农村老年人人口数量大，对真正需要救助的目标群体统计难度大，对于孤寡老人和五保户家庭的老人来讲，乡镇所建设的养老院数量有限，加上有些老人不愿去养老院，因此很多老年人不能切实地得到政府有效的救助，政府协助养老在整个农村养老体系中不能发挥最大的作用。

“家有一老，如有一宝”。老年人是家庭、社会的宝贵财富，但是老龄化社会的到来还会导致一个家庭中老人数量增加，年轻人的赡养义务加重。市场经济加剧，劳动力流动性加大，农村家庭的存在模式和生活方式有了很大的改变，使得人们的价值观、家庭观也随之发生了很大变化，农村留守老人、留守儿童群体的出现带来了一个非常现实问题就是家庭成员之间的沟通交流减少，加之生活经历的不同，代与代之间的生活观念分歧逐渐加深，这是家庭代际冲突更加严重的重要原因。父母长时间在外务工，对于一个留守家庭来说，缺少父亲或母亲的存在，总是会产生各种各样的负面问题。留守家庭的孩子健康成长主要是依靠学校及残缺的家庭，这样势必会造成留守儿童成长过程中亲情的缺失，最终导致一系列的心理健康问题。在留守家庭中来自亲子方面的缺失带来了很多负面影响，亲子之间既缺少相互沟通的机会，又没有共同分享生活的乐趣，随着时间的推移，家庭中的亲情缺失越来越严重，代际之间的心理代沟逐渐增大。

家庭功能出现的退化。家庭功能指家庭对于人类生存及社会发展所带来的作用。家庭是小型的社会，家庭功能主要表现为性生活功能、生育功能、感情交流功能、教育功能、休息与娱乐功能、抚养与赡养功能和经济功能。家庭功能是在不断变化的，也不会脱离社会而独立存在，因为决定家庭功能的社会需求和家庭本身的特性这两个因素都在历史地变化着。家庭发展的每一个阶段，总是与社会变化和家庭本身功能的变化发展密切相关。随着社会的不断进步，家庭功能在社会经济发展的推动下发生了很大的变化。

第二章　比较视野下传统家庭文化的价值转化

以血缘关系维系的家庭关系是中国社会最小也是最为稳定的社会组织。几千年的文明史，几千年的积累，中国传统家庭文化积累了极为丰富、相对独立的文化内容。通过家风、家规、家教等表现方式代代相承，薪火相传。传统家庭文化的强大生命力不仅归功于稳定的中国家庭血缘关系，也是传统家庭文化内核符合客观规律、具有科学性的内因。我们还发现，在很多方面，传统家庭文化与今天倡导的社会主义核心价值观有诸多共识，这是因为传统家庭文化和社会主义核心价值观都立足于中国传统文化精华，而后者更强调继承性与时代性的统一、特色性与普遍性的统一、理论性与应用性的统一。

第一节　挖掘传统家庭文化丰富的文化资源

调查结果显示，家庭文化是传统文化资源中较为稳定的部分，但也具有明显的时代性。传统家庭文化的现代价值转化是文化自觉和政府干预合力作用的结果。中国以儒学为核心的家庭文化在新文明建设中扮演重要角色。儒家文化以人为核心，忧患意识、崇尚和谐等思想博大精深且对新文明建设意义重大。秩序、纪律、家庭责任、勤奋、团结、节俭等是中国家庭文化数千年的共识。在这些文化资源的现代转化中，我们应该做到继承性与时代性的统一，以及理论性与应用性的统一。

第一，家庭就是一个小社会，会受外界的影响。全球经济一体化进程中，人们的世界观、价值观、道德观发生变化。儒家文化中蕴含着丰富的思想教育资源，但其中很多内容，需要现代人做好传统家庭文化的继承和现代价值的转换、西方文化与传统文化的整合、道德教育与道德实践的统一。在现代转化上,要注重价值导向。把家庭文化与社会主义核心价值观相融合进行重构更需要政府干预,引导家庭文化发展的方向。家庭教育对每一个社会个体潜移默化的教育作用不言而喻,也是社会文化传承的重要方式。家庭文化的价值重构要从国家意识形态建设的高度进行,如政府应积极建设家庭文化价值重构的运行机制,包括国家出台法律法规、制定文化政策,并以国家计划形式保证文化重构进程。以家庭文化与社会主义核心价值观融合为主线的文化重构,对加强传统文化价值创新和利用,对丰富和发展我国当前文化思想,对传播核心价值观,对服务人们的世界观、价值观、道德观建设都有重大现实意义。家庭文化资源现代价值转化对当前和谐社会建设意义重大。对家庭文化的演变进行有目的的引导,是政府的文化功能的体现。

第二,传统家庭在演变过程中,其文化传承功能强大。中国传统社会家庭结构的稳定性,保证了文化传承的持久性和稳定性。传统家庭文化以儒家“合”“和”思想为核心,蕴含着亲爱友善、忧患意识、崇尚和谐等博大精深的思想精华。团结、秩序、节俭、责任、勤奋是传统家庭文化的重要内容。在传统家庭文化中,家风、家规、家教多个方面的文化资源都极为丰富,包含了几乎所有中国传统道德思想,是今天中华民族家庭美德、职业道德、社会公德以及个人品德建设的内容来源。传统家庭文化资源给每一个社会个体带来了理想信念的启蒙教育,也对人们进行终身教育,潜移默化,润物无声。小到家,大到国,凝聚人心,鼓舞斗志。传统家庭文化资源对现代素质教育有深远的启迪意义。传统家风思想资源蕴含的很多精华构筑中华民族精神,是中华民族文化的核心和灵魂。传统家庭文化中强调爱国主义、集体主义精神,要求个人利益服从整体利益,处处闪烁着“合”“和”思想的光辉。我们还应该认识到,中国文化在从传统向现代的转型中,优秀的传统文化得到传承,消极的传统文化仍然有一定的影响。因此,对待传统文化资源批判继承的过程是必不可少的。

第三,中国传统文化的家国情怀,使得中国家庭文化具有更加明确的社会意义。国家富强,小家安康。有国才有家。传统家庭文化强调的是国家至上、社会为先,家庭为根、社会为本。家国文化历来是中国家庭文化的脊梁。对国家的忠诚被看作是家庭文化的最高原则,是人生之大义。忠孝两全是人们追求的理想道德境界。忠孝不能两全时,取其大义是人们选择。先天下之忧而忧,后天下之乐而乐也是重要且普遍的传统家训。国富则民强,有国才有家是中国人的共识。家庭亲情伦理是家庭文化的重要内容，包括亲子伦理、夫妇伦理、长幼伦理三个方面。亲子伦理强调父慈子孝，父母养育、爱护、教育子女；夫妇伦理强调夫义妻柔、勤俭持家、忧乐与共；长幼伦理要求长幼有序、长者宽容、幼者谦卑。家庭和谐是社会和谐的基础。仁义礼智信等博大精深的精神内涵无不是今天和谐社会建设中的道德要求。家庭文化推及社会，"老吾老以及人之老，幼吾幼以及人之幼"，带动社会道德文化的发展。让我们更好地传播、发扬这些传统文化精华。

第四，儒家文化圈中诸国家庭文化的现代价值转换具有很多相似性，为相互借鉴提供了良好条件。借鉴韩日等国做法，把传统家庭文化的现代价值转化上升到国家政策的高度。从国家层面重视传统家庭文化价值转化，加强把传统家庭文化精华与社会主义核心价值观融为一体的实践总结和理论探讨，以学术研究推动家庭文化的实践创新。加大宣传力度，在法律制度、政策制度和教育制度上采取措施，用制度建设来保障文化建设措施的落实。什么是机制建设？传统文化重构机制建设是文化创新的长效运行机制，就是要在传统文化创新工作中，通过建立健全制度并严格执行制度，使传统文化创新经常化、规范化。国家制定专门规划，出台专门法律的、政策的、组织的、部门的、内容的、方法方式的制度体系，包括制度层面，也包括执行层面，更包括程序层面，而这一切又都是可持续的运行机制。探讨我国儒学重构创新机制建设的对策，必须国家支持，政府重视。像韩日那样，以法律形式确认，以国家规划形式实施，建立组织机构体系，建立制度体系。同时，还要有组织领导和考核评价机制、规范的设计机制和规划机制、保障机制、协同发展机制等。

机制建设的具体操作，大到国家运行机制、节日文化机制、学校教育机制，小到社区联动机制、家校互动机制，直到家庭激励机制，各级各类的相关部门或生活环境，都应有成体系的、联动一致的教育作用，并形成社会教育的合力。探讨如何对下一代家庭成员进行教育引导很重要。在教育引导过程中，政府协调各种教育途径和手段。学校、家庭和社会三位一体，发挥一致的影响力。政府部门与教育部门共同制定传统家庭文化与社会主义核心价值观相融合的现代家风、家规和家训。主流新闻媒体发挥舆论引导作用，小到公益广告制作，大到节目类型制作、家庭道德影视主题的把握，处处都能体现家庭文化与社会主义核心价值观的协调发展。

第二节 传统文化价值转化主体的功能挖掘

有很多传统家庭文化元素，无论内容与形式，都可以和社会主义核心价值观相融合、相一致，但是还有很多封建的、迷信的，甚至是错误和不健康的元素在其中。对家庭文化要注重的是价值转化，但教育引导对传统家庭文化的分析研究同样重要。

政府行为尤为重要。系统地、长期地对一种古老文化的传承和创新一定是主要依靠政府行为。这是因为无论从运行机制建设还是文化本身内容上的演进，都需要国家力量的参与。传统儒学在韩国政府一贯努力下，起到了弘扬孝道的作用，并与宣扬“身土不二”的爱国主义教育相结合，发展“孝子”产业，注重青少年思想政治教育的绩效评估。韩国重教尚贤的人才意识，培养国民和衷共济的团队意识，强调群体意识和团队精神，成为今天韩企业文化的道德原则。这些都是韩国政府行为的结果。传承创新中既有国家制度的制定，也有国家法律法规的保障。很难想象，没有政府努力，会有这样一系列显著成果。转化过程中有个去粗存精、去伪存真，取其精华、去其糟粕的过程。方法方式上尊重与发掘；正源与超越；传统与现代；显性与隐性；形式与实效；学习与实践。内容上知与行统一、团队合作，把忠诚、礼仪、勇敢、信义、节俭作为五个最重要的美德。其次，注意发挥地域特色。地方政府和相关文化教育部门在做好中国传统家庭文化融入社会主义核心价值观体系过程中的实践推动，要接地气、树特色，只有结合地方特色，才能真正让中国传统家庭文化与社会主义核心价值观融合的新文化有生命力。

近几年，我们国家特别重视传统文化的现代价值转化，倡导弘扬优秀传统家庭文化的家风、家训、家教的现代价值，把社会主义核心价值观融入平常百姓家，指引平常人家的日常生活、家庭生活。以家庭为单位对每一个社会个体潜移默化的教育作用不言而喻，也是社会文化传承的重要组成部分。以家风为代表的家庭文化资源对当前和谐社会建设意义重大。这也是去年年底以来主流媒体关注家风传承的主要原因。家风文化资源的现代重构要有地域特色，家风现代传承和价值重构策略意义重大，指导家风建设，为当前中国和谐社会构建、生态文明建设提供理论支持。

主流媒体的家风调查结果显示家庭文化是传统文化资源中较为稳定的部分，同时具有明显的时代性。这是文化自觉作用的结果，也是传统家庭文化生命力强大的证明。把家庭文化与社会主义核心价值观相融合进行重构更需要政府干预，引导家庭文化发展的方向。家庭文化的价值重构要从国家意识形态建设的高度，政府应积极建设家庭文化价值重构的运行机制，包括国家出台法律法规、制定文化政策，并以国家计划形式保证文化重构进程。以家庭文化与社会主义核心价值观融合为主线的文化重构，对加强传统文化价值创新和利用，对丰富和发展我国当前文化思想，对传播核心价值观，对服务人们的世界观、价值观、道德观建设都有重大现实意义。家庭文化资源现代价值转化对当前和谐社会建设意义重大。

首先，如果政府行为不到位，会给传统文化的重构带来诸多困难。我国针对传统文化的态度有缺乏持续性的现象发生。“五四运动”“文化大革命”“批林批孔”以及改革开放初期，都有过甚至是全面否定传统文化的历史时期。以儒家文化为代表的传统文化的回归当然是中华传统文明的基因使然，是中华传统文明强大的基因和生命力使得中华传统文化代代相传。这些年有过传播传统文化的高潮，但是激情过后常常是冷漠，这些冷漠往往是现代经济、西方文化影响的结果。对于很多人来说，回归传统文化，把传统家规家教家风文化融入社会主义核心价值观的努力往往被现实生活中所遇到的道德困境所击败。其次，我国针对传统文化的现代重构缺少系统性。系统性重构传统文化资源需要政府大力作为，从制度建设到内容指导，是个长期的实践。如何形成既与传统家庭文化一脉相承，又与社会主义核心价值观融合一致的现代家风家规和家训以及行之有效的家教方法方式是摆在现代人面前的一道难题。最后，缺乏认可度。法律法规的保障、国家规划的支持固然重要，内容的相对独立，特别是如何结合时代特点，融入社会主义核心价值观，去除消极的、封建的不良元素是个问题。等级观念压抑了人的个性和创造性，要不得；过分强调人际关系，轻视对自然界的探索和改造，不可取；鄙视生产劳动和劳动群众倾向，不光荣；过分注重道德作用而缺乏法治精神，不科学；“重道轻器”的体验性思维也不符合现代科技发展的要求。很多时候文化重构搞一刀切，缺乏与地方特色文化的结合也是缺乏认可度的重要原因。

家庭的作用当然不可小觑。家庭教育要在政府引导下产生新视野、新思路、新举措，这些新视野、新思路、新举措内容上是融合了社会主义核心价值观的，方法方式要有持续性、稳定性、传承性，特征上要有可接受性、地域性。知行统一、团队合作以及礼仪、忠诚、节俭、勇敢、信义是家庭教育中重要的美德。我们国家特别关注中国传统文化的价值传播，多种场合多次谈到中国传统家庭文化的价值。中央电视台主流媒体近几年连续进行了家风调查，唤醒了人们回归传统家庭的热情，相当长一段时间里，人们在大街小巷都能谈论家庭文化的相关话题。受发展经济和外来文化影响曾受过巨大冲击的传统家庭文化慢慢回归到寻常百姓家。“百善孝为先”；“家有一老，如有一宝”；“国富民强”；“忠孝两全”又成为人们日常话题和生活中舆论的主流。

学校教育是关键。学校教育要积极探索与家庭教育和社会教育相承接的教育内容和方法方式，探索新的道德教育模式。韩国政府早在20纪90年代，就把儒家道德伦理列入大、中、小学教育科目。“文化立国”并努力开发“孝子产业”。韩国挖掘儒教等传统文化精髓，把文化产业发展为拉动经济发展的新动力。

第三节　反思传统文化价值重构研究的不足

对于传统文化价值重构的研究，还有以下不足：

首先，机制建设的不足。传统文化资源的价值转化，是文化自觉的体现，但这种转化起到主要作用的还是政府态度和行为。对我国来说，当前传统文化资源重构的问题最为关键的还是运行机制缺失。我国对待传统家庭文化的机制建设几乎空白。中国的文化软实力在世界范围内没有获得与文明历史相应的地位，国际文化传播逆差严重，主要原因就是丰富的文化资源没有转化为现实的竞争力。相比之下，韩日政府积极有为的成功经验特别值得借鉴。韩国20世纪90年代末制定“文化立国”的战略，政府制定以文化产业作为增强国家竞争力的核心产业，通过培育文化产业来激发经济活力，促进社会的发展。随后出台一系列的国家配套政策，《国民政府的新文化政策》《创意韩国》等前后关联度极高的中长期发展规划，统筹规划了多个政府部门和多产业以及跨地域的合作。优惠的贷款和免税政策、公共信息平台等配套政策。同时，

《文化产业振兴法》《文化地区特别法》的颁布完善了文化产业发展的法律环境。传统文化现代重构的运行机制通过上述一系列的政府行为建立起来。无独有偶，日本也将文化产业发展上升到国家战略，持续性发展战略和国家职能机构是传统文化现代重构的两大主题。“新文化立国”的国家战略制定后，日本各省厅政府迅速设立相应部门以执行“知识财富大纲”“内容产业全球化”和“技术战略计划”。韩日还针对传统文化的现代重构制定了五年计划以及“文化产业前景21”。

其次，理论研究滞后。理论研究的滞后表现在传统文化资源现代重构理论、重构内容研究得不彻底、不系统；也表现在对重构机制建设的研究。相比之下，韩日政府主导的关于文化重构的研究及规划就显得主动得多。内容重构中注重价值重构和本土化，日本“直观”“即物主义”特色贯穿其中，注重事实、现象、经验和实证，经世与科学并重。韩国“义理”精神的“重气”“重情”特色突出，在“理气”“心性”“礼仪”和“以图解说”发扬儒学。“四端七情论辩（四七论辩）”和“人性物性异同论（湖洛论辩）”反映韩国对儒学本质认识中，更关注儒学在国家意识、产业文化、企业文化、民俗民风、家风家规各层次上的价值重构。韩日两国政府批判与继承的态度和积极主动的政府行为赢得了对传统文化资源吸收与创新的成就。

最后，教育力量分散。家庭、学校和社会没有形成合力。很多人感觉一生中所受教育常常因教育场合不同以及年龄的变化而发生变化。这就是中国教育中家庭学校和社会没有形成合力作用造成的。教育方式方法自不必说，教育内容前后不一，让受教育者无所适从，大大降低了教育效果。在过去的相当长的时期内，河南省域的优秀传统文化教育主要依靠家庭教育这一主要途径。而家庭教育的特点是通过家庭成员间的言传身教（主要是长辈对晚辈的代际之间）来进行，表现出教育场合的随机性、时间的分散性和内容的不系统性等特点。学校教育在传统文化的传承上，没有发挥应有的主阵地作用。社会教育的作用也没有被系统挖掘。以各种大众媒介的影响来说，改革开放后，人们在发展经济的同时，常常忽略了文化思想的提高。大众媒介多服务于经济发展，各种商业广告充斥着各种信息渠道。可喜的是，近几年来，我们国家重视优秀传统文化的创新发展，众多的主流媒体家风、家教、家训相关的宣传引导明显增强，大街小巷的文化创意性公益广告等明显增多，优秀传统文化的生命力再一次鲜活起来。

第四节 韩日传统家庭文化价值转化的借鉴

在儒家思想中，仁、义、信、孝、礼、智、慈等被用于调节家庭成员关系和处理社会人际关系。这些指导性概念广泛存在于中日韩甚至整个东亚社会中，在以家庭为基础的社会范式中，儒家思想的这些传统理念对保持家庭和睦、人际和谐起着极其重要的作用，是社会和谐与国家稳定的重要内因。

从家庭关系稳定到社会秩序良好再到民族自强不息，这些传统的东西为什么要放弃呢？韩国家庭文化演进中有很多成功的做法，韩国人对于传统的东西不但没有放弃，在很多方面反而进行了加强：从父慈子孝到夫妻和睦再到兄弟友爱，从对自我的要求到对家庭、对社会的责任，优秀传统文化得到了发扬。还有一点值得我们反思，远在海外的他乡，也就是在日本、在韩国，人们对待儒家文化的态度是一以贯之的，儒学一直被人们所接受，而没有经历过像在自己祖国那样大起大落的多舛命运。中国现时的很多社会问题，不少源自贪欲和利己主义，而这些也为传统文化所痛绝。现代社会释放了个人的主动性与创造性，但同时也让一部分受到西方文化的侵染，促发了各种各样的矛盾关系，使得个体与个体、个体与集体间都有了矛盾。离婚率和代沟等是家庭问题，更是社会问题。单亲家庭不断增多，城乡空巢家庭增多，这些都是过去不存在而如今不断增多的社会问题。韩国、日本在家庭文化建设中很好地继承了儒学文化的很多优秀传统。而这些优秀文化遗产能很好地化解现代家庭矛盾，韩日社会积累了很多家庭文化现代演化成功经验，主要集中在以下几个方面。

第一，韩日在家庭文化的现代演化中，政府主导了传统文化资源的现代价值转化。在家庭文化建设中，韩国的成功经验有很多。其中，最主要的一点是政府发挥主导作用。文化发展的力量有两个方面：文化自觉和政府干预。前者是持久的、内在的；但是，政府的干预作用在文化发展中往往能起到事半功倍的作用。韩日政府积极地引导和规范，在较长历史时期内主导了儒家文化在韩日社会，特别是家庭文化的现代演化。以韩国的《国民教育宪章》为例，这是从国家立法的高度明确提出了自主、公益、奉献等国民精神教育。

第二，韩日政府充分利用了一切教育资源进行传统文化的社会教育。大众传媒手段，特别是电影电视被广泛应用，与政府其他多种教育引导方式共同构成社会教育综合服务网。近些年来充斥家庭生活的多部长篇电视剧，比如《加油！金顺》《人鱼小姐》《看了又看》《澡堂老板家的男人们》等无不起到了传统文化宣传教育作用。这些反映夫妇伦理、长幼伦理、亲子伦理的热剧，主题鲜明，家喻户晓，它们起到的教育作用不言而喻。这些家庭伦理剧中体现的孝悌观念恰恰是现代社会最为缺少、最为宝贵的文化资源。这不正是我们祖先给我们留下的伟大遗产吗？几千年来，儒学一直发挥着稳定社会秩序、稳定家庭关系的作用，今天更应该发挥这样的作用。儒学概念应有之义的兄弟友爱、夫妻和睦、父慈子孝今天尤其珍贵。所有这些都体现着以和为贵的核心理念。在韩日社会中，离婚遭人鄙视，家庭的稳定性仍然根深蒂固。人们唾弃那些忘恩负义的行为，不会也不能原谅亲人间背叛和抛弃的行为。小到家庭，上升到家庭文化社会文化、国家文化层面，就变成了自强不息的民族精神。

第三，挖掘家庭文化中儒学文化精髓，把这些精髓加以合理演绎和放大，更好地服务于现代家庭文化建设。韩国政府主导下的各级教育机构，消化吸收传统文化的精华，发扬对家庭文化建设有积极作用的因素。比如，近些年来，韩国倡导"文化立国"，开发"孝子产业"。努力从娃娃抓起，把儒家道德伦理列入大、中、小学教育科目。

第四，韩日政府不是照搬传统文化的全部，而是较为明智地克服和化解传统文化的消极作用。比如传统家庭文化中的家长制，倡导家长权威，倡导男尊女卑，倡导从属关系。这些必然造成盲目服从和等级意识，造成家庭和社会生活的不民主，不利于交流与沟通。韩国人把现代人之间的平等民族关系较多地引进家庭文化之中，较好地解决了家庭文化中家长制的问题。

第五，对于传统文化，韩日还有一个共同的国策，那就是文化立国，以文化产业的发展来促进经济产业的发展，有文化产业作为龙头，带动相关新兴产业的发展。文化立国策略在近几年深刻影响东亚社会发展。巨大的经济及社会效应不局限于韩国，用文化发展凝聚国内力量，把文化建设当作外交战略的做法影响了世界上很多国家的现代化建设，被世界上很多国家借鉴，也使得韩日近些年来迅速发展，推动了这两个国家经济的大发展，同时使韩国和日本文化成功走出国门、走向世界，以文化带动了经济。

这些成功经验值得我国传统家庭文化价值转化时借鉴与利用。

第五节 剖析农村家庭文化问题存在的原因

我国农村家庭文化存在的原因包括以下几点：

第一，社会经济的发展是家庭问题存在的根源。随着经济社会的发展，农村地区的经济水平得到了较大的提高，生活得到了改善，但有关家庭文化的问题也成了制约经济发展的一大问题。从微观来说，家庭文化是一个家庭的内部事情，与每个独立的个体家庭息息相关；从宏观上来看，家庭是社会的重要组成部分，社会的发展影响着家庭文化的发展。农村留守问题的出现是社会发展到一定阶段的产物，并且会在较长一段时间里存在。在现今社会里，夫妇双方都忙于工作，家庭成了共同居住的房子。在农村地区，一方或双方都外出打工的话，家庭更是成了空壳，久而久之，夫妇双方没有时间谈感情，交流少之又少，一方面会导致人的异化，另一方面带来的直接后果就是夫妻双方婚姻关系的破裂。这是近年来离婚率上升的一大原因。国家工业化、现代化、信息化进程的加快促使越来越多的适龄青年向往大都市，而他们的背井离乡正是家庭文化出现各种问题的根源，如果他们像老一辈一样愿意守在土地上过活，那么有关家庭文化的问题就会大大减少甚至是不会出现。但社会在不断地进步，我们不能阻止经济的发展，也不能阻止向外奔波的脚步，因此说社会经济的发展是家庭问题存在的根源。

第二，社会思潮的庞杂是家庭问题存在的诱因。我国农村生活中的矛盾即物质生活的提高与精神生活停滞不前的矛盾。虽然人们的思想有所开化，但封建思想仍根深蒂固地存在于农村地区，如三从四德、男尊女卑的不平等思想在农村仍有一席之地，留守在农村的妇女仍扮演着家庭奴隶的角色，多数留在家里照看孩子、公婆，农村的信息化较为落后，对于一些新事物的接触需要一段时间，她们的闲暇时间往往会通过打麻将、闲聊等来打发，很少主动去接触进步思想。而村里的留守老人受封建残余思想的影响更为深刻，且不易转变，因此农村地区是封建残余思想的滋生地。

第三，社会不良的风气是家庭问题存在的温床。社会转型的关键期带动了国家经济的发展，提高了农村生活水平，但社会风气也随之发生了变化。随着外出务工人员的增加，从外面带回农村的一些社会不良风气逐渐腐蚀着朴实的农村人。首先是文化糟粕的侵蚀。文化对人的影响具有深远持久和潜移默化的特点，从农村走向城市，一部分人在巨大的城乡贫富差距面前开始怀疑人生，心理的巨大落差反映到行为方面就变成了一种唯利是图、强调自我权利、忽略责任和义务。这种唯利是图的心理不但影响了外出务工人员的思想，在为数不多的返乡时间里通过日常言语、行为传播给了子女，在一个家庭里形成了不良的氛围，进而影响家庭内部成员、邻里之间的关系。其次是传统美德的丧失。父慈子孝、兄良弟悌、夫义妇贞、长惠幼顺等传统家庭文化的精髓在市场经济的冲击下变得微弱起来，传统家庭道德在世代相传中并未增强反而是逐渐变弱。在调查过程中，有部分老人反映说家里的孩子常年在外奔波，很少能顾及到他们，平常的小病也不愿给子女说，很多时候都是熬过去，即使尽可能地不去麻烦子女，仍然会遭到子女尤其是儿媳妇的嫌弃。再次是大众媒体的误导。信息社会的到来使社会中充斥着各色各样的新闻报道，而这些新闻报道中的真实性需要人们有很强的辨别能力，在鱼龙混杂的信息中，西方思想的传入与传统思想产生矛盾时，人们很容易迷失，虽然农村地区信息化水平较低，但也不可避免地受到影响，如性开放的思想影响正常的夫妻关系，出现婚外恋等；“孩子不能输在起跑线上”与子女作为独立个体应任其顺其自然的发展这两种截然不同的家庭教育产生冲突；年老的父母不能再为自己带来经济效益，自己可以为追求自由而不尽孝，尤其是新闻媒体中种种为争夺财产不择手段的桥段被部分人当作自己不尽孝的挡箭牌。这些阻碍家庭和睦的事件层出不穷，极不利于良好家庭文化的建设。

第四，家庭结构的变化是家庭问题存在的内因。社会转型是我国从农业社会向工业社会转变，从而改变了人们的生产和生活方式，家庭结构的小型化和核心化使得家庭成员的关系发生了转变。首先是我国家计划生育的实行使一部分家庭的养老压力变大，传统的多子女共同养老的现象变为一对夫妇要承担两个至四个老人的养老，尤其在“4+2+1”“6+2+1”的家庭模式下，如若单依靠家庭养老，农村家庭将不堪重负，而且子女为了改善家庭生活不得不选择外出务工，由此更减少了对父母生活上的照料和精神上的慰藉。其次，独生子女使得一部分留守儿童从小养成了以自我为中心的思想，父母常年不在家使他们即使犯错也不会得到相应的教育与批评，加之父母从外地回来往往会给予这些孩子物质上的补偿，把眼光仅放在孩子的物质需要上，为孩子提供一切生活的便利,以至于使孩子安逸于物质享乐,失掉实现自我价值的理想和创造社会价值的责任感。所谓"不谋全局者,不足谋一域",母亲对孩子的关注,不仅应从物质的角度出发,还应有对人格、对人性的激发,让孩子在现在和未来都成为"独立"的人。英国教育家斯宾塞"家庭智育、家庭德育、家庭体育"共进的思想,也包括家庭文化所提出的"德行、智慧、礼仪、学问"文化育人四要素。在留守家庭中对子女的家庭教育因为家庭结构的变化而缺失,家庭关系也随着家庭结构的小型化和核心化而变得紧张。家庭是社会的细胞,孩子是世界的未来。如果一个孩子在家庭之中体会不到亲情,体会不到母亲的仁慈、包容、善良,这样的孩子生命里充斥着冷漠、孤独、自私、浮躁、偏激、短视就不足为奇了。

第五,家庭伦理的滑坡是家庭问题存在的关键。尊老爱幼的家庭伦理道德在市场经济的冲击下由一种常态变成了稀有品,出自《孟子·梁惠王上》的"老吾老以及人之老,幼吾幼以及人之幼"与孔子对大同社会的思想是一脉相承的。儒家思想的核心,是一个"仁"字,儒家伦理道德学的核心,则是一个"孝"字。西方思想家马克斯·韦伯说,中国人"所有人际关系都以'孝'为原则"。王继华在其《家庭文化学》中指出"家庭的落后是家庭文化所表达出的人性美德的丢失,也是家庭人性阴暗的堕落、放纵、自私等习性的泛滥。正是这种自私的心理状态对家庭的影响,往往使家庭失去了奋斗的方向和目标,失去了进取的精神和信仰。"家庭的氛围是指家庭的主要成员对生活中的种种事物所做出的判断评价与思想碰撞,是从心里迸发出的一种精神状态,以此形成对家庭成员尤其是对子女感染、凝聚和约束的作用。家庭氛围的营造体现家庭成员的理想信念、价值取向与道德修养等内在品质的表现,是衡量家庭成员社会价值的尺度。家庭是社会最基层的细胞,父亲的理性、"道"的引领,在这里得以施展;母亲的"尚德"礼仪的表达,在这里得以舒展。家庭伦理的滑坡使得"知善知恶,知是知非,有所为,有所不为"的理想状态不再出现,使得父亲的理性和母亲的"尚德"无法传递给孩子,进而使得整个家庭文化的建设举步维艰。

第三章 国外传统文化创新发展的借鉴

我们国家在新时代的条件下倡导吸收优秀文化的治理智慧，服务新时代国家治理方法的创新。事实上，悠久的中华文明史为我们留下了积淀深厚的精神财富，作为民族的“血脉”和“基因”，“根”与“魂”，代表着国家最深沉的软实力。优秀传统文化是文化自信的力量之源，也是根植社会意识形态的沃土。千百年来，以爱国主义为核心，代代相传、生生不息的民族精神成为凝聚人心的关键内因和精神支撑。也正是这些精神，使这个多灾多难的英雄民族在任何时候都能够团结一心、共克时艰、共赴国殇且愈挫愈勇。我们国家在新时代号召用优秀民族文化凝民心、聚民力，发挥全国各族人民的聪明智慧，把文化优势和和社会制度优势转化为巨大的治理效能，在面对前所未有的历史大变局背景下，把优秀文化转化为关键时刻在国家发展中攻难克坚的杀手锏。

中华民族的灿烂文化恩泽的不仅仅是炎黄子孙。在我们国家之外，世界上还有不少国家也深受儒家文化的润泽，甚至以儒家文化为国家的正统文化。儒家文化为这些国家成为民族国家以及国家延续都发挥过重大作用，也为它们的现代发展继续发挥着国之根本的作用。这些国家在现代化的过程中对儒家文化不断再构和发展，积累了不少成功经验。儒家文化在国外尤其是韩日等国家的传播，大都经历着持续创新，服务于社会发展。在这些国家，儒家文化在与本土文化重构过程中得到重生，积累起丰富的创新经验，享用着儒家传统文化带来的价值红利，使古老的儒家文化智慧仍然发挥着强大的社会治理功能，特别是借用古人智慧解决现代社会的困惑和难题。把儒家道德伦理纳入学校教育系统；在战略上实施“文化立国”与“文化兴教”；在经济上挖掘文化产业潜力；在政治上以文化外交提升国家软实力。直到今天，吸收利用中国优秀传统文化和发展文化软实力成为一些国家破解发展困局之道。儒家优秀传统文化是中华文化的重要组成部分，是中华民族的“血脉”“根”和“魂”。充分吸收海外对儒家文化传承创新的经验，对于推进中华优秀传统文化的创造性转化与创新性发展，确立国人的文化自信，具有重要的现实意义。

第一节　儒家文化在韩日的创新转化与发展

儒家文化向外传播并发挥影响的历史悠久，在现代文明高度发达的今天，日本、韩国、新加坡、越南、马来西亚等国仍深受影响。其中，儒家文化传播时间最为久远、程度最为深刻、范围最为普遍的当属日本和韩国。

据史料记载，儒家文化在日本的大和时代传入日本，从那时起一直到今天，儒家文化在日本不曾中断。在日本各时期，儒家文化不断经历创新和改造，融合生长成现代日本文化。据考证，在6世纪初，儒家文化传入日本后，在整个6世纪末到7世纪初经历了以圣德太子为核心的政治家们一系列政治、经济改革。这次改革最大的成就是，不仅仅把儒家文化作为学习的对象，更是把它打造成具有民族凝聚力的本族文化。从与本土文化的融合着手进行文化引入，使儒家文化迅速渗透到日本文化、社会和政治各个方面的制度体系。从此，儒家文化各主要元素被日本人奉为自己国家的国粹。儒家文化传入日本后，极大地凝聚了民心和国力，使日本迅速成长和强大起来，避免了其后经历的不只一次的亡国灭种的危机，儒家文化开始了全方位推动日本社会发展的历史。

儒家文化在日本迅速传播经过了两个重大的历史节点，一是日本的大化革新（始于645年）；二是奈良（710年始）时代。其后不断经历着内容上的丰富和延伸，得以在政治、经济和文化全方位地融入日本社会。儒家文化的先进性，使其在短短半个世纪便确立了在日本道德思想上的统治地位，具有标志意义的一些事件大都集中在镰仓（1192年始）时代中期。日本儒学不是照搬照抄，在对儒家思想的吸收和衍化过程中注重融入本国民族精神。原有的神道文化被再次利用，近乎迷信的“神道”和“武士道”精神在儒家文化传播过程中被糅杂在一起，形成一种新的日益稳固的文化范式。同时，群体意识是儒学本土化的过程中出现的具有重大政治和经济意义的新理念，强调步调一致的团队精神，逐渐成为日本社会文化的重要道德原则。直到今天，团队精神仍然是日本社会的重要标签。

当然,儒家思想在日本也多次遇到波折。但是,儒学作为主流思想的地位从来没有被撼动过,这种地位一直延续到今天。儒学在日本能够生根发芽、散枝阔叶并能持久地显示强大生命力的一个重要原因就是不断的本土化改造。儒学自传入就经历着选择和重构而且贯穿着价值创新,这是日本儒学本土化的基础和原则,也是儒家思想在日本获得成功的根本原因。

与日本相比,儒家文化在朝鲜半岛有更加悠久的历史。在韩国,儒教成为规范社会行为的宗教信仰,普遍地影响社交礼仪和文化教育。直到今天,境内有300余座寺庙、2万教职人员的儒教,信徒数仅次于佛教和基督教。儒学给韩国带来的先进思想文化从政治、经济、文化和社会诸多方面推动该国全面发展。与日本颇为相似的是,儒家文化的本土化再构贯穿于韩国的文化进步历史,他们在儒学的不断创新发展过程中,结合自身情况制定适合本国国情的文化制度。

经过“四七论辩(四端七情论辩)”、“湖洛论辩(人性物性异同论)”等多次大讨论,儒家文化较为稳固地成为朝鲜半岛主导文化。“四七论辩”中“四”是指孟子倡导的四种德性;“七”是指人性的七种情感。这样的“四”和“七”对儒家来说都是人的本性。朝鲜半岛把儒家的四种德性称为“理”,把人的七情称为“气”,随后引发关于“理”与“气”孰先孰后的辩论。从14世纪到17世纪,其间朝鲜半岛的儒学大家权近、李退溪、奇大升、李珥、宋时烈等无不加入其中。论战的效果远远大于论战的结果,经过论战,儒家思想,特别是程朱理学思想在朝鲜半岛深入人心。“湖洛论辩”则从“心”与“情”的关系进行扩展,进而推及到“人性”与“物性”关系的研究上。可以认为,“湖洛论辩”是在“四端”和“七情”关系稍有定论之后,在又一崭新话题上开展的新的大论辩。这次发端于18世纪初的大争论同样涉及范围广、人物众多、影响大。这是程朱理学传入朝鲜半岛并进行全新诠释的决定性过程。两个最著名的代表派别,无论是李巍岩为核心的湖派(主张“人物性同”),还是以韩南塘为核心的洛派(主张“人物性异”),都对程朱理学的传播乃至后来东亚儒学内容的丰富和发展起到了推动作用。可以认为,中国理学是被形式上比较规范而且体系上比较完整地传入韩国的。这为儒家文化在韩国本土化创造了十分有利的条件,特别是经过韩国历史上多次大论辩,对朱子理学的思考和探讨不断深入,实现了儒家文化在韩国本土化的转折。

儒家思想是朝鲜半岛人民爱国主义和反殖民侵略的精神支柱，也是今天韩国精神文化的主体内容。韩国历来从娃娃抓起进行儒教道德教育，从1960年以来，韩国正式把儒家道德伦理列入学校教育科目。在文化立国战略中，韩国把儒教精髓运用于文化产业。今日之韩国，儒家文化作为普遍的文化原则，对韩国社会、政治和经济都起着支撑作用。韩国的儒学发展历史表明，对儒家文化进行的连续性创新发展是成功的，从“义理”精神的“重气”，到儒学新派的“重情”，依托“理气”“心性”，将“礼仪”等道德伦理进行“以图解说”的传承。“四端七情论辩（四七论辩）”和“人性物性异同论（湖洛论辩）”以及后来的多次论辩事件，都能反映出韩国对儒家文化本质的尊重和创新，大到国家意识形态，小到民俗民风，全方位地在文化传播过程中进行与本国实际相结合的创新。

第二节　国外儒家文化创新发展的主要经验

首先，坚持因时因地制宜“本土化”。日本江户时代以后，日本儒学本土特色兴起。日本特色的儒学最大的特点就是把儒家文化本土化过程中舍“仁”而取“忠”，进行功利化改造。日本江户时代以后，日本儒学传播和兴起经历再一次的明显提速。期间很多实用化或称作功利化倾向的文化再造现象很普遍。这些实用化的变革是以日本原有文化为背景的，其中最具有代表性的是儒家文化传入日本过程中对于“仁”与“忠”的关系的处理。在儒家文化的本源里，“仁”为“五端”之基，“仁”和“和”是最为核心的儒学概念。然而日本儒学在创新过程中进行了力度较大的舍“仁”而取“忠”改造。16世纪末17世纪初，初藤原惺窝（1563—1619）及其弟子成功推动的儒学官学化，使日本儒家学说更具有积极的社会伦理道德价值，在日本的政治生活中地位更加稳固。儒学官学从此借儒学本土化的助力，为日后儒学在日本经济、政治直至全社会根深蒂固的影响打下坚实基础。日本原有文化借助于新的儒学，使国家文化动能极大地放大并迅速起到了凝聚国力的作用，为推动社会生产提供强大的智力和信仰支撑。可见，藤原惺窝及其弟子之所以能够成功推动的儒学官学化，是正确运用儒家学说中具有积极意义的社会伦理道德，充分发挥其对教化民众的巨大价值。儒家思想在日本也多次遇到波折，但是它作为主流思想的地位从来没有被撼动过，而且这种状况能够一直延续到今天，显示强大生命力的一个重要原因就是不断的本土化改造。儒学自传入就经历着选择和改造，而选择和改造过程贯穿着价值创新，这是日本儒学本土化的基础和原则，也是成功的根本原因。纵观儒家文化传入韩国的过程，可以发现，儒家文化同样经历了积极的革新和本土化过程，也就是经过不断再创造的过程。对于“仁”，韩国多应用于治国而非个人价值尺度；对于“和”，由于单一民族的特点而不存在调节国家和民族关系的意向，家族和国家则成为主要关注点。在此基础上，韩国人更侧重对诚信以及礼文化的传承；注重以“家族定位”为中心的“忠孝”文化。另外，韩国在儒学本土化过程中，没有受到过政治运动的冲击，更没有中断现象。

其次，重点开发儒家文化的核心理念。首先是对重教尊师理念创新继承。在接受儒学过程中，中国文化中重教育的传统被日本人很好地汲取和发扬。日本人形成了对外来先进文化自觉学习习惯，尤其重视和尊崇智慧或学识，高度重视教育。大化革新后成立文部省，逐步建成完备的近代教育体系。在全社会形成了学问立身、智慧兴业的文化氛围。“文明开化”被国家放在与富国强兵同样重要的高度得到重视。在日本现代文化、科技发展史上，以“振兴科学和智力开发”为战略任务的《国民收入倍增计划》以及“科技立国”战略方针，都对日本教育发展乃至社会发展起到了巨大推动作用。在日本，职业教育和终身教育体系的发展和完善，极大地推动了日本经济的腾飞。对于“勤俭节约”美德的传承与发挥。“节俭”观念是日本从中国儒学汲取的又一重要精神财富。资源匮乏的岛国日本，本土也有节俭传统。儒学传入后，“节俭”找到了理论依据，成为大德。“节俭”大到节约能源和资源，小到普通国民日常。日本人高储蓄、高积累很大程度上也是经济腾飞的巨大力量。

第三是对于“家国情怀”的传承与发展。韩国的儒家把儒家文化中国家和家庭观念进行再创造，特别是忠、孝、节观念被放大；把国家看成一个家庭，强化家国意识和集体意识，培养民众爱国主义情怀。“重家庭胜于重个人”，“重国家大于重家庭”的家国文化、爱国情怀得到很好地发展。无论是现代社会的家庭文化传承，还是对普通民众进行的爱国主义教育，都突出了教化功用及其实用性。

最后是重视文化对于社会生活的实用性和功利性价值和意义。考察日本文化脉络过程中，儒家文化作为韩国、日本文化主体的线索是很明显的。儒学精神构成了两国文化的基本内涵和主体价值观。想补充讨论的还有一个共同点就是，两个国家都重视文化社会效果的实用效果，注重现象、事实、经验和实证，强调经世与科学并重。

第四，政府主导文化创新的全局性设计。历朝历代的韩日两国统治者均主导着儒学的传播及其发展。对待儒家文化在本国的创新，两个国家有一点做得很相似：两国政府都重视顶层设计。一般认为，一个国家的民族心理，应该基于对民族精神的稳定维护和物质文化的符号化坚守。民族心理的释义有如下特征：一是精神意蕴形态化并有具象的符号形式；二是较长历史时期内的统一性和稳定性；三是普遍意义的道德标准。体现在政府制定的各项国策。韩日政府都注意设立相应的制度和法律体系，以保证儒家文化正统地位。在经济、政治等社会治理体系中，都倡导过"文化立国"，并由国家设计具体的发展战略。儒家文化在韩日的演绎大都遵循着国家民族精神塑造的既定路径。儒家文化传播过程被赋予浓厚的宗教色彩，成为政治集权的文化附庸。儒教的世俗功用让步于政治功用，经由政治改造后再发挥其世俗功用，形成了韩日两国社会和政治文化普遍的儒家文化色彩。从国家文化形成分析，儒家文化的本土化过程中，创新机制和创新过程都是由政府主导，而不是任其自生自灭。在强调和树立"忠君"核心思想的问题上，有很多甚至脱离中国儒学本意的现象。在中国，传统伦理价值体系以"仁"、"孝"为基础和核心。但在日本新建道德伦理观中，"忠"被实用化地强化为价值取向的核心。当然，在谈及儒家文化被大幅改造的话题时，我们必须反对歪曲儒家文化原有精神的现象，更要旗帜鲜明地反对那些为达目的而不择手段地"异化"中华文化的现象。中国古人为世界人民贡献了治理智慧，但我们反对歪曲中国文化原有精神的现象。

儒学传播的内容由政府主导。儒学本身注重教育，韩国各代政府均重视教育并由此促进了人口素质的显著提高。以韩国为例，吸取唐朝高度发达的文化，建设类同于唐朝的教育体系，在中韩文化交流的基础上推动儒学发展。大批可用人才的培养极大地推动着韩国的历史进步。中国礼制文化在韩国的传播同样是政府主导作用的结果。中国夏商时期发达的祭祀制度是礼制的前奏，经过到周代的"制礼作乐"以及后来儒家诸子系统化和理论化改造，成就了"礼仪之邦"美名的坚实基础。韩国在其三国时代"礼"、"乐"并吸，把音乐和祭礼完美地结合起来，以表达对于平衡的天地关系的理解。所有这些，没有政府的主导作用，都是没法实现在全社会进行普及的。

因时因地制宜。变化的国情是韩国和日本的文化创造依据。两个国家都坚持实用主义改造,而不是照本宣科、生搬硬套。纵观其儒家文化在两国的创新脉络,强调实用化和本土化是不断的线索。从封建社会到资本主义再到现当代价值重构,虽然儒家文化经受了各种文化思潮的冲击,但民族性和实用性特征一直未变。

第三节 对国外传统文化创新与发展的反思

在全面深化改革的社会主义建设中,特别是在遇到挫折和困难时,不妨也回头看看祖先的智慧,回归到先祖们认识人与自然、人与社会的立场和观点上。通过思考祖先们的实践经历,启示我们多角度看待当下社会的各种矛盾。冠状肺炎疫情的发生,进一步证实了对人与自然及人与社会关系进行研究与思考的重要性。我们国家在新时代的条件下审议通过的《决定》强调,在新时代条件下,在推进社会制度体系现代化过程中,要更好地利用中华优秀文明成果造福现代生活中的炎黄子孙、造福全人类。具体到文化建设,就是要积极吸收以儒家文化为主体的传统文化中的优秀成果,解决现代人的问题、服务现代人的生活。

我们要重新认识优秀传统文化对民族生存和延续的重大意义。传统文化传承关系一个民族的价值认同和血脉延续。我们国家在我们国家在新时代的条件下上再一次倡导优秀文化的价值今用,特别是优秀文化的“治国之道”,对于推进国家治理能力现代化具有特殊意义。在治国理政中,我们国家常引经据典、古为今用,引导人们进入古人智慧营造出的美好意境,或起到极大的教育作用。言简意赅、恰到好处的表达效果是优秀文化古为今用的重要特色,令人惊叹中国儒家文化的博大精深。传统文化现代社会仍具体“稳定社会”、“和谐心理”的作用,对民族存续有着新时代的意义。

首先,借鉴国外经验,体系化地审视传统文化的新时代价值。可以认为,几千年的文明发展史中,儒家文化起到了统民心聚民意、保证社会根基稳定的作用。韩日的成功经验也启示我们,现代社会可以充分发挥优秀文化的宝贵价值,服务于中华民族的复兴大业。我们国家总书记一直重视文化建设,对优秀文化的创造性转化和创新性发展进行过系统的论述，我们国家在新时代的条件下主张把优秀文化蕴含的“中国之治”之智慧，运用于今天的国家治理体系。中国共产党一直是优秀文化的继承者和弘扬者，现在又把它运用到攸关国家命运、前途和治理效能的制度体系建设。在新冠肺炎疫情期间，爱国主义、家国情怀很多优秀文化基因被反复激活，在凝聚民族力量抗击疫情的过程中大放光彩。相较于韩国和日本开发传统文化价值为现代社会服务的策略，我国对于优秀文化价值开发空间还很大。西方意识形态的侵入加剧的情况下，我们要加强家庭、社会和学校教育合力作用的开发，促进我国文化软实力为国家政治和经济发挥更大的优势。

其次，把时代最需要的精神融入传统文化的创新过程。近几年来，我们国家传统文化创新思想已经形成完整的科学体系，特别是随着我国“中华优秀传统文化传承发展工程”的实施，优秀文化创新发展对我国经济和社会发展必将起到更大的推动作用。在创新过程中，一方面要树立“四个自信”的信念和勇气，用科学的理论、先进的文化和正确的方法实现优秀传统文化的时代价值，把文化意识转化为治理效力。在促进社会主义核心价值观传播、推进国民文化教育、发展文化产业和传播新文明、新风尚等方面，针对普通民众的生产和生活实际，脚踏实地推出可持续、接地气、有需要的优秀文化创新。这有益于在人民群众中塑造良好氛围，应对西方意识形态对我们民族文化的侵蚀。树立文化自信的基石之后，发扬光大本民族的文化精华成为极为重要的历史使命。对优秀文化的创造和创新才能是传统文化焕发新生和活力。韩日国儒家文化之所以能在社会中广泛传播并在民众思想中扎根，最明显的原因就是不断创新。

第三，保持连贯而有效的方式方法创新。我们国家在新时代的条件下在论述优秀文化的执政价值时，提出凝练古人治理智慧和民族基因，发扬优秀文化感召力，提高社会管理效能。进入新时代，要探索社会生活中优秀文化的当代价值。物质上的富足的同时，也要提高精神文化的品味。填补富裕起来的人们在精神文化方面的更高需求，是传统文化现代转化的重要动因。近几年的优秀文化创新工程的实践也表明，在新时期优秀文化对推动全民精神生活质量的提高具有不可替代的价值和作用。保持连贯而有效的方式方法创新，优秀文化才会受欢迎。过去的成功，原因在于很多具体的文化创新既“接地气”又“高大上”。“接地气”是因为它本身就源自于人民，产生和发展都建立在本民族的历史和人口基础上；“高大上”是因为它博大精深，饱含哲学真谛，充满人性光辉。中华优秀传统文化历经5000年永续不衰而且历久弥新，一个重要内因就在于，是传统文化作为基因厚重的精神血脉在源源不断为中华儿女提供精神给养。

我们要注重新时代优秀文化价值的转化和创新。我们国家总书记在总结全国抗击新冠肺炎疫情阶段性胜利时指出，中华民族是永不言败的民族，勇敢和伟大的重要基础就在于理想信念、家国情怀的信仰家园。其中蕴含着伟大的爱国主义、奉献精神，成为民族强大凝聚力的灵魂和根源。其时代价值新冠肺炎疫情灾难降临时再一次显现出来。在抗疫战场上全国人民迅速汇集排山倒海的力量、义无反顾赴国难的洪流、全国一致万众一心的气势、不到胜利不回还的气概。在危难时刻，中国精神的时代价值得到淋漓尽致地展现。古往今来，优秀文化作为这个民族的精神血脉，每个时代的关键时刻其巨大的凝心聚力功能和作用都不可替代。韩日儒家文化发挥重大作用的根本原因，就在于本土化创新过程中凸显了文化资源中理想、信念等信仰体系的时代价值。可以看到镰仓时代中期的日本，借助于儒家文化传递的文化信仰之凝聚作用，催发对于民族精神的创新，在儒学融入其民族精神的过程中经过吸收和转化形成独特的文化范式，使其民族文化日益稳固和成熟。

开发和运用传统文化的时代价值，重在问题解决，不能夸夸其谈、无病呻吟。国家应该有这样的专门机构，可以是教育机构也可以是宣传机构，聚焦现实生活中的文化需求。在中国特色社会主义发展到全面深化改革的今天，我们的社会面临前所未有的挑战和风险。我们国家在新时代的条件下指出，凝聚全国人民的聪明才智是中华民族挺过紧要关口的关键，也是我们早日实现复兴伟业关键。用优秀文化呼唤全体中国人的民族认同和价值认同，用民族精神融合时代精神，在凝心聚力中发挥传统文化的时代价值。文化传承者在文化转化和创新过程中，把握传统文化的时代价值核心。古人的智慧建立在长期的社会实践中，是人民群众生活的总结，开发和运用传统文化的价值使用也应该指向实践，为实践服务。如随着冠状肺炎疫情的发生，可以启发人们思考传统文化在人与自然、人与人以及国家与国家等方面的内容。结合抗击疫情，思考人与自然的平等、人与人之间的互爱以及世界大同观念的时代价值。

我们要加强传统文化传承原则及方式的顶层设计。韩国和日本一贯注重传统文化的传承和重构中的顶层设计。用国家制度规范文化创新的过程、原则和方法设计。儒家道德伦理入学校教育科目;“文化立国”与“孝子产业”的实施;文化产业发展;以文化外交对策等,都有明确而系统的国家战略。在原则上,优秀文化创新的渠道整合一致原则最为重要,就是打通联结学校、家庭和社会的德育渠道,形成思想教育合力。其次是优秀传统文化隐性教育与显性教育相结合的原则,整合教育资源,让文化发挥潜移默化和更持久性的作用,系统开发传统文化的思想政治教育效果。第三是实用性原则,发掘优秀文化资源要讲国情,要贴近生活,体现时代性和实用性。第四是利用终身性原则,就是对公民进行广泛而连贯地文化教育,实现个体道德教育终身化。另外,还要把传统文化回归落实到寻常百姓的生活中,体现实践性和可操作性原则。

纵观国外传统文化热的历史经验,要避免一哄而上。首先,要做到实践需要和理论研究相结合,保证文化现代融入内容具有科学性且可持续,从而使其具有长效性和实效性。其次是国家顶层设计中制度层面的思考要全面而系统。借鉴国外借鉴民族学和人类学研究成果的做法,在文化传承与创新上实施国家战略。第三是,积极探索文化发展的规律。可以研究历史特殊论学派、功能学派、古典进化论学派等文化传承理论学派,借鉴其中有益的观点。特别是多元文化理论,对民族文化传承研究很有借鉴意义。联合国教科文组织《保护非物质文化遗产公约》和《世界自然和文化遗产公约》也提出文化传承与保护的一些建议,提倡从民族学、民俗学等学科视域研究文化传承的模式和规律。

我们国家总书记特别重视优秀文化的传承。在新冠肺炎疫情期间中国人民的家国情怀和爱国主义爆发出巨大的凝心聚力的功效,再一次显示出中华优秀文化的现代价值。我们要从文化宝库中萃取精华、吸收营养,把文化自信当做是事关国运兴衰的大问题。[6]政策制定上,文化传承中的顶层设计和制度建设至关重要。顶层设计和制度建设可以保证文化建设的全国一盘棋,可以保证文化创新的持续性。要注重研究和设计文化传承制度环境。韩日、新加坡等都有完善和系统的教育儒家文化教育和管理制度。另外,美英等用国家制度确保对爱国主义文化的传承、俄罗斯民族文化教育制度以及德国文化遗产保护制度等都值得借鉴。启发我们,文化传承必须重视制度性、政策性、全局性和稳定性。

第四章　国内传统文化创新发展的经验

——以礼乐文化的两次创新发展为例

华夏礼乐文化在先秦经历了由合而分,从中华文明肇始的原始宗教附属品,中经西周全盛和春秋的衰落;再到由分到合的否定之否定的辩证发展的过程,这就是儒家重新阐释。礼乐美学经历的西周兴盛和东周创新两个环节也是两次创新。作为史学家、文学家和政治家共同的话题,大家有一个共同的认识,那就是礼乐文化的这两次创新是紧密不可分割的两个环节。礼乐蕴含的文化基因富有生命力,在经历否定之否定的辩证发展之后,儒家礼乐美学更加符合社会发展,春秋战国时期辩证发展成为研究礼乐美学的重要线索。礼乐文化美学有其缺憾,但是礼乐精神和价值是符合中华民族整体利益的,这也是礼乐文化的主要方面,其合乎人性和人道的人文精神,是人类和谐与发展的重要认识成果。今天,礼乐文化美学的精神和价值,有益于厚植文化自信,符合中华民族和谐社会建设的需要。新时代条件下的优秀传统文化创新,就是要弘扬民族精神,从理论和实践两个方面创新发展优秀传统文化,礼乐美学作为中国传统文化的重要"基因"也是当前民族文化研究的热点。礼乐精神创新的过程中,思考其核心价值及发展创新的内在逻辑具有重要意义,以礼乐精神服务今日之社会文化具有重要价值。

第一节　礼乐美学创新发展的逻辑路线

首先,礼乐美学与原始宗教相区别的第一次创新发展。从原始礼乐(原始宗教附属品)到西周"制礼作乐"过程中礼乐奴隶制社会政治美学倾向;从奴隶制社会的政治美学到“礼崩乐坏”废墟上建立起来的封建礼乐新体制。两次创新发展过程是先秦礼乐美学的的全部概括。其中，西周礼乐的创新构建是礼乐美学发展的关键环节。西周礼乐创新是第一次创新，原始宗教的“礼”和“乐”由原始先民祭祀过程的“自然形成现象”演变为政治功能日渐明显的政治美学。原始宗教的“礼”与“乐”之宗教性功能让位于政治功能，内容和形态也不断完善。第二次创新，在破败残局上创新发展起来的封建礼乐体制是春秋战国时期的儒家诸子的功绩所在，是礼乐美学发展史上的存续环节。

原始社会的“礼”与“乐”有着悠久的历史。学界关于“礼”与“乐”的界定都与原始宗教相关。一般认为，中国古代的礼，氏族全体成员间自然形成的、最初起源于原始图腾的祭祀仪式。在较长的历史时期，作为图腾崇拜的祭祀仪式并没有太多的人为因素。只是随着社会发展，“礼”才逐渐从单纯的宗教仪式，被改造成与阶级统治和国家政治相关联的工具，即起辅助作用的暴力工具形式。最初的原始宗教的一个重要特点是自发性，自发的形式、自发的内容、自发的环境等，是氏族成员间的默契而不是人为创立。只是随着历史的延续，氏族拥有了特定的图腾，产生了图腾的特定内容、图腾仪式。逐渐发展的结果是原始宗教演变为部落宗教，规模上扩大化、仪式上固定化。与后来人为改造后的宗教不同，原始宗教在仪式形式上是“集体活动”而非为“个人自律”，二者的主要区别之一。重大场合或摇旗呐喊，或齐力驱逐，呈现“礼”的威严与庄重，祭祖制度、丧葬制度等的形成是其例证。宗教观念建立在原始人相信超自然力存在（“超自然观念”）基础上，或者说原始宗教只是一种宗教观念（意识），还不是真正意义上的宗教。

原始宗教的“乐”，是伴随“礼”的“歌”与“舞”。上古交感巫术的原始歌舞应该源于动物和自然崇拜的模仿表演，以兽的动作和声音为模拟对象。《吕氏春秋》的《古乐》篇里，有“命质为乐”的记载，其中的“质”，是“效山林溪谷之音以歌”、“以麋辂置缶而鼓之”、“拊石击石，以象上帝玉磬之音”。可见，当时的“乐”是大自然的敬畏之音。《尚书》的《尧典》也载有夔“予击石拊石”的“乐”之场景。而且，《古乐》和《尧典》中都出现了“舞百兽”或“百兽率舞”的场景，说明乐与舞的结合，呈现中国古人之审美特征。

可见，原始宗教中的“礼”“乐”现象是源于自然，二者几乎同时自发地产生于原始生活中。两者相比较，前者表现对宗教仪式的尊重与规范，后者则呈现氛围或意蕴；前者多指向于原始宗教的内容，后者则具有更多的美学特性。

“礼”“乐”内容源于大自然，就如同原始宗教源于自然一样。“礼”“乐”“舞”作为原始宗教的附属品，体现了精神生活源于生产实践的原理。同时，原始先民祭祀过程中“礼”、“乐”、“舞”的亲和现象研究表现出中国古人的“和谐”追求和天性。

西周“制礼作乐”历史背景分析。“礼”和“乐”在宗教仪式中的功用，启示统治者开发礼乐美学作为政治美学的可能性。于是，诗、礼、乐演变为政治审美的表达，诗和乐成为礼乐美学的体现形式。礼乐体制的确立与完善是奴隶制礼制政治高度发展的重要体现。周公“制礼作乐”成为关键环节，先秦礼乐独立形态形成。从此，中国的阶级社会里，礼乐政治与礼乐手段辩证统一，成为阶级统治的重要工具。同时，礼与乐的美学内容、美学形态和美学特征的不断修改与完善，彰显中国古代诗性政治。

西周的“制礼作乐”是礼乐功能的蜕变，辟雍场所的规制及应用、礼乐官职、册命礼节的不断规范与发展、宗庙建筑规模及含义等，都服务于完备的礼乐制度特征。经过一系列制度创新，政治生活呈现出礼乐文化丰富的美学特征。

考察礼乐美学的第一次创新发展，可从考古学视角研究入手，在可以考察的出土文物上寻找线索。以先秦青铜器皿特征变化来说，西周青铜礼器较前朝出现王权化、人文化和伦理化等系列新特征：长篇铭文大量出现；器皿组合形式多样化；纹饰图案化发展。充分体现“器以载物”、“器以藏礼”，所有这些新特征表征礼乐美学的第一次创新发展。周礼乐美学创新的考古学验证。首先，礼乐美学的第一次创新发展体现在青铜器特征、组合与商代本质区别。觚爵觶觥等酒器，用来祭祀使用的器型减少至消失，提示觚爵觶觥等器具功能的逐渐被历史忽略或转变。以此同时，鼎和簋等食器大量出现，提示时代的需求变化伴随着“尽鬼事”的原始宗教活动的减少，“尽人事”成为人们生活和追求的主题。鼎和簋等食器提示宗教意识重心的变化。从考古资料来看，商周以来，青铜食器组合呈现多样化特点，加上这一时期甬钟和编钟的大量出现，从食器、乐器的编列变化等特征上得到一致性佐证。青铜器特征、组合特征等文物考古证据说明和印证礼乐制度的人文化。

其次，长篇铭文及其人文特征。进入西周之后，铭文的字数和篇幅长度同步增加，从记述主题和内容反映出经济与文化的迅速发展。总的说来，在政治生活的主题上随着社会发展亲情和王权愈益得到关注和尊重。“重道德”“尊教化”成为新的社会特征，人文气息渐浓。从先秦金文所承载的礼乐信息来看，金文记载内容中涉及最多的是统治者举行礼仪的活动。秦金文中很多篇幅详细描述了礼仪的活动时间、规模及主要内容等。作为感性的仪式，礼仪活动是“彬彬有礼”行为表达，也是仪式化的审美体现。文献资料和近几年的更多的考古资料，相互佐证，能够更清晰地让我们看到先秦金文中对于政治秩序的审美表达。具有感性特质的礼乐，通过政治生活深入社会生活，使礼乐成为普及的行为审美，成为统治秩序的诗性表达。

第三，西周青铜纹饰和金文的特征变化及其政治美学观照。在周代之前，殷商及之前的出土器物的纹饰具有华丽、神秘、繁缛等特征，纹饰表达的“尽鬼事”内容也不易辨别。周朝“制礼作乐”的过程中，明显的朴素之风形成，与之前作风形成鲜明对照。“事鬼敬神而远之，近人而忠焉”是周人在青铜纹饰中表达出来的思想观念。这种人文色彩的变化一个明显表现就是日常生活主题的内容增多。同时，金文内容及演变特征与纹饰的变化相印证，共同成为先秦时期礼乐美学演变的最明确、最科学证据。以“对礼”在西周的流行现象为例，出土文物所载金文的内容呈现和历史文献记载形成相互印证，“对扬王休”是西周以来金文中最为常见的词语，提示人们对于表达礼节的重视，“对礼”是各种场合经常出现的行为“环节”，表明西周礼制的完善化和系统化。一个反证是，在对东周金文的研究中发现这一时期的金文中“对礼”形式简单化且出现频率减少，让人很容易联想到春秋战国时期“礼崩乐坏”的局面。金文内容，印证了西周礼乐兴盛与东周礼崩局面中，礼乐的兴衰、内容更迭。不但内容和形式有巨大变化，就连金文字形，也有明显的演变迹象。所有这些都伴随着礼乐用辞的变化而变化。

所有上述变化也说明，在阶级社会里，社会政治的更迭必然要求文化艺术的质变，使文化、艺术的思想表达与政治发展相适应。礼乐美学的第一次质的飞跃，从自发形成的原始宗教的附属品变成政治审美的表达、政治统治的工具，可见礼乐美学对于中国古代文化的重要意义。审视青铜纹饰、金文内容甚至金文字形的演变，我们可以深刻感受到，中国古代统治者的智慧，通过制礼作乐，把制度与精神紧密联系起来，将礼乐融合成内在生命有机体，使精神生活与物质生活、政治生活与文化生活都能融合共生，造就出融合特质的政治文化，这就是周代的文化特质。从此，“和”“合”成为中华文明最为核心的价值观。

从西周礼乐美学创新的分析可见，先秦的乐舞与诗是对礼乐美学创新的体现与表达。诗、礼、乐常常作为一个综合体，在政治、文化场合同时呈现、浑然一体。很长时期内，诗、礼、乐作为先秦政治审美表达。诗和乐成为礼乐美学的体现形式。

乐与舞天然一家。西周乐舞注入理性的礼教功能，通过音乐形式塑造情感共同体，形成和谐氛围，最终达到政治共同体之目的。诗、舞、礼、乐在汲取前朝经验基础上，糅合而成一体，上升到理性的审美表达，成为匡范人心的手段。

西周统治者在建国之初，作为"制礼作乐"的一部分，有目的地制作乐舞，这即是所谓的"功成作乐"。从内容来看，作为政治的审美化表达，乐舞制作大都反映的是西周国家治理的文治武功。在乐的内容上，祭祀之乐以及宫廷之乐占了绝大多数，随着时代的发展，西周中期时乐舞发展达到了一个顶峰。西周强盛在精神世界的表达得到显现，情感的表达试图要超越外在束缚。乐与舞的表达，使周人达到内在情感的交流与和谐。

政治审美和音乐审美都达到相当高度的《诗经》，在中国政治和文化史上，都具有重要地位。《诗经》音乐审美和相关艺术美学造诣深厚，作为我国第一部音乐文学专著，《诗经》的内容、结构与功用都是多学科研究的追逐对象。是礼乐文明孕育了《诗经》，同时，《诗经》承载了礼乐文明的巨大分量。可以认为，诗、礼、乐在当时社会中，共同构建了政治、文化和教育的主要内容。

探讨《诗经》的政治审美功能，要弄清《诗经》的内容及其与礼、乐的关系。周代以来，诗、礼、乐辩证关系统一，歌诗、赋诗等以诗为主题的活动和礼乐活动一样成为，一起构成礼仪活动主体。《诗经》内容具有明显政治性，多篇本身即言礼之诗，表达契合礼制。《诗经》在文学语言形式方面，在传播礼乐教化方面，在风雅颂乐调方面，都体现出民族性、政治性、民间性相统一的美学价值。这样的局面持续到春秋战国时期，分裂和战争打破和荒废了"歌舞升平"，诗与礼随着社会政治的巨变而分崩离析。

第二节　礼乐文化创新过程的美学功能

礼乐及其形态首先成为一个政治问题是礼乐体制确立前提。原始宗教的

"礼"和"乐"及其功用分析。上古以来的礼及其与原始宗教关系问题分析;原始先民祭祀过程研究及其礼乐亲和现象研究;"礼"、"乐"宗教性功能演进分析。"礼"和"乐"功能的演变及其分析。礼与乐在西周之前的功能及演进;礼乐区别于巫术或宗教仪式的标志研究;西周礼乐美学作为政治美学的可能性与现实性分析;东周礼乐提示。统治者举行礼仪的活动是先秦金文中诸多篇幅记载的主要内容。礼仪活动作为感性的仪式,是行为的审美化表达,也是彬彬有礼的一种体现。根据考古资料和文献资料佐证与分析,先秦金文中涉及到的礼乐是人的行为的审美化,更是政治秩序的审美化,具有感性特质的礼乐,渗入到周人日常生活,同时成为统治秩序的诗性表达。根据金文内容及演变特征判断,这是礼乐美学在先秦时期演变最明确、最科学的证据。如"对扬王休"作为西周以来金文中最为常见的词语,和历史文献记载形成相互印证,表明西周礼制的完善和系统。春秋时期的金文中只有"对礼"且出现频率减少,印证礼崩局面的影响。根据金文字形演变与礼乐用辞演进分析,与社会政治和文化发展密切关联,从精神审美角度审视金文字形演变和礼乐用辞演进,可以深刻感受周人通过制礼作乐,将礼乐融合成内在生命有机体,体现制度与精神的融合共生,这是周代的文化特质,也是中华文明最为核心的价值观。诗、礼、乐是先秦很长时期政治审美的表达,诗和乐成为礼乐美学的体现形式。

其次是礼乐体制的确立与完善。礼乐体制的确立与完善经历了先秦礼乐独立形态形成与周公"制礼作乐"(礼乐创新的关键环节),在经历西周一系列革新之后礼乐礼制政治与礼乐手段辩证关系逐渐明朗起来;特别是西周中期礼乐体制呈现明显的"周代特色"。先秦礼乐美学内容和形态的经历不断修改与完善;在东周(春秋战国)时期,礼乐再经历质变性质的创新性发展。

西周的"制礼作乐"与礼乐美学的第一次创新发展,见证了礼乐文化的华丽蜕变,这就是先秦礼乐美学形态与美学意蕴辩证统一,美学政治化和政治美学化良性互动。西周礼乐体制确立之后,政治审美通过礼乐活动对人们的日常生活进行渗透。

政治美学化。服饰、乐器、礼器作为政治的外在化的表现形式,完备的礼乐制度特征。经过一系列制度创新,政治生活呈现出礼乐文化丰富的美学特征。政治统治与美学形态和美学意蕴以符号化的美学特质发挥统治功能。政治美学化得到具体呈现。

美学政治化。王权化、人文化和伦理化等系列新特征,借助"器以藏礼"表达出来。所谓以感性形式存在的服饰、乐器和礼器体现统治者所追求的理性统治。长篇铭文大量出现；器皿组合形式多样化；纹饰图案化发展，都充分体现“器以载物”、“器以藏礼”，器物意识形态性成为政治直观的表达方式；礼乐政治与美学表达融为一体。

政治规范化与美学形态化良性互动，是中国古代政治相当长的历史时期内的一个重要特征。西周的舆服、青铜礼器与乐器等，都体现礼乐体制的规范，舆服大小、数量、色彩、纹饰差异成为政治性表达。舆服以感性的形式展现出礼乐所蕴含的等级秩序。并潜移默化地发挥维护等级秩序的政治价值。

第三，礼乐美学的一般特征。礼乐功能的蜕变及其与宗教礼乐的比较分析；礼乐官职等礼乐制度的变化特征；宗庙建筑规模及含义；册命礼节的不断规范与发展；辟雍场所的规制及应用；礼乐体制的完备与演变。影响中国文化几千年的礼乐美学，诗性政治（最核心特征）的美学分析。乐舞是在汲取前朝经验教训基础上，注入理性的礼教功能，成为匡范人心的手段，上升到理性的审美层次。它们通过音乐的形式使统治者之间形成一种情感的共同体，最终达到政治目标。“功成作乐”，这些乐舞从一定程度上反映了西周的文治武功，是其政治的审美化表达。随着时代的发展，西周中期的祭祀之乐以及宫廷之乐达到了一个顶峰。它们要用情感试图超越礼仪的外在束缚，达到内在情感的交流与和谐。

音乐审美和相关艺术美学造诣深厚。《诗经》的内容、结构与功用。礼乐文明孕育了《诗经》；《诗经》承载了礼乐文明的巨大分量。可以认为，诗、礼、乐在当时贵族教育中，是同等重要的主要教育内容。《诗经》与礼乐关系。以诗为主题的活动，如歌诗、赋诗等，和礼乐一样成为礼仪活动内容。本节分析诗、礼、乐辩证关系。春秋战国时期，诗与礼的关系随着社会政治的变化而分离。《诗经》的政治审美功能分析。《诗经》多篇本身即言礼之诗；内容政治性；表达契合礼制。《诗经》在风雅颂乐调方面，在文学语言形式方面，在传播礼乐教化方面，都体现出政治性、民族性、民间性美学价值。礼乐体制确立之后，政治审美通过礼乐活动对人们日常生活进行渗透。

第四，礼乐美学创新表现形式。从考古学视角研究先秦礼乐美学。青铜礼器较前朝出现一系列新特征：器皿组合形式多样化；长篇铭文大量出现；纹饰图案化发展等。充分体现“器以藏礼”，突出表现王权化、人文化和伦理化。青铜器组合及其与商代比较。觚爵觯觥等酒器减少至消失，鼎和簋等食器大量出现，显示宗教意识重心的变化；组合多样化而且甬钟和编钟大量出现以及编列变化印证礼乐制度人文化。长篇铭文及其人文特征。社会发展愈益注重亲情；尊重王权；重道德教化等人文特征。青铜纹饰特征变化及其政治美学观照。朴素之风与商代繁缛、华丽、神秘等纹饰特征形成鲜明对照；周人“事鬼敬神而远之，近人而忠焉”等思想观念变化及其美学表现。

第三节　东周礼乐崩坏及礼乐美学批判

西周“制礼作乐”使礼乐文化奠定了“中华文明礼仪之邦”的美誉，东周的“涅槃重生”则是完成了礼乐美学的再造与塑形，使礼乐美学的一般性特征稳定下来，成为一千多年封建统治的重要工具。礼乐文化的“涅槃重生”儒家哲学与礼乐美学的融合，是先秦时期礼乐美学的第二次创新。这次礼乐美学创新，使得封建中国的正统文化迅速成型，成为影响中国乃至世界的人类文化瑰宝。

东周，即春秋战国时期，王室衰微、诸侯纷争。这是中国历史的大变革和大动乱时期。原来的奴隶主统治秩序不再适合生产力发展而被逐步取代，其垂死挣扎的旧有制度体系逐步失去约束力。所以，从历史变革的大势中能清醒地认识到，西周礼乐赖以维系的社会根基风雨飘摇，岌岌可危。一方面是原有的奴隶制统治失去根基，另一方面，随着封建制生产关系的建立，“郑卫之声”等新乐兴起，伴随新兴政治势力出现的、反映新兴农业、手工业和商品经济发展势力的文化需求，推动社会文化变革，依循大众需要的文化形式迅速崛起，例如民间音乐。“郑卫之声”新乐兴起、民间音乐一遍繁荣都只是表象，社会生产力发展的结果导致东周“礼乐崩坏”、“王室衰微”的根本原因。

春秋战国时期，“礼崩乐坏”是奴隶社会向封建社会过度的表象，但并不能说是礼乐本身出现了问题。在政治和经济经历变革的过程中，新生的生产力代表无暇顾及塑造文化的表达，阶级斗争激烈化的当头，政权的更迭是这一时期历史主题，落后的一方是代表奴隶制社会生产力，但还在苟延残喘；代表封建制的新兴生产力正表现得愈加强大。这是生产力决定生产关系和经济基础决定上层建筑的规律在发挥作用。铁器为代表的生产工具愈加广泛；井田制的瓦解、铁器的使用是这一时期新事物力量的标志。礼崩乐坏”只不过是新旧生产关系较量的一种表象，是社会大变革时代政治文化的表现，而不是人为因素，更不是历史倒退。在这一点上，本课题组曾经有过激烈争论，大家认为，在“礼崩乐坏”问题上，至少有两种偏颇的观点，一是有些学者（如李石根(1996)）认为“礼崩乐坏”是人为的误判的观点；二是有些学者（如钟琛(2009)）认为“礼崩乐坏”是新媒介带来的文化影响。本课题组认为，既不能把“礼崩乐坏”局面归咎到人为，也不能归咎到新媒介带来的文化拓展。正确的方法应该用马克思主义的历史唯物主义观点来分析，从生产力和生产关系的辩证关系上来分析。当然，奴隶制时代的礼乐制度和宗法制相结合，有着太多的阶级局限性，更不能说是十全十美。说礼乐制度非常漠视“知识在道德实践的作用”和“劳动实践的道德意义”都不过分。一分为二地、辩证地看待礼乐文化，创新性地认识礼乐美学的优秀文化遗产才是每一个炎黄子孙的神圣职责。

从东周时期的“礼崩乐坏”，可以看到多种文化发展以新的契机。同时，加速礼乐美学的新生。东周“礼崩乐坏”原因中社会生产力因素是最根本的原因。生产力决定生产关系；经济基础决定上层建筑。东周“礼崩乐坏”不是人为因素，更不是历史倒退，而是社会大变革时代政治文化的表达方式。文化交流方式的更新起到了助推作用。然而，经历否定之否定的辩证发展之后，符合社会发展规律的文化基因必然更加富有生命力，这就是儒家礼乐美学的创新发展。经历否定之否定的辩证发展之后，符合社会发展规律的文化基因必然更加富有生命力，为儒家礼乐美学的创新发展扫除了障碍。

这就是儒家礼乐美学的创新发展。墨子以非乐为中心的美育思想是先秦美学思想发展的重要环节。墨子、韩非子等人的礼乐批判是西周礼乐美育观裂变中的重要声音，引起当时思想界强烈关注，尽管其对礼乐审美的批判过于片面和极端，但其对礼乐审美价值与社会功利矛盾的分析，尤其是对于上层社会奢侈享乐的批判，有益于礼乐美学的涅槃重生。正是百家争鸣促成儒家学派的全面创新。

礼与乐发生在农耕文明的中华大地，从马克思辩证唯物主义的角度来说，是适宜的纬度位置、肥沃的黄土地、水量充沛的黄河水系和锦上添花的季风气候四个方面的天造地设，构成了精美绝伦的孕育和谐文化的温床。就历史文化线索来说，“礼”和“乐”与原始宗教与图腾密切关联。把礼乐两种美学形式亲和在一起，更显中华先民的审美创造能力。经过上古三代的不断发展，礼乐逐渐成为中国文化审美的核心概念和中国政治美学的标志性内容。和谐，也就成为中华文明几千年不变的特征。

众所周知，西周时代的礼乐逐渐脱离宗教而与政治统治相结合成为政治统治的手段是礼乐美学的一个质变。在这一质变过程中，贯穿礼乐这一社会现象几千年的和谐文化精神没有变，礼乐相融的形式没有变。“周公制礼作乐”，造就了以礼为中心、以德为内在、以乐为形式的审美政治的雏形。就像从中华文明肇始，中经西周全盛和春秋的衰落，再到儒家重新阐释，华夏礼乐文化经历了由合而分，又由分到合的否定之否定的大的逻辑循环一样，事实上，在每一个相对独立的较短的历史时期，礼乐文化也经历着同样的范围相对较小的辩证逻辑过程。本研究以礼乐美学在春秋时期辩证发展为线索，强调礼乐美学经历的西周兴盛和东周创新是不可分割的两个环节，来探讨春秋“礼崩乐坏”时期礼乐美学的“涅槃重生”。

历史地分析“礼崩乐坏”的原因，我们会发现王室衰微、诸侯纷争等都只不过是生产力发展的外部表象。春秋时期由生产力变革导致的大变革和大动乱，打乱了奴隶主统治次序，原有制度体系失去约束力。西周礼乐赖以维系的社会根基动摇。另一方面，“郑卫之声”等新乐兴起，则反映当时农业、手工业和商品经济发展起来后，社会文化生活需要的民间音乐文化形式迅速崛起。但这些都只是表象，“王室衰微”与“郑卫之声”真正原因还是社会基本矛盾运动的推动，即社会生产力发展的结果。春秋战国时期，奴隶社会向封建社会过度，政治和经济都经历着大变革。礼崩乐坏作为政治和社会文化的表象，是历史条件和阶级斗争使然。究其根本原因，是代表奴隶制社会生产力的落后和代表封建制的新兴生产力因素的强大动力都在发生其内在作用：生产力决定生产关系；经济基础决定上层建筑。表现在生产工具上，春秋战国时期，代表新的生产力的是铁器，使用愈加广泛。铁器的使用和井田制的瓦解可以理解为新事物的产生和旧事物的灭亡。而政治上的纷争也只不过是新旧生产关系的较量。而所有这些，都在为文化的理性主义和人本思潮的到来准备着物质基础。因此，可以认为，东周“礼崩乐坏”不是人为因素，更不是历史倒退，而是社会大变革时代政治文化的表达方式。文化交流方式的更新只是起到了助推作用，而不能把新媒介带来的文化拓展作为“礼崩乐坏”社会原因。对于“礼崩乐坏”，文化研究者历来观点各异。李石根（1996）认为，“礼崩乐坏”只是春秋战国时期的一种政治局面，是儒家学派对礼乐文化时代变迁的一种误判，而事实上礼乐文化从来没有过崩坏局面而且一直在发展；钟琛（2009）则认为，礼崩乐坏是新媒介带来的文化拓展，事实上存在的礼崩乐坏局面不可能再回到礼乐统治时代。

当然，和宗法制结合在一起的礼乐制度不并是十全十美。很明显，礼乐制度"对劳动实践的道德意义"以及"知识在道德实践中的作用"都非常漠视。可见，我们对礼乐文化的态度从来都是一分为二地看待。辩证地分析中华民族的优秀文化遗产，是我们每一个炎黄子孙的神圣职责。

对于礼乐文化的争论并非今天才有。在奴隶制行将灭亡、封建制逐渐兴起的春秋战国的历史大动荡中，礼乐文化就经历了一次大批判。当然，这样的批判有益于这一文化现象的健康发展。没有这次大批判，也许就不会孔子等儒家诸子的多视角发挥；有没有这次大批判，也许就不会有礼乐文化在其后的全面兴盛发展。墨子、韩非子等人对礼乐批判的声音并不是"苛求"，也非"秋后算账"。西周礼乐美育观裂变中的礼乐批判的重要意义在于站在益于新生产力发展的高度发出声音，引起思想界强烈关注。其中的很多内容正面而积极，尽管某些批判显得片面和极端，但其近乎"呐喊"、"疾呼"似的强硬态度正可以引起各方的足够注意，吸引社会对礼乐审美价值、礼乐社会功效的多方面分析。对于上层社会奢侈享乐的批判等，是百家争鸣组成部分，有利于促成儒家学派的全面创新，有益于礼乐美学的涅槃重生。从长远的历史角度分析，东周礼乐美学批判对礼乐文化在东周的创新发展功不可没，对其"涅槃重生"具有丰富的、正面的意义。

礼乐批判较为强大声音来自墨子。当然，其"非乐"、"禁乐"的彻底批判精神可佳，但全盘否定则不可取。墨子对上层社会礼乐的批判是系统和彻底的，可以作为先秦美学思想发展的重要环节。墨子从"非乐"到"禁乐"的批判是从音乐演奏到音乐欣赏，从音乐制作到乐人供养，进行的系统批判。与其对儒家礼乐教化的态度一致，墨子对音乐的态度贯穿着彻底的批判。墨子的呼声体现着墨子反传统的批判精神，引起了当时思想界足够的重视。

从其思想引起的重视和反思来说，墨子得礼乐美学批判显示了应有的功用和价值。首先，作为小生产者的代表，引起思想界的强大反响，极强的现实针对性赚足人们对于礼乐批判的重视，代表了最下层人民正义的呼声。其次，墨子批判的进步性和历史意义在于呼唤文化审美的务实表达。战国时期的社会动乱，社会民富分化严重，普通民众早已是民不聊生、苦不堪言，原有艺术表现与社会现状严重不符，艺术表达的革新势在必行。第三，墨子礼乐美学批判虽然是近乎“全盘否定”，但事实上对礼乐文化发展仍有贡献和价值。贡献和价值在于墨子批判，刺激儒家诸子思考审美的社会社会实用性问题，而这些是过去被忽略的东西。也许正是在墨子礼乐批判影响下，才有了荀子对审美功利的深刻辩证思考；才有了孟子“与民同乐”的入木三分。

和墨子礼乐批判相似的，还有韩非等法家学派发表了反对玄幻、浮夸、糜奢之风的礼乐批判及其美学观。法家学派的务实特征与墨子礼乐思想密切关联，一脉相承。

总之，春秋战国时期的礼乐批判，从长远的历史角度分析是有利于后来儒家学派全面创新的，东周礼乐美学批判与儒家礼乐美学创新相伴而生，对礼乐文化在东周的涅槃重生功不可没，被许多史学家和哲学家当春秋时期礼乐美学涅槃重生的必要环节和条件准备，是促成儒家学派系统而全面地继承创新礼乐美学的组成部分。

礼乐文化在很多历史境况下符合中华民族整体利益，在几千年中华文明史中体现了民族的审美精神。直到今天，礼乐文化合乎人性和人道的人文精神仍然有益于中华民族甚至是全人类的和谐与发展。经历过“礼崩乐坏”的历史时期，但礼乐文化所体现的精神一分钟也没有中断过在中华大地上传播和发展。尤其是其追求和谐的核心内涵和价值追求，不曾被磨灭而是一直在发展，生生不息，代代相传，和其他中华民族优秀传统文化共同组成伟大的民族文化基因。特别是应该指出的是，经历否定之否定的辩证发展之后，符合社会发展规律的文化基因必然更加富有生命力，这里所指，就是儒家礼乐美学的创新发展。

“礼崩乐坏”时期礼乐的批判发展。东周时期的“礼崩乐坏”，给多种文化发展以新的契机。同时，加速礼乐美学的新生。儒家礼乐美学的创新发展是只是其中杰出的代表。东周时期“礼乐崩坏”，但礼乐审美理性成分增加。而正是孔子和他的继承者们对礼乐进行理性主义的思考，实现其德育与美育的统一，赋予礼乐美学以蓬勃生命力，才使之影响中国政治和中国社会两千多年而不衰。

首先，对礼乐的辩证发展贡献最大的当数孔子。学者大都认可“周公是礼乐的主要制定者，孔子是礼乐坚定执行者”的说法，本部分主要论证孔子是如何做坚定的执行者的。孔子在美学史上最早奠定礼乐相亲、善美相成的原则，使之成为中国美学的核心理念。孔子的礼乐思想源于周公，但有很大创新。康德提出“善的快乐”、“感觉的快乐”和“审美的快乐”；而孔子说欲仁、好仁和乐仁。二者异曲同工。很好地论证了审美、感觉和社会意义的关系：礼是乐的基础；乐是礼的升华；礼乐相通。对子来说，三者关系对应着对待仁的知性、物性和情性的态度，都是仁的“文”化。礼和乐均建立在仁的基础上。孔子的“兴于诗、立于礼、成于乐”，体现出人格建造从感性始，经过理性的作用，再到感性，最后实现理性与感性的完美统一的过程。在《原儒墨》中，冯友兰指出，孔子不是儒的创立者，但他却是儒家的创立者。可以认为，从儒者到儒家的转变是一次质的飞跃。儒家借助于西周礼乐制度，用理论充分论证礼乐制度并据此提出治理国家的方略，使礼乐在新的生产力条件下获得新生。当然，孔子能把儒者改造成为儒家，除了其礼乐教育途径培养出来的学生通过仕途参与政治的主观原因外，当时鲁国的礼乐制度破坏较小是其重要的社会现实基础；当然，进入仕途的儒家弟子，通过人格典范迅速扩大影响，是儒家思想成功的重要思想基础。

其次，孟子有诸多重大贡献。孟子，继承和发挥了“仁”的思想，把伦理道德完善与精神情感的审美体验结合，提出用人格美体现儒家美学美善统一的思想。成为中国传统文化中人生境界理论的核心主张。孟子认为，礼是人与动物的区别，是人禽分际的规范性标志。“以礼释仁”，礼通过内化的功夫，化作人的情感心理，成为人的先验本体和经验现象的概括。“乐与民通”，在强调礼乐美育作用的教化过程中，实现“德教”与“乐教”的最佳效果。“化育天下”，从构建和谐社会和完美社会关系角度论证伦理美的重要意义，指出和谐的伦理美的最高境界在于人格美，实现“仁义礼智”的社会美学，达到化育天下目的，是孟子礼乐思想的美学意义。直到今天，强调美学的社会功能对美好社会建构仍有巨大的现实意义。

第三，由孔孟开始的对于礼乐的理性理解，在荀子《乐论》的美学阐释中达到高峰。荀子围绕礼乐重建，设计“宽猛相济”和“崇礼兴乐”；关切“王霸之途”和“理国之道”；奠基“天子之学”和“人性之论”。坚持人本主义与通权达变并举。认为审美应以礼乐为引导，促使人性由恶变善，宣扬审美要求与礼乐约束的完美统一。

礼乐是荀子伦理思想的核心概念。“美善相乐”是荀子对礼乐关系的主张。在这里,礼、善、乐达到了和谐统一,各自既是目的,又是途径和手段。强调礼的规范意义和作用的同时,关注礼的审美旨趣,通过礼的审美功能完成对礼的诗化阐释。而乐是心性从善的修养工具,给予乐伦理定位和道德价值。在这一过程中实现道德善与艺术的美的统一。当然,荀子夸张了乐的政治功能,也损害了艺术自身的审美功能。研究礼乐美学的发展脉络,符合我们国家在新时代的条件下总书记"四个讲清楚"的要求,对于建设和谐中国、文化中国和美丽中国,对于中华民族的文化自信和文化复兴具有重大意义。从春秋战国时期礼乐的辩证发展,我们可以得出如下结论。

文化转型必须适应社会转型。春秋时期社会的巨大变动决定了礼乐文化从多方面的变化发展,"礼崩乐坏"是和"以礼释仁"、"乐与民通"、"美善相乐"、"崇礼兴乐"、"化育天下"等等同时存在的文化发展状况;"礼崩乐坏"过程与儒家诸子辩证发展礼乐美学的过程相伴而生,是一个过程的两个方面。"礼崩乐坏"和儒家礼乐重构,其实就是生产力与生产关系辩证发展的外在表现形式。传统文化的传承和创新,是社会转型时期文化发展的唯一出路。礼乐文化在春秋时期的涅槃重生就是在传承与创新中辩证发展的例证。春秋时期,对待传统文化,诸子百家大都采取了"述"与"作"相结合的方法。我们国家在新时代的条件下总书记在论述传统文化问题时,也强调继承与创新的方式和方法。

文化辩证发展过程中的文化自觉和文化创新都至关重要。特别是在社会转型期,文化发展的历史责任往往体现在学术中的文化自觉精神。礼乐在春秋时期的辩证发展过程中,儒家的孔子、孟子和荀子担当起了历史责任,在社会转型冲击中表现出了足够的创新精神,理性主义和人本主义的文化精神的确立,也标志着中国礼乐文化在东周时期涅槃重生而获得了新生,并在此后两千余年,在被世界公认为礼仪之邦的国家文明发展史中薪火相传。

第四节　儒家诸子基于人性表达的创新

荀子名况,字卿。生活于公元前 313 年至公元前 238 年间,赵国人。荀子是我国古代著名思想家、文学家、政治家。他通过讨论人与社会、人与自然以及人与人的关系论述人性问题,虽然采用的是中国古代思想家常用的研究方法,但结论却与众不同。荀子认为人随生俱来的各种欲望是万恶之源,主张人性有恶的"性恶论"是人世间所有争执的内在原因。与孟子的"性善论"相区别,荀子性恶论的哲学价值在于,他不但论述了人性是什么,还论述了为什么是这样的,更为重要的是解决了该怎么办的问题。荀子指出,通过后天环境影响和教育作用,经过化性起伪的过程,使人格提升直至发生质变,是解决人性问题的根本办法。这也是一种强调实践和主观努力的方法,是积极入世的看待世界和解决问题的思维方法。考虑到当时的社会背景,荀子这种充满人性关怀的的人性论思想,对其后现实主义和人文主义审美观形成起到了导向作用,并推动了社会思想文化前进的步伐,具有极大的进步意义。毋容置疑,也正是基于其人性论,荀子的理论才具备明显的唯物主义特征。

讨论荀子人性论的哲学基础和哲学性质问题,有益于考察荀子在这种人性观视野下的积极入世哲学思想以及荀子人学思想所蕴含的现实主义和人文主义美学价值。

审美主体是荀子美学现实性的定位。人性问题,是中国古代思想家经常辩论的主题。人性问题成为中国古代学者开展研究时常常需要首先回答的基本问题,是对人类本身认识的最好的概括。荀子性恶论的由来,必然地与当时社会物质基础相关联。荀子生活在战国末期社会矛盾激化、战乱纷争的年代,剧烈变动的社会现实成为当时社会矛盾两个方面的主要方面。对于社会个体来说,生活在不和谐的社会大环境中,人性的主要属性必然是生而矛盾。所以,物质条件有限、不能满足各种欲望的不和谐环境,是性恶论的物质原因。出于生存的本能,使得个体从自我私欲出发,为满足欲求的需要而纷乱争斗,从而显示出性恶的表象。这是人的生物性的自然暴露。

荀子性恶论的真正价值和意义在于荀子对于性恶论的解决办法。荀子看来,人、社会和自然是可以实现和谐发展的,办法就是教化。教化的方式多种多样,其中一个很好的途径便是人性本身的规范和塑造,礼乐思想是实现人性塑造而达到化性起伪、实现人性完美化的重要途径和方法。事实上,荀子的人、社会和自然能够实现和谐发展的观点,也符合中国传统的思维特点。汤一介认为,中国传统思维方式的特点是追求三个"合一":天人合一;情境合一;知行合一。荀子提出性恶论,主要的目的不是解释,而是倡导通过礼乐教化的过程来去恶扬善以修身。这也正是性恶论的积极意义和社会价值所在。在荀子之前，思想界对人性问题一直伴随着人类文化的发展而不断争论。殷商时期，人的本性是神化的；到了西周，政治色彩的礼化人格取代神化的统治地位；而孔子更是进一步淡化了人格神，“仁德”借亲亲之情被弘扬。“仁德”、“心性”与“天”、“天命”、“天道”从此相通。荀子提出“天”、“天命”、“天道”这些自然化、客观化、规律化的思想，就是所谓的天道自然。“不见其事而见其功，各得其养以成，各得其和以生，夫是之谓神；皆知其所以成，莫知其无形，夫是之谓天。（荀子《天伦》）”在荀子看来，天为自然界，是万物万事的自身运动，这其中当然包括对人类之外世界的规律性的认识。如“天行有常”、“天人相分”、“制天命而用之”，等等。

“天行有常”的思想就是指自然的必然性，不赖于人间的好恶而发生变化。即使是宗教仪式，也仅是表示思慕之情，是尽“人道”而非“鬼事”（荀子《礼伦》）。”“天人相分”的思想则是把人和天相对分离，作为相对独立的思考对象进行区别。主张人类和自然界各有自己的规律和职分。天道不干预人道，“天有其时，人有其治（荀子《天伦》）。”“制天命而用之”的思想强调人的主观能动性，支配天道而宰制自然世界。荀子论证涂之人可以为禹，就是强调人本来是智的，强调对人起决定性的作用的是后天的环境和经验，是人的主观努力。这与孟子认为人本来就是善的，故皆可以为尧舜是截然不同的。荀子思想鲜明的现实主义倾向还表现在重视礼义道德教育的同时，也强调了政法制度的惩罚作用。“天行有常”、“天人相分”和“制天命而用之”，形成了一个关于人与客观规律相互关系、相互作用的认识。这里就讲了客观规律的存在不以人的意志而转移，但是人们却可以认识它和利用它的道理。可见，从性恶论出发，具有明显的现实性特征。荀子遵循自然美学发生的规律，批判地继承了诸子百家不同理论学说，发扬了孔子治国理念，特别是孔子的“外王学”，形成了富有自然美学特征的“礼仪之治”的社会历史观、“明于天人之分”的自然观、“化性起伪”的道德观。出于现实性的考虑，荀子提出了欲望合理实现的解决办法。要以礼节之、以乐导之，并认为符合礼义的满足是合理的。人之情感在礼乐约束的前提下，通过教化而完善发展，实现“制天命而用之”的社会治理理想。在人性论述和问题解决中，都充分体现了荀子审美的现实性，对其后美学思想都有重大影响。

审美呈现出人文主义化特征。荀子美学的价值取向。荀子思想充满了人性的光辉。坚持人本主义与通权达变并举是荀子思想的重要特征。以人性为引导，促使人性由恶变善，宣扬审美要求与善的约束的完美统一。荀子人性论不回避人的本能和欲望，而是强调对策的研究。号召人们通过主观努力来“积善”，来“修身”。强调了社会成员之间的大爱的社会价值。荀子倡导的“礼”与“法”，不同于孔子的“仁”和孟子的“义”，孔孟之道带有浓厚的理想主义成分，荀子则是旗帜鲜明地反对神秘主义，重视人为的努力，偏向人事和经验，在实现善的过程中的对人的关怀必然是一种终极的人文关怀，具有明显的人文主义的美学特征。荀子性恶论中，对人性的讨论涉及到对人的基本生存的关注，还原了人的本真，体现了对人的最为本真的关怀。“好荣恶辱，好利恶害”（《荣辱》），肯定了人的本能的生理需求，还原了自然属性的人的本真需求。而这些是与当时的孔孟对本能需要全盘否定的主流文化是相悖的。荀子对于人的本真的还原是对人的基本生存的关注，闪耀着人性的光辉，体现着人文主义的美。在荀子礼乐思想中，礼与乐的内容要求以及二者关系的探讨都充满了人文特色。荀子认为，要实现人的身心和谐，最为表层的情感宣泄和物欲满足是必须的，正所谓“人之情所不能免也，故不能无乐（《乐论》）”。当然，荀子对人的这种本真需求的承认并代表着可以放纵，“礼”的价值也正体现于此。正通过对“礼”与“乐”关系的探讨，荀子才论证了人不同于马牛的特性，正所谓“人有气、有生、有知、有义，故最为天下贵（《王制》）”。

荀子性恶论中，孕育着对人的社会属性的探讨，即对人的同性和通性的考察。体现了荀子对人自身的发展的关注。也正是对人发展的这种关注，成为荀子人性观人文主义美学的重要标志。在其论著《荣辱》、《王霸》、《正名》、《性恶》中，都涉及关于人性问题的分析，荀子有很多作为“群”、“类”的人的同性和通性的论述，认为无论圣人或天子，无论门守或小人，都具有共同的人性。从人性论思想的进步来看，荀子美学是关怀美学，体现了漫长人类社会中，人们对人类本身认识的不断进步，也体现了当时人们对人的社会化进程的最新理解，体现了对人作为“类”的终极关怀。

荀子化性起伪过程的“伪”，体现着人的能动性，也是人文主义的一种体现。“伪”，就是人为。“人之性恶，其善者伪也”（《性恶》）是荀子性恶论的核心命题。人们可以通过主观努力去追求礼仪，改造自己的人性，人为地去获得善。这种通过自己的主观努力获得的道德，撕去了传统的关于人性的神秘的外衣。从人的生活中、从人的行动中去践行善、获得道。荀子主张的“化性起伪”充满人文主义气息。具有鼓励人们通过实践活动挖掘人性之美的巨大价值。同时,我们从荀子论述的化性起伪过程,还可以发现他的另一个充满人文主义特征的号召:个体身心和谐以及人与社会的和谐。前者在满足自己与克制自己的辩证过程中实现;后者在个人努力与社会进步的辩证过程中实现。二者最终统一于接受和参与“礼”和“乐”社会活动中。

礼乐观中的人性美学。荀子把礼义作为立法的精神,从“礼法并举和王霸统一”以及“礼高于法和礼为法之大本”两个方面,很好地解决了对礼法和王霸的矛盾。把礼仪作为立法精神,荀子开创了儒法合流的先河。这也可以看做是荀子人性观在方法论上的延伸。“把礼义作为立法精神”深刻影响了中国政治关于社会治理的理论思考。主张法律制定者要明白法制只是社会治理的辅助手段,达到社会的和谐才是最终目的。多种手段的比较中,礼是最为普遍、最有号召力手段。荀子认为“礼法并举”而“礼高于法”,鲜明地体现了在社会治理思想上的人文色彩。

主张“美善相乐”,既可以看着是荀子的社会理想,又可以视为他对人性理想状态的追求。“乐行而志清,礼修而行成,耳目聪明,血气和平,移风易俗,天下皆宁,美善相乐。(荀子:乐论)”[2]荀子的美善关系即礼乐关系,前者主旨是培养德行,后者的主旨是陶冶情操;两者具备了价值理性和工具理性双重含义,而且相互渗透、相辅相成,既是人的价值追求又是社会治理现实的需要。结合春秋战国时期“礼坏乐崩”的社会现实,礼具备审美价值,但维护社会秩序的需要更彰显其道德功用,正所谓“礼也者,贵者敬焉,老者存焉,长者弟焉,幼者慈焉,贱者惠焉。(荀子:大略)”重要礼仪,除了表达人们的道德追求外,就是其维护社会道德的作用,这也正是礼的审美意蕴。在《礼论》、《大略》等篇中,荀子表达了礼仪存在的价值:“称情立文. 因以饰群,别亲疏贵贱之节”;“故生器文而不功,明器貌而不用”。前者显示礼的社会功用,而后者是表达情感、表现审美。在强调礼的规范意义的同时,又关注礼的审美旨趣,完成了对礼的诗化阐释和礼的审美功能,体现出对人性的关怀。

在荀子看来,“乐”是一种仪式性的娱乐活动,其根本充分表现人的情感和变化,主要体现于协调,据此实现人自身的和谐及人与社会的交流。与其说“礼”的目的是维护社会道德即人与社会之间的和谐,那么,“乐”更强调实现人自身的和谐。但荀子强调“乐者通伦理者也”,使得“乐”这种审美性实践活动成为实现“礼”的理想的重要途径。这与西方美学中对艺术的教育功能讨论有所不同,康德以来西方的现代哲学把艺术的教育功能定位在感受力的开发并影响人的美的心灵和健全人格。荀子的美学思想通过其对礼乐审美的阐释和礼乐关系的厘定表现出其强烈的现实主义色彩，凸显其社会价值。有别于庄子的超现实主义，也不同于墨子的功利主义，荀子立足于社会人生谈美学，植根于现实土壤谋对策。在“礼崩乐坏”时期表现出重整世风、再兴礼乐的审美理想更是难能可贵。把审美和艺术作为表达理想的载体与承载着中华民族的精神追求、情感寄托和终极关怀的民族审美倾向有密切关系。

积极与理性的人性论之当代审美价值。对于人性的认识和讨论，是人类追求美好生活和自身和谐发展的永恒话题。

首先，“化性起伪”体现了追求美好社会和美好生活的勇敢精神和价值定位。荀子主张政治生活和社会生活都借助于教育和美育来实现人的社会化，美育对于社会教育和个体发展都是不可忽视的。号召和鼓励人们积极主动地去追求人格完美。在社会治理和人际交往中，荀子强调“制礼仪而教之”的教化对人性的巨大作用。我们倡导社会主义核心价值观的今天，荀子的很多审美标准和价值定位仍然具有积极意义。虽然相当于荀子时代“礼”的内容的现代政治文明和法治文明的各种规范体系不可同日而语，但人们对于美好社会的追求是共通的。特别是荀子充满人性关怀的的人性论思想，对其后现实主义和人文主义审美观形成起到了导向作用，并推动了思想进步和文化发展的前进步伐，对当时的思想争鸣具有导向意义，对后世的人性关怀思想具有极大的启示意义。荀子的人性观，虽然有为统治者礼制纲常招揽造势的目的，但其号召发挥人性的优点去实现人生幸福的人文主义和现实主义价值是伟大的，荀子人性观的进步意义和积极作用却是毋容置疑的。荀子从工具层面肯定艺术对人的道德培育功能，为现代德育提供了有价值的思考。健康的艺术形式可以陶冶人的性情，使人体行为符合礼义，个体之间和谐一致这也正是于艺术的道德价值。教育和美育对于人性的作用和对于社会文化的功能是一样的。安定和谐的社会环境同样渴望发挥教育和美育功能。道德教育永远不会过时，今天的思想教育与社会和谐同样密切相关，扬正声、去邪音，是弘扬社会正气永远的主题。荀子思想资源对今天和谐社会建设具有重要启示意义。

其次，实现中国梦的过程中，我们不能一味追求物质生活，精神生活的崇高追求同样重要。荀子把人性恶的根源归咎于物质匮乏，但更为重要的是把人性善的实现归功于精神的升华。《礼记》的《乐记》认为故先王之礼乐是“反人道之正也”，就是要求人们要具有人们具有正确的价值取向。这也是人与动物的区别,是人的社会性的重要标志。今天,我们生活的时代里,虽然物质生活已经不再匮乏,但是我们也还面临着各种不和谐的因素,国内的和国际的各种矛盾仍然困扰着不少现代人的生活。以此看,精神追求同样重要。弘扬传统文化是中华文明薪火相传的需要,是推进中国特色社会主义文化建设需要,也是文化互动和增强民族文化自信的需要。传统文化是中华民族最深厚的软实力;是中华民族复兴和中国梦实现的精神给养;是沃土;是精神命脉;是重要支撑。传统文化对个体人生观、价值观、世界观形成具有重要价值,对塑造民族性格、振奋民族精神的作用不可替代。弘扬优秀传统文化是我们每一个炎黄子孙的职责和使命。

第三,优秀传统文化是中华民族世代传承的文化基因,是社会主义核心价值观的根基。张岱年把中华民族的十大传统美德概括为:仁爱孝悌;谦和好礼;诚信知报;精忠爱国;克己奉公;修己慎独;见利思义;勤俭廉政;笃实宽厚;勇毅力行。[10]荀子的人性学说中的美学基因以及他的礼乐相关美学思想处处闪耀着现实主义和理性主义光辉,不少思想因子是“礼崩乐坏”时期优秀文化的闪光点。与礼乐逐渐脱离宗教而与政治统治相结合成为政治统治的手段完成礼乐美学的第一次质变相比,荀子等先秦诸子的努力不亚于对礼乐美学的一次再造。在前一次一质变过程中,贯穿礼乐这一社会现象几千年的和谐文化精神没有变,礼乐相融的形式没有变。“周公制礼作乐”,造就了以礼为中心、以德为内在、以乐为形式的审美政治的雏形;在荀子等人的再造中,加强了礼乐的政治审美功能,是礼乐经历社会大变动的背景下继续得以创新发展。

从中华文明肇始,华夏礼乐文化中经西周全盛和春秋的衰落,再到儒家重新阐释,经历了由合而分又由分到合的否定之否定的逻辑循环过程。在每一个相对独立的历史时期,礼乐文化事实上也经历着不断地小范围辩证发展和创新。荀子等人不断的美学探索推动了礼乐美学在春秋时期大发展,经历的创新之后的礼乐美学在“礼崩乐坏”历史背景下“涅槃重生”。

我们国家在新时代的条件下在论述“四个讲清楚”时指出,中华民族的历史传统和文化积淀是关乎国家命运的最深沉的精神追求和丰厚滋养;是中华民族今天和将来最深厚的文化软实力;是中华文化不断发展和再生的历史渊源和现实基础,是培育新的民族精神的沃土。

在党的十八大以来,我们国家在新时代的条件下总书记坚持用辩证唯物主义历史观对待传统文化,把对中国传统文化精华运用和创新发展体现在从治国理政的实践中,并从理论上阐述他的传统文化思想。我们国家在新时代的条件下在传统文化创新发展中,注重把握关乎中华民族可持续发展的重大问题。既努力实现传统与现代的对接,又保持民族文化的薪火相传和持续发展;既摒弃糟粕,又弘扬民族本色;我们国家在新时代的条件下提出,要把握宏观的、前瞻的、现代的、时代的多重要求,实现对传统文化的创新发展。

第五节　先秦诸子礼乐美学的身体探讨

身体性体现,思想理念的实践性外露;是思想者对理论主张最为直接的表达。春秋战国时期的“礼崩乐坏”是政治制度使得原有社会文化元素分离的结果。其结果这使得具有身体统一性的礼乐文化突然残缺不全。生活在过渡年代里如何用身体思维应对世道变故,挽救世道没落,是摆在儒家诸子面前的问题。孔子、孟子和荀子等人都用自己的躬身践履给历史以完美回答。孔子在奔波游说中,在乡校、宫廷、村社不同场合身体力行,用身体语言复兴周道。事物的意义通过身体与世界的相互关系,借助于通感、联觉等整体感受,实现身体审美。孔子、孟子和荀子等人也正是这样实现礼乐美学的身体践行的。当然,这也帮助我们很好地理解了身体美学中“意境”的含义了。

中国先人把身心关系的理解归于知行合一。说文解字中把“身”解释为“躬”;把“体”解释为“礼”,都表示躬身与崇敬。农耕文明的生产和生活的物质环境,也为中国美学和伦理学的身体性践行特征提供了理论依据。身体性审美,是中国文化的一种实践自觉。

当时中国的物质条件决定了身心合一、知行合一、唯象思维的身体思维模式,但对于哲学理论相对混沌的先秦时期来说,我们只能感叹先秦诸子对身体思维的历史贡献从实践上契合了哲学规律。在中国先秦诸子的身体思维中,具有极大身体涵容性,同时,理论逻辑充分,“理”文化特征明显,“名象交融”成为长期影响中国美学发展的思维方式。身体性实践是积极入世的体现。“身体”两字的造字,可以说明中国先人对于身心关系的理解,对于知行合一的态度。许慎的《说文解字》对“身”的解释是“躬也,象人之身。”身体的“体”字繁体字与礼仪的“礼”的繁体字是相通的,都是祀神和敬身的意思。可见,古人对于身体的解释就是躬身与崇敬。从生产和生活的物质环境来说，农耕文明中，社会个体生活距离缩小，身体接近，交往密切而广泛。这种环境从物质基础上决定了礼仪互动的必要性和重要性，为荀子的礼仪观找到了合理的理论依据，同时也为中国美学和伦理学的身体性践行特征找到了理论依据。正如费孝通所指出的，中国礼法社会，合乎礼的，就是正确的，就是合适的。这说明身体性审美是一种实践自觉。从身体起念，是中国农业文明孕育天人合一、身心合一的；而这样的生活方式和思维特征又造就了风骨、形神之类的中国传统美学范畴和中国传统审美意境。礼乐文化与身体思维和身体审美在较长历史时期的相互影响，又反过来加深礼仪的模式化和典范化。身体演示通过体态、服饰、场景、氛围对礼的传播发挥潜移默化的作用，是审美意识突出、通感联觉发达的中华民族的重要美学特征。正所谓：民族的失望透顶和审美特征弥漫于我们的身心。也正是有了这样的审美基因和文化基因，我们在身体力行传统文化遗产时，才会感受到中国优秀文化的魅力和力量。

礼乐文化自产生之初，引起源于生活，本就具有身体统一性特点。只是在东周“礼崩乐坏”过程中，礼乐文化包含的文化元素因礼乐美学脱离生活和现实而被割裂、被分离。从马克思主义唯物史观视角来分析，是西周末年的生产和生活状况造成了礼乐文化元素的相互隔离；同样的道理，春秋战国时期新的生产力方式则又重新提供了物质条件，造就了身心合一、知行合一、唯象思维的新基础，为春秋战国时期儒家诸子的身体思维模式提供了物质条件的许可。在先进思想指导下的儒家诸子，发挥主观努力，体现礼乐美学极大的身体涵容性，成就了理论逻辑充分、“理”文化特征明显、“名象交融”的中国美学的思维模式。

孔子的身体力行最具代表性。生活在过渡年代里，除了理论上阐释、宣传上奔走呼号之外，孔子还身体力行，用身体思维应对世道变故，挽救世道没落。在乡校、宫廷和村社的不同场合，都能见到这位伟大的思想家身体力行的身影，在奔波游说中，用身体思维复兴礼乐之道。孔子的身体力行的意义在于，借助于通感、联觉等整体感受，通过身体与世界的相互关系，用身体语言复兴周道，以躬身践履给历史以完美回答。孔子、孟子和荀子等人的身体审美实现了礼乐美学的身体践行，为世人呈现了模范，展示了美好的身体美学“意境”。

荀子在身体审美上更是突破性地走出混沌，对身体思维模式进行了理论分析。集中体现在荀子的《正名》中对身体思维和概念思维辩证关系的分析。

体态、服饰、场景、氛围，经由身体演示实现对礼的传播，是通感联觉发达、审美意识突出的重要的中华民族美学特征。身体审美对美学传播发挥潜移默化的作用，蕴含着深厚的审美意蕴和文化基因。每当炎黄子孙身体力行优秀文化遗产时，无不感受到文化美学的魅力和力量。

当时中国的物质条件决定了身心合一、知行合一、唯象思维的身体思维模式，但对于哲学理论相对混沌的先秦时期来说，我们只能感叹先秦诸子对身体思维的历史贡献从实践上契合了哲学规律。在中国先秦诸子的身体思维中，具有极大身体涵容性，同时，理论逻辑充分，“理”文化特征明显，“名象交融”成为长期影响中国美学发展的思维方式。身体性实践是积极入世的体现。“身体”两字的造字，可以说明中国先人对于身心关系的理解，对于知行合一的态度。许慎的《说文解字》对“身”的解释是“躬也，象人之身。”身体的“体”字繁体字与礼仪的“礼”的繁体字是相通的，都是祀神和敬身的意思。可见，古人对于身体的解释就是躬身与崇敬。从生产和生活的物质环境来说，农耕文明中，社会个体生活距离缩小，身体接近，交往密切而广泛。这种环境从物质基础上决定了礼仪互动的必要性和重要性，为荀子的礼仪观找到了合理的理论依据，同时也为中国美学和伦理学的身体性践行特征找到了理论依据。正如费孝通所指出的，中国礼法社会，合乎礼的，就是正确的，就是合适的。这说明身体性审美是一种实践自觉。从身体起念，是中国农业文明孕育天人合一、身心合一的；而这样的生活方式和思维特征又造就了风骨、形神之类的中国传统美学范畴和中国传统审美意境。礼乐文化与身体思维和身体审美在较长历史时期的相互影响，又反过来加深礼仪的模式化和典范化。身体演示通过体态、服饰、场景、氛围对礼的传播发挥潜移默化的作用，是审美意识突出、通感联觉发达的中华民族的重要美学特征。正所谓：民族的失望透顶和审美特征弥漫于我们的身心。也正是有了这样的审美基因和文化基因，我们在身体力行传统文化遗产时，才会感受到中国优秀文化的魅力和力量。

墨子以非乐为中心的美育思想是先秦美学思想发展的重要环节。墨子、韩非子等人的礼乐批判是西周礼乐美育观裂变中的重要声音，引起当时思想界强烈关注，尽管其对礼乐审美的批判过于片面和极端，但其对礼乐审美价值与社会功利矛盾的分析，尤其是对于上层社会奢侈享乐的批判，有益于礼乐美学的涅槃重生。正是百家争鸣促成儒家学派的全面创新。墨子对上层社会礼乐的批判是系统和彻底的。从音乐的演奏到音乐欣赏，从音乐制作到乐人供养等。批判最终结论是由“非乐”到“禁乐”。墨子对音乐的态度和他对儒家礼乐教化的态度是一致的:都是彻底批判直至全盘否定。墨子这种反传统的批判精神值得肯定,但是全盘否定却显得滑稽可笑。但无论如何,墨子的呼声引起了当时思想界足够的重视,这也许正是墨子的初衷吧:正是全盘否定引起的强大的反响赚足了思想界重视和反思。从这个方面来说,墨子对礼乐美学的批判至少有以下功用和价值。首先,作为小生产者的代表,其批判精神具有极强的现实针对性,是当时占人口绝大多数下层人民正义的呐喊。第二,战国时期的社会动乱造成人民生活苦难,社会民富分化严重。礼乐审美的艺术表现与社会生产和物质文化现状严重不符,凸显了墨子批判的进步性和历史意义。第三,墨子对礼乐文化最大的贡献和价值在于,墨子批判触及到了儒家一贯忽略的审美与社会功利问题。可以认为,荀子对审美和功利辩证关系的论述,孟子“与民同乐”的主张,都是墨子礼乐批判背景下的辩证思考。韩非等法家学派的礼乐批判及其美学观,与墨子密切关联,一脉相承。

身体性实践中的积极思维。春秋战国时期的礼乐批判,促成儒家学派在继承和创新礼乐美学的过程中更加系统和全面,礼乐美学批判,是春秋时期礼乐美学涅槃重生的重要环节和条件。中华文明的思维方式具有身心合一的审美心理特征。这种特征以意境为核心,以身体活动为基础,即实践性基础。荀子的人性论强调实践性,强调追求善的过程,正符合中华文明身心合一的传统思维特征。本部分所要分析的重点是荀子身体力行,用身体语言践行自己的人性观。

东周时期“礼崩乐坏”是政治制度的瓦解,也是文化元素的矛盾和分离。这使得具有身体统一性的礼乐文化突然残缺不全。生活在过渡年代里的社会个体,如何用身体思维应对世道变故,挽救世道没落,是摆在儒家诸子面前的问题。孔子等人都给历史以完美回答。孔子在奔波游说中,在乡校、宫廷、村社不同场合身体力行,用身体语言复兴周道。

与身体性审美相关联的,是中国美学论者的美学“境界”理论。单一的感受无法获得审美意象,只有被身体知觉整体化才会有意向性的审美体验,这其中主要指人的通感和联觉的作用。可见,“唯有由眼、耳、鼻、舌身、意六根所具备的六识之功,而感知的色、声、香、味、触、法等六种感受,才能称为‘境界’。由此可知,所为境界,实在乃是专以感觉经验之特质为主的”。中华环境优越的农耕文明孕育的思维方式,实践性基础明确,意境核心性更强,更加突出了身体性审美的价值。荀子的人性论强调实践性，强调追求善的过程，符合中华文明身心合一的传统思维特征。用身体语言践行自己的人性观是荀子一贯的主张，荀子多次论述了如何身体力行，保持实践与审美观的统一。

荀子论述的“乐”并非与理性对立模式下的感性认识活动，而是在身心合一、感性与理性合一的模式之下，把感性认识理解成一种身体化的体现形式。使得这种身体化过程既是一种审美实践活动，也是一种自我修养的提高过程，是一种情感表达与和伦理实践统一的活动过程。

所以，身体性实践中的从来不缺少理性的目的，从来没有停止对于“礼”的积极思维。中国传统哲学的一个重要特征就是主客混融的直觉化身体思维与主客分离的主体化理论思维相统一。思维的主体性是人类自我认识、自我确认、自我超越的能动性和创造性体现。对于“礼崩乐坏”时期的荀子来说，身体性体现道德要求的同时，更应该表现选择命运能力的主体性思维。这也正是中国传统文化坚持灵肉合一但并否认作为身心之辨的思想独立的追求，演化出重体验感受、整体辩证的“象”思维。荀子突破和走出混沌，从理论上分析身体思维模式。他在《正名》篇里，正确分析了身体思维和概念思维的关系。今天我们从马克思主义唯物史观来看，是当时中国的物质条件决定了身心合一、知行合一、唯象思维的身体思维模式，但我们同样感叹先秦诸子对身体思维的历史贡献。在中国先秦诸子的身体思维中，具有极大身体涵容性，同时，理论逻辑充分，“理”文化特征明显，“名象交融”成为长期影响中国美学发展的思维方式。

身体性实践与人性多维发展。美学首先是人类学的，美学源自于是人类生命的冲动；美学其次是生理学的，美的体验和表现都要借助于人类身体，通过肉体和血液的作用，表达生命的诉求；最后是心理学的，美可以表现，可以被感知，是人类创造力的感觉。[5]总之，美的身体表达是多维的。许慎的《说文解字》对“身”的解释是“躬也，象人之身。”身体的“体”字繁体字与礼仪的“礼”的繁体字是相通的，都是祀神和敬身的意思。可见，古人对于身体的解释就是躬身与崇敬。

艺术家在进行创作时常常助长某种幻觉，幻觉中美学作品即兴而作，奇迹般一挥而就，并且效果圆满，身体活动中体现美学价值，是身体性实践中人类积极思维的结果，是主观能动性的表达。农耕文明中，社会个体生活距离缩小，身体接近，交往密切而广泛。这种环境从物质基础上决定了礼仪互动的必要性和重要性，为荀子的礼仪观找到了合理的理论依据，同时也为中国美学和伦理学的身体性践行特征找到了理论依据。正如费孝通所指出的，中国礼法社会，合乎礼的，就是正确的，就是合适的。也充分说明身体性审美是一种实践自觉。荀子不受外界各种环境的影响和拖累，用躬身与崇敬，用身体性表现诠释自己的对于人性和善的不懈追求。成为春秋战国时期儒家践行自己治国理政主张的典范。

第六节　春秋礼乐文化现时代价值创新

经历儒家的创新发展，礼乐美学在追求等级差别与理性秩序的同时，使政治权力渗透到人们日常生活的感性实践的各个方面，使政治充满诗性美。

赋予时代特征是礼乐美学生命力的思考。研究礼乐文明不断创新的发展史，思考其当代创新的对策。成就“文明之国、礼仪之邦”，礼乐文明蕴含超越时代的文化基因。我们国家在新时代的条件下倡导对传统文化进行创造性转化和创新性发展，五大发展理念也把创新放在首位，启示我们研究礼乐美学泽被中华子孙的永恒价值。礼乐文化价值创造性转化和创新性发展原则的思考。牢牢把握社会主义先进文化发展方向；坚持人民为中心；创造性转化和创新性发展相结合；交流互鉴，开放包容；统筹规划，形成合力。中华优秀传统文化传承发展工程战略的思考。从争鸣到共识的文化回归；从理论到实践的全面部署；从组织到制度的严密保障。探究中华民族最基本的文化基因与当代文化和社会的融合。

礼乐美学德育价值思考。礼乐美学对中国礼仪文化产生深远的影响，在现代社会也发挥着重要作用。借古喻今，以史为鉴。关注和研究其在现代社会对行为礼仪及社会公德的重大作用。为弘扬社会主义核心价值观提供理论支持。礼乐文明体现的中华优秀传统文化是社会主义核心价值观的根基，按“四个讲清楚”要求，继承其高雅和崇高的精神追求，助力实现“中国梦”。认识和探讨礼乐美学在移风易俗醇化社会风气与人格养成上的伦理教化功能。研究西方文化侵入和现代经济大潮下礼乐文化独特作用；探讨个体修心养性与礼乐美学的灵魂净化功能。

创新价值是礼乐诗性政治视角的礼乐美学思考。在近几年的礼乐美学研究中,创新春秋礼乐审美和美学特征认识是重要思考方向,不少学者提出并论证“诗性政治与审美特征统一的春秋礼乐是中国政治美学的重要源头”的论断;提出并论证“春秋礼乐美学的创新发展对中国礼乐文化具有重要的承上启下功能”的论断;提出并论证“礼乐美学生命力旺盛,对政治文明和道德建设意义重大”的观点。这些研究,从礼乐诗性政治视角研究礼乐美学,始终围绕政治与美学辩证关系这条线索,观察礼乐美学中各环节蕴含的审美特征;以“礼崩乐坏”为视角,研究春秋时期政治审美和文化审美标准的重构与儒家礼乐创新。

优秀文化研究,唤醒国人对传统文化的礼敬,为美学及社会文化宣传部门等人员和机构提供相关资料和研究视角,为党和国家相关部门创新理解和运用礼乐美学理论提供指导和决策参考。礼乐美学经历了春秋时期儒家创新。这次创新筑牢了礼乐美学成就中华民族文明礼仪之邦的重要文化因素的地位。当代政治文明建设,呼唤礼乐美学的再次创新发展。

东周时期“礼乐崩坏”过程中,孔子及其继承者理性和辩证地思考礼乐审美,批判继承和创新,为适应生产力发展、服务新生的政权形式,对礼乐美学进行从内容到形式的系统创新,承担起“礼乐创新执行者”的历史责任,对礼乐美学进行的创新发展。

首先,孔子在美学史上最早奠定礼乐相亲、善美相成原则。礼乐相亲、善美相成体现礼乐审美的理性成分,是中国美学的核心理念,孔子礼乐美学实现德育与美育统一,首先继承和创新了中国传统文化的善美关系认识,赋予礼乐美学以蓬勃生命力,对礼乐的辩证发展贡献体现在其影响中国政治和中国社会两千多年而不衰。

西周的“制礼作乐”,孔周公被认为是礼乐的主要制定者;东周的“涅槃重生”,孔子被认为是礼乐革新的坚定执行者。孔子做坚定的执行者的重要表现之一,就是他在美学史上最早奠定、并忠实地笃行礼乐相亲、善美相成的原则。孔子的“欲仁、好仁和乐仁”与康德的“善的快乐”、“感觉的快乐”和“审美的快乐”异曲同工,孔子创新地论证了审美、感觉及其社会意义:“礼”“乐”“仁”对知性、物性和情性,构成“仁”的“文”化。“礼”“乐”“仁”的关系中,礼是乐的基础;乐是礼的升华;礼乐相通。正所谓“兴于诗、立于礼、成于乐”。孔子创新性的礼乐关系表述,体现理性与感性的完美统一,审美过程始于感性,经过理性再回到感性并实现感受的过程。冯友兰在《原儒墨》中指出,孔子实现了从儒者到儒家的转变,是儒家的创始人。儒家的历史功绩在于,适应社会需要,及时地论证礼乐制度并据此提出系统的治国方略,在新的生产力条件下使礼乐获得新生。

其次,荀子、孟子等人的诸多重大贡献。孟子的贡献在于“仁”思想的系统发挥。他把伦理道德完善与精神情感的审美体验结合,继承和发挥了“仁”的思想,提出用人格美体现美善统一。礼是人与动物的区别,是人禽分际的标志。“仁”成为中国传统文化中人生境界理论的核心主张。“以礼释仁”、“乐与民通”、“化育天下”是社会治理步骤,礼内化为人的情感和心理,引领人的经验概括,最终“德教”与“乐教”,达到伦理美的境界。“仁义礼智”的社会美学是和谐社会和完美社会关系的重要基础,通过化育天下实现礼乐美学社会价值和意义,对于今天和谐社会建设中仍具有重要意义。

在荀子《乐论》,被认为是礼乐美学阐释的一个高峰。“美善相乐”是荀子对礼乐关系的主张,“宽猛相济”和“崇礼兴乐”是荀子的理想。围绕礼乐重建,设计“王霸之途”和“理国之道”,从而奠基“天子之学”和“人性之论”的局面。其目的是在人本主义原则下,通权达变并举,以礼乐为引导,由审美扶善祛恶,实现审美要求与礼乐约束完美统一。所以,礼乐是荀子伦理思想的核心概念。在这里,礼、善、乐各自既是目的,又是途径和手段,达到了和谐统一。礼既是规范又是审美;乐既是心性又是定位;最终要实现的是道德善与艺术美的统一。当然,荀子围绕礼乐重建社会道德体系的思想太过夸张,社会现实也证明了艺术自身的审美功能终将不能承担太多的政治功能,目的性太强,反倒损害艺术自身的审美功能。

第七节　讨论礼乐创新发展的几点感悟

礼乐文化在很多历史境况下符合中华民族整体利益,在几千年中华文明史中体现了民族的审美精神。直到今天,礼乐文化合乎人性和人道的人文精神仍然有益于中华民族甚至是全人类的和谐与发展。虽然经历过“礼崩乐坏”的历史时期,但礼乐文化所体现的“彬彬有礼”“洋洋有声”之政治和文化美学分秒未停，在中华大地上星火相传、生生不息。尤其是其和谐之美的核心内涵和价值追求，不曾被磨灭而是一直在发展，代代相传，和其他优秀文化元素共同组成伟大的民族文化基因。

首先，新时代条件下，礼乐文化等中华优秀文化研究理应受到重视。在我们国家的现时代的发展中，立足国家文化意识形态建设的高度，树立国人文化自信，谋划顶层设计，注重国家文化软实力建设的目的性。体现在实践中，总书记以创新推进文化发展，经常引经据典，古为今用。无论是对外交往还是政务日常，总能感受到我们对于优秀传统文化创新运用之钟情和娴熟。近些年来的各种媒体，从家风、家训、家教的系统传播，到多种主题文化信息的正确引导，使国内文化氛围生气盎然，社会意识风清气正，人民充满了对民族文化的尊重和喜爱，前所未有的文化信仰让国人直起更加自信的腰杆。礼乐文化的新时代研究也应该得到重视。

世界发展到21世纪，高度文明的现代化却解决不了现代人的压力和烦恼。问题和压力严重妨害着人与人之间关系的和谐、人们自身的身心和谐与悦纳自我、人与社会的和谐融入、国家之间的和谐相处等，小到个体，大到社会和国家再到国与国之间关系，物质财富不断富足之后的，各种问题和矛盾却不断涌现。特别是国与国之间，利益纷争、矛盾不断，充满了太多的变数。问题的存在原因很多，解决办法也各不相同。

其次，进入新时代，礼乐文化等传统文化可以解决很多大问题。世界面临前所未有大变局，在中国特色社会主义发展到全面深化改革的今天，我们的社会也面临前所未有的挑战和风险。矛盾的分析中人们发现，关键的问题还是利益的斗争。对于利益的态度和看法，决定了人们应对各种关系的行为。应对人与自然关系时，目光短视、只顾眼前利益，导致了人与自然关系的矛盾；应对人与人之间关系时，一些社会个体太过以个人为中心，必然导致对方的嫉恨；应对与他国的交往。有些国家一味地“本国优先”，实际上是为了背后大资本家的利益而不择手段。

中华优秀传统文化在正确处理人与人、人与社会、国家之间关系有丰富的智慧理论。中华民族灿烂文化，是以“合”、“和”思想为核心要义的。“合”、“和”思想，对于各种关系都出现了问题的现代社会，犹如“久旱”之后的“甘霖”，为世界带来诊治百病的“药方”。中华文化的“合”、“和”思想教会人们悦纳自我、尊重自然；中华文化的“合”、“和”思想表达着求同存异、“天下大同”

的宽广心胸和中国主张。

第三,文化创新与传承是永恒的话题。在当前的国内和国际背景下,中国共产党和中国人民从我做起,中华文化的“合”、“和”思想造福后代子孙,造福世界人民。优秀文化呼唤着全体中国人的民族认同和价值认同,用民族精神融合时代精神,在凝心聚力中发挥传统文化的时代价值。我们指出,凝聚全国人民的聪明才智是中华民族挺过紧要关口的关键,也是我们早日实现复兴伟业关键。在文化转化和创新过程中,把握传统文化的时代价值以应对今天从人与人到国与国之间的各种问题和矛盾。古人的智慧建立在长期的社会实践中,是人民群众生活的总结,开发和运用传统文化的价值使用也应该指向实践,为实践服务。祖先处理人与人、人与社会、国家之间关系的智慧值得借鉴。当前冠状肺炎疫情的发生,也启发人们思考传统文化在人与自然、人与人以及国家与国家等方面的内容。结合抗击疫情,思考人与自然的平等、人与人之间的尊重以及世界大同观念的时代价值。

第四,礼乐美学等传统文化的研究工作,思路应开阔,目标应明确。研究中要系统梳理和总结,要站在高处、居高临下。以先秦礼乐美学研究为例,系统梳理、概括、凝练礼乐制度的诗性政治审美观,既要言简意赅,又能准确把握先秦礼乐美学的全貌是研究的前提。先秦美学连贯性及其创新发展是应该整体把握的,而不应该在研究中割裂。以马克思主义唯物论、辩证法和认识论为线索,阐述先秦时期礼乐美学两次创新发展过程。以审美一致性和美学连贯性为主线,把握和论证先秦礼乐美学两次创新发展的主客观原因及其对当代政治美学的价值和启示。

类似的优秀文化研究中,研究者要干什么,主要目标要定位准确。以本研究为例,研究先秦礼乐美学的两次创新,清晰呈现先秦礼乐美学脉络是研究的基础,十分重要。本研究就是立足于这样的思路,通过搜集和梳理大量甲骨文、金文等先秦考古及其他文献资料,力求以清晰的线索呈现先秦礼乐美学的内容,力图客观真实还原西周“礼不崩乐不坏”以及后来“礼崩乐坏”时期的政治美学社会基础,描绘先秦礼乐审美世界的原貌。这也是.析评先秦礼乐美学两次创新进程中的辩证发展及当代价值的基础。有了创新过程的系统梳理,才能论评两次创新的辩证关系;论评儒家礼乐美学与中国传统哲学的契合;客观分析西周“制礼作乐”与东周“礼崩乐坏”;论评礼乐美学两次创新的历史价值;评析先秦礼乐美学发展整体性;分析礼乐美学现代价值创新的对策。

最后，在课题研究中，课题组感受到中华优秀文化智慧是现代人解决很多问题的“金钥匙”。党的十九大报告在新时代的“基本方略”论述中，我们把坚定文化自信，推动文化繁荣与意识形态工作领导权建设相结合。我们，再一次号召把优秀文化智慧应运于“中国之治”的伟大实践。在构筑中国精神和中国价值、为人民提供精神指引的过程中做到“不忘本来”。在不断创造和创新中，运用中华优秀文化构筑意识形态领域主导权和话语权。思考优秀传统文化在新时代条件下的价值转化，对于凝心聚力、共赴时艰，具有重要意义。优秀传统文化是中国共产党人执政思想的宝贵资源，也为当今世界的全球治理提供源源不断的智力支持，我们践行命运共同体的外交理念就是典范。中华优秀文化智慧成为现代人解决矛盾的“金钥匙”。

思考礼乐文化，感受到新时代条件下，仍有创新发展的空间。在全面深化改革的社会主义建设中，特别是在遇到挫折和困难时，不妨也回头看看祖先的智慧，回归到先祖们认识人与自然、人与社会的立场和观点上。通过思考祖先们的实践经历，启示我们多角度看待当下社会的各种矛盾。冠状肺炎疫情的发生，进一步证实了对人与自然及人与社会关系进行研究与思考的重要性。我们审议通过的《决定》强调，在新时代条件下，在推进社会制度体系现代化过程中，要更好地利用中华优秀文明成果造福现代生活中的炎黄子孙、造福全人类。具体到文化建设，就是要积极吸收以儒家文化为主体的传统文化中的优秀成果，解决现代人的问题、服务现代人的生活。

首先，保持连贯而有效的创新。传统文化传承关系一个民族的价值认同和血脉延续。我们在我们上再一次倡导优秀文化的价值今用，特别是优秀文化的“治国之道”，对于推进国家治理能力现代化具有特殊意义。在治国理政中，我们常引经据典、古为今用，引导人们进入古人智慧营造出的美好意境，或起到极大的教育作用。言简意赅、恰到好处的表达效果是优秀文化古为今用的重要特色，令人惊叹中国儒家文化的博大精深。传统文化现代社会仍具体“稳定社会”、“和谐心理”的作用，对民族存续有着新时代的意义。把时代最需要的精神融入传统文化的创新过程。近几年来，我们传统文化创新思想已经形成完整的科学体系，特别是随着我国“中华优秀传统文化传承发展工程”的实施，优秀文化创新发展对我国经济和社会发展必将起到更大的推动作用。在创新过程中，一方面要树立“四个自信”的信念和勇气，用科学的理论、先进的文化和正确的方法实现优秀传统文化的时代价值，把文化意识转化为治理效力。在促进社会主义核心价值观传播、推进国民文化教育、发展文化产业和传播新文明、新风尚等方面，针对普通民众的生产和生活实际，脚踏实地推出可持续、接地气、有需要的优秀文化创新。这有益于在人民群众中塑造良好氛围，应对西方意识形态对我们民族文化的侵蚀。树立文化自信的基石之后，发扬光大本民族的文化精华成为极为重要的历史使命。

我们在论述优秀文化的执政价值时，提出凝练古人治理智慧和民族基因，发扬优秀文化感召力，提高社会管理效能。进入新时代，要探索社会生活中优秀文化的当代价值。物质上的富足的同时，也要提高精神文化的品味。填补富裕起来的人们在精神文化方面的更高需求，是传统文化现代转化的重要动因。近几年的优秀文化创新工程的实践也表明，在新时期优秀文化对推动全民精神生活质量的提高具有不可替代的价值和作用。保持连贯而有效的方式方法创新，优秀文化才会受欢迎。过去的成功，原因在于很多具体的文化创新既“接地气”又“高大上”。“接地气”是因为它本身就源自于人民，产生和发展都建立在本民族的历史和人口基础上；“高大上”是因为它博大精深，饱含哲学真谛，充满人性光辉。中华优秀传统文化历经5000年永续不衰而且历久弥新，一个重要内因就在于，是传统文化作为基因厚重的精神血脉在源源不断为中华儿女提供精神给养。

注重新时代优秀文化价值的转化和创新。我们在总结全国抗击新冠肺炎疫情阶段性胜利时指出，中华民族是永不言败的民族，勇敢和伟大的重要基础就在于理想信念、家国情怀的信仰家园。其中蕴含着伟大的爱国主义、奉献精神，成为民族强大凝聚力的灵魂和根源。其时代价值新冠肺炎疫情灾难降临时再一次显现出来。在抗疫战场上全国人民迅速汇集排山倒海的力量、义无反顾赴国难的洪流、全国一致万众一心的气势、不到胜利不回还的气概。在危难时刻，中国精神的时代价值得到淋漓尽致地展现。古往今来，优秀文化作为这个民族的精神血脉，每个时代的关键时刻其巨大的凝心聚力功能和作用都不可替代。开发和运用传统文化的时代价值，重在问题解决，不能夸夸其谈、无病呻吟。国家应该有这样的专门机构，可以是教育机构也可以是宣传机构，聚焦现实生活中的文化需求。在中国特色社会主义发展到全面深化改革的今天，我们的社会面临前所未有的挑战和风险。我们指出，凝聚全国人民的聪明才智是中华民族挺过紧要关口的关键，也是我们早日实现复兴伟业关键。用优秀文化呼唤全体中国人的民族认同和价值认同，用民族精神融合时代精神，在凝心聚力中发挥传统文化的时代价值。文化传承者在文化转化和创新过程中，把握传统文化的时代价值核心。古人的智慧建立在长期的社会实践中，是人民群众生活的总结，开发和运用传统文化的价值使用也应该指向实践，为实践服务。如随着冠状肺炎疫情的发生，可以启发人们思考传统文化在人与自然、人与人以及国家与国家等方面的内容。结合抗击疫情，思考人与自然的平等、人与人之间的互爱以及世界大同观念的时代价值。

加强传统文化传承原则及方式的顶层设计至关重要。用国家制度规范文化创新的过程、原则和方法设计。要做到实践需要和理论研究相结合，保证文化现代融入内容具有科学性且可持续，从而使其具有长效性和实效性。国家顶层设计中制度层面的思考要全面而系统。借鉴国外借鉴民族学和人类学研究成果的做法，在文化传承与创新上实施国家战略。积极探索文化发展的规律。

我们特别重视优秀文化的传承。在新冠肺炎疫情期间中国人民的家国情怀和爱国主义爆发出巨大的凝心聚力的功效，再一次显示出中华优秀文化的现代价值。要注重研究和设计文化传承制度环境。文化传承必须重视制度性、政策性、全局性和稳定性。先秦礼乐从西周创新发展到东周衰落再到儒家的创新发展，礼乐美学在追求等级与理性秩序的同时，使政治权力渗透到人们日常生活的感性实践各个方面，使政治充满诗性美。我们要从文化宝库中萃取精华、吸收营养，把文化自信当做是事关国运兴衰的大问题。政策制定上，文化传承中的顶层设计和制度建设至关重要。顶层设计和制度建设可以保证文化建设的全国一盘棋，可以保证文化创新的持续性。

第五章　传统文化创新发展的多种途径

——以老庄、荀子等人的和谐思想为例

老子倡导“和光”以达到“玄同”的效果，通过积极开放的心态来达到人与人之间的和谐共处。老子的“和尘同光”本质上就是一种通往人内心和谐的重要方法；而庄子的“心斋”、“以明”、“坐忘”是一种通往“乐物之通”的和谐的心理状态。“心斋”、“以明”、“坐忘”展现的是庄子心学的最高理想境界，同时也是身心和谐思想的完美诠释。“心斋”、“以明”、“坐忘”分别从修养论、认识论、人生境界论三个方面共同提出了达到身心和谐思想最高理想境界的要求。中国两千多年的传统文化，老子和庄子的身心和谐思想在其中产生了不可磨灭的影响。老子和庄子这两位先秦道家能够从生命价值观上关注儒家关注不到的生命个体价值，对儒家的生命价值观起到了补充救济的作用。今天，研究和深入理解并探讨老子和庄子的身心和谐思想，不仅可以促进人们调整自己的行为准则，陶冶自己的情操，而且对人文关怀的倡导和社会成员和谐心理状态的调节都有重要的影响。

提及社会和谐思想，荀子把“群”当做封建等级制度建立的社会联合体，并把它视为社会和个体赖以生存和发展的基础。“群居和一”是荀子对社会和谐思想的理想化追求。在为何要“群居”以及怎么“群居”方面，荀子从理论和实践都一一做了探索。在政治和谐思想方面，荀子认为“隆礼重法”是贯彻执行“礼”的政治行为的细则和方法。“群居和一”和“隆礼重法”一定程度上反映出了普罗大众对美好幸福生活的向往。从社会政治角度出发，荀子的“群居和一”和“隆礼重法”思想对我们今天追求的社会主义和谐社会的建设具有重要的指导意义。对于儒家哲学来说，到处充满着人文主义精神，构成了以和合为追求的人道文化、以仁义礼为核心的政治文化和以内圣外王为标准的君子文化的理论体系，体现出了以人为本、仁民爱物，达济天下、忧患以生，贵和尚中、

天人合一，修己安人、义以为上等的基本精神和价值观念。儒家哲学始终是围绕人来论述，展现了对人的深刻关怀。在极力构建社会主义和谐社会的今天，以及大力提倡和谐文化、人文关怀的今天，研究儒家哲学中人文思想的价值，对社会的发展具有重要的促进作用。

社会心理实质上也是一种文化心理，是人类自身生存的一种社会精神状态的体现。社会心理是较高层次社会意识形态的基础，而健康和谐的社会心理是社会成员拥有持续的、较久的积极向上的心理状态和体验，是人类良好的品质和美德。人文关怀是实现人与人之间、人与社会之间和谐相处的重要途径，健康和谐的社会心理离不开人文关怀的精心培育，“心理疏导”是处理各种社会心理问题的万金油。所以，构建和谐的社会环境要注重健康和谐的社会心理的培养，要广泛吸收和充分运用中国优秀传统文化来塑造积极健康的社会心理，要把人文关怀和心理疏导有机结合，为社会的发展、人类的进步创造更加有力的条件，为社会主义和谐社会的构建贡献一份力量。

本章以老子、庄子、荀子和陆象山等人的和谐思想及其现代转化为例，展示传统文化的创新发展可由多种途径来实现。

第一节 老庄身心和谐思想及其价值转化

中国两千多年的传统文化，老子和庄子的身心和谐思想在其中产生了不可磨灭的影响。仅可以促进人们调整自己的行为准则，加深人与人之间和谐交往的程度，从而达到社会和谐和人研究和深入理解并探讨老子和庄子的身心和谐思想，不际交往全面和谐的目的；也可以促进人们正确审视自己的人生观，自觉主动调整自己的心灵价值观；还可以促进个体陶冶自己的情操，使个体自身、个体与外界环境、个体与社会关系之间达到一种和谐的状态。老子和庄子这两位先秦道家能够从生命价值观上关注儒家关注不到的生命个体价值，这具有非常重要的意义，对儒家的生命价值观也起到了补充救济的作用。研究和深入理解并探讨老子和庄子的身心和谐思想，对当今社会主义和谐社会的构建具有重要的理论和实践意义。

老庄的身心和谐思想在整个中国传统哲学中具有举足轻重的地位。

关于人的身心和谐思想，中国传统哲学提出要辩证地看待人的欲望，使个体的欲望处在意志和理智的控制下，进而培养个人良好的道德素质修养，以提高个人的自身文化素养和心理素质，使之处于一种和谐的身心健康状态。我们可以很清楚地认识到，促进人的全面发展是构建社会主义和谐社会的必经途径和方法，也是构建社会主义和谐社会的根本保障。从本质上看，社会的和谐最终呈现出的应该是人与人之间的和谐。一个社会和谐的前提条件是处在社会生活中的个体的身心和谐。随着时代的进步和发展，人们的工作和生活节奏不断加快，社会之间的竞争也越来越激烈，人们的精神压力也日趋渐增，研究古代哲人的身心和谐思想也就成为了时代的选择，对我们日常生活的行为准则具有指导作用。在如何加强个体修养使身心健康处于一种和谐的状态方面，老子倡导“和光”以达到“玄同”的效果，以积极开放的心态来达到自己内在的和谐、人与人之间的和谐；而庄子倡导“心斋”、“以明”、“坐忘”，是一种通往“乐物之通”的和谐的心理状态。

“和光同尘”的表达是人与自然和谐共存的又一境界，是老子的身心和谐论的核心内容之一。

对于“和光同尘”的解释，简单讲就是和光同生、与光同在。最早见于“挫起锐，解其纷，和其光，同其尘，是谓玄同”（《道德经》）。老子通过倡导“和光”以达“玄同”之境，表达老子的“和光同尘，玄同于道”思想，倡导把小我“玄同”于大我之中，认为凡事应该以宠辱不惊、泰然处之的超然态度应对，通过把握整体、廓然大公达到“利万物”境界。以创造开放心态、达到人与人的和谐共处，实现态度上的转变，体现身心和谐。“和光同尘”的“和光”指不显耀，善于和合；“和光同尘”的“同尘”并非等同，而是玄同。“和光”与“同尘”的境界实际上一种通往人内心和谐的重要方法。

首先，要从“道”的高度来宽容和关怀人。老子认为，道生万物之后便散为器，经过时间的历练之后就成为了形态各异的客体形态，同时也造就了主体对客体认识的不同以及价值判断的差异。世俗往往只是看到了价值观的正面，却忽视了负面，这就会导致正负价值转化的不均和偏执心态的出现。因此，不要用世俗价值观评判善恶的标准去评断一个人德行的好坏，而要从“道”的高度来宽容和关怀人，这就是“玄同”的效果。老子说：“善者，吾善之；不善者，吾亦善之”（《道德经·四十九章》）。老子是说，面对恶人，并不是没有原则一味地宽容，善与不善是一种相对的关系，也是一种可以相互转化的关系。毫无原则地指责不善，这样很难把不善转化为善，只有以包容万物的心胸去包容不善，很大程度上才能使不善转化为善，而且是常善。老子在谈到善在“人”与“物”的关系中，“圣人常善救人”与“常善救物”相结合，已达成“故无弃人”和“故无弃物”的效果（见《道德经·二十七章》）。其中的“常善”，即体道之善。道常处下而能忍辱含垢不以为羞，道是冲虚而无所不容的，人体道，应当“上德若谷”，身心永远和谐，胸怀宽广坦荡；人体道，应当无计较之心。道的最终社会效果能达到“不执著于世俗的善恶之分”，甚至“混兮其若浊”的境界，这也就是“和光同尘”的重要涵义。

其次，要超越世俗价值观，除了正确地树立对外界的“人”与“物”的认知外，对自我内心修养还有要求，还要节欲、少私、超越私欲。欲望是一种很正常的现象。面对出现的很多人过分追逐欲望，老子主张“少私寡欲”的理念。老子在《道德经·十二章》中提出，“不见可欲，使民心不乱”。人心的迷乱，常常是欲望的诱引。“少私寡欲”，并不是说要完全禁欲，而是说欲望可以适当的拥有，不要去超越一般人的欲望，追求得不到的欲望。这其实也是充满了人道主义的，《道德经》中老子所说的“无欲”不是无私欲，而是一直能够自我修养的境界，是超越私欲，是能够恰当处理欲望与满足的正确的欲望观，是一种“玄同于道”的自然欲求。

再次，要“知足”、不自满、要常乐。人对外界物质的认识其实是一种心理上的感觉，正所谓“金玉满堂，莫之能守”。财富能满足一时之欲，不能满足一世之欲，对欲望处置不当，就会“自遗其咎”。现代人也明白欲望因人而异，对于满足的理解也就千差万别的道理。老子认为，“祸莫大于不知足”，找到了贪欲常常造成的恶果。而究其原因，“咎莫大于欲得”。老子极力主张“和光”，也是对此的应对之策。即先处理好自己内心的欲望“亏”与“盈”的辩证关系。争取到永远不自满、不显示自己的过分欲望。不要过于显露，也就是避免锋芒太露。要懂得不自满的道理。在人生道路上“生而不有，为而不恃，功成不居”才会逍遥自在，体现老子思想中把天之道贯穿于人之道的要求。通过“和光同尘”，实现这样一种境界：既是一种真实的存在，在这种存在中个人作为有益于社会与天地，又不为别人带来的丝毫负担；利益方面“似或存”，似乎不存在一样与众“同尘”。只有这样才能做到把个人溶于天下人之中而实现人我和谐，正所谓“贵以身为天下”。

“心斋”则是庄子身心和谐思想中最为核心的思想理论。追求内心世界的和谐是庄子哲学思想体系的精华，是内圣之学的核心所在。庄子提倡“心斋”、“以明”、“坐忘”，是一种通往“乐物之通”的和谐的心理状态。“心斋”、“以明”、“坐忘”展现的是庄子心学的最高理想境界，同时也是身心和谐思想的完美诠释。这也构成了整个庄子哲学思想的落脚点与归宿点。值得指出的是，庄子“心和论”（“心斋”、“以明”、“坐忘”等），成为中国哲学中的心学思想的主要来源之一。分别从修养论、认识论、人生境界论出发的“心斋”、“以明”和“坐忘”心学的三个方面进行论述和思考，提出了能共同达到身心和谐思想最高理想境界的要求。

首先，庄子吸收并承继了老子的“重身轻物”的思想，并且在老子思想的基础之上提出了如何养护生命，提倡重生思想。在庄子看来，作为一个尊重生命的人，无论贫穷、贵贱都应该爱惜生命、保护生命，只有顺其自然，心灵才能够恬静宁和。任何事物都无法衡量生命的价值，生命的价值高于一切，要反对、阻止一切不重视生命、损害生命利益的行为。

其次，庄子提倡要有开阔的胸怀，面对一切事物都要宠辱不惊。庄子认为世间的一切事物都是相对的，是相互影响、不断变化发展的，两个对立的事物向着与之相反的方向转化。庄子所说的“心斋”是指在做任何事情之前，要排除心中的杂念，专心致志，然后就能够内心平和地对待一件事物。而“坐忘”就是说要凝神聚力静坐下来以忘却之前的不愉快、不美好，要求社会个体要宽容大度、宁静致远。用此来领悟世间万物的“道”，社会个体就可以拥有一个而全新的世界，以此达到内心的稳定和谐。

再次，庄子力求以宽容大度的心态回归和谐，告诫人们应该以开阔的胸怀和视野来正确看待人类在大自然界中的位置和认真审视个人在日常生活中的私利，要做到知足常乐，以消除人们心中不正常的焦虑。从个体来说，现代生活中的人们可以从老庄的身心和谐思想得到许多有益的启示。老子和庄子的思想从人文关怀的角度出发揭露了人们在生活中的各种迷茫，然后又以一种深沉的忧患意识批判了社会中现存的对世界、对生活无视的现象，不关注人生之本、世界之本。关于人生价值观方面，老子和庄子的身心和谐思想要求我们要返璞归真，不要过分追逐个人名利，不要为自己的私欲夜不能寐，要有一种“知足常乐”的心态。如果每个人都能够保持这样一种心态，信奉这样一条人生准则，那么，个人的聪明才智必将可以更好地发挥，体现出真正的人生价值，从而促进社会的和谐发展。在人际关系方面，老庄强调人与人之间要互助互爱,要具有悯人、乐人、济人、救人的思想,以更好地处理人与人之间的社会关系,是整个社会处于一种协调有序、安宁和谐的状态。在人与自然方面,强调“道法自然”,主张爱护自然,与大自然和谐相处。在道家的天地人关系中,老子和庄子最关注的无可厚非是人的生命,在关注人的生命的基础上要立足于人与自然、人与社会、人与自身心灵的矛盾冲突的缓解与协调。它不仅超越了主客体之间的对立关系,还超越了有限的自我,达到了与道合一的“精神四达并流,无所不极,上际于天,下蟠于地”的精神境界,获得了超脱心灵的真正的释放,为现代人提供了处理自身心灵关系的深刻启迪。

与以上相联系,老庄提出了独具特色的人生境界观。人生境界是体现了一个人精神修养以及思想觉悟程度的高低,是人对宇宙、对人生的关注度以及理解水平的高低。老子为了解决人生这个难题提出了“道”,要求人们去信奉、尊崇,同时他又提出了“德”作为“道”的深入体现,“道”与“德”可以看做是一个有机整体,实际上是创立了道德一体的人生最高境界。老子的人生境界包括外在的社会实践的“道治主义”的功利主义和内在的祛除功利的个人修养。摆脱物质的奴役束缚才能够追求个性和自由的人生。人的生命存在需要与自然之间进行沟通,克制自己的物质欲望,不要让世间的喜怒哀乐影响自己恬淡自由的心境,要始终保持一颗自然天性的本心。老子“致虚极,守静笃”的修道方式、庄子“圣人无己、神人无功,圣人无名”的自由境界及“坐忘”、“守道”、“心斋”等修“道”方法都是通过摒弃内在心理欲望的干扰和外在功名利禄驱逐的影响,用乐观、豁达之心面对现实的人生境遇,把不利于身心健康和谐的因素驱散,使心灵在纯净的天地间驰骋,成为一个真正自由的人。老子和庄子的人生境界观为“道”与“德”的整体化运作思想营造了一个明朗化的“道德境界”。

毋庸讳言,道家思想也存在消极的内容。例如,道家因为崇尚自然、鄙视功利很容易走向绝对虚无极端的一面,甚至来说反对人类的进步、否定文明的价值等等。但是老庄的价值追求能使大众超越世俗摆脱功利的束缚,获得一种轻松的精神状态,远离沉重、消极的心态,从而有效解决现代社会中人与人之间因为过分追求物质欲望而带来的不良影响,协调日趋紧张的人际关系,使得人的精神从与他人、社会的攀比中解脱出来,保持一种良好的心态,找回生命原本的精彩,平淡、自然的对待现实的人生。总的来说,道家的个人伦理是纷繁复杂世俗中的一股清泉,不仅缓解了当代人心灵的欲望,而且充实了精神的力量。

从社会角度来看,老庄的身心和谐思想给了我们很大的启示,心理和谐是构建和谐社会的重要基础。和谐社会不仅是人与人之间的和谐,还是人与自然、人与和社会等多方面的和谐,最根本的是人自身的身心和谐。和谐是一种广阔的胸怀,心和在这里可以很好地体现。在命运共同体提及的今天,人与人之间的和谐、人与自然、社会的和谐并不能满足当前所需,我们还要注重国与国之间各种关系的和谐共存。随着经济全球化和高科技技术的不断发展,国际之间的竞争越来越激烈,交往也越来越密切,国家、企业、个人之间都需要一种良好的合作精神。和谐是时代发展的必然要求,也是社会主义核心价值观的急切需求,老子和庄子的身心和谐思想对于和谐社会的构建具有很高的参考价值。

构建社会主义和谐社会,要"注重促进人的心理和谐","塑造自尊自信、理性平和、积极向上的社会心态"可以看出,和谐社会包括社会生活秩序的和谐稳定,还包括广大人民群众社会心理的健康和谐。保持社会成员的心理和谐,是构建社会主义和谐社会的重要内容。社会心理基本过程涵盖社会认知、社会动机、社会目的、社会情感、社会态度等心理过程。"和谐是指事物协调、均衡、有序的发展状态"。和谐思想理念的提出,是人类社会精神文明的进步,也是几千年来人类对社会生活的美好向往,是一种积极、健康、祥和的心理状态。凝聚这种和谐精神的和谐心理自然具有健康的心理状态。从这个意义上来说,心理和谐就可以认为是心理健康。和谐心理的实现要以社会现实为基础,但并不是说和谐心理是处在一种被动的状态和紧跟在社会现实的后面,而是一种相互影响的关系。就好像精神对物质的反作用一样,和谐心理对人们在现实生活的活动起到支配和调整的作用,同时也是构建和谐社会的精神支柱,对社会主义和谐社会的构建具有巨大的推动力。

和谐心理是促进社会主义民主法治、公平正义的重要心理支撑。当前我国正处于社会高质量发展的攻坚克难时期,社会中难免会存在一些不和谐的现象,此时就需要道德伦理、精神心理等"隐形制度"的引导,心理和谐便成为调解社会矛盾、融合社会关系、引导规范社会行为的有效手段。和谐心理是人与人之间诚信交往、友爱相处的精神基石,是社会进步的源泉,是社会安定的心理保障。社会心理稳定是社会稳定的重要组成部分和心理稳定的基础。从某种程度上说,社会稳定不仅指社会现存状态的稳定,更重要的是社会成员心理的稳定。拥有和谐心理的社会个体能够真诚、友善对待与人类共同生存的生物以及人类赖以生存的环境，认同各种生物的价值以及环境对人类的重要作用，从而有效实现人类与自然的和谐共生，以此达到“天人合一”的理想状态，向真正的社会和谐更进一步。

和谐心理是促进社会主义民主法治、公平正义的重要心理支撑。当前我国正处于社会高质量发展的攻坚克难时期，社会中难免会存在一些不和谐的现象，这些不和谐现象与社会主义民主法治和公平正义精神之间的矛盾日益凸显。实现社会主义法治国家以及社会公平正义，不仅需要社会法制、政治制度、经济制度等“显性制度”资源，还需要道德伦理、精神心理等“隐形制度”资源，心理和谐便成为调解社会矛盾、融合社会关系、引导规范社会行为的有效手段。

和谐心理是人与人之间诚信交往、友爱相处的精神基石。心理和谐外部表现为人与人之间交往的心理和谐。心理和谐的个体在与人交往中，能够真诚待人、平和待人、推己及人、换位思考、与他人和睦相处，易融入团队之中，并勇于承担个人责任；也乐于结交认识新朋友，懂得在不同性格的人群中寻找与自己的共同点，拥有多彩的建设性的人际关系；也具有同情心和为他人着想的精神，能够在帮助他人、真情付出的时候展现自我以增强自己的人生价值感。由此可见，和谐心理是构建诚信交往、友爱相处的精神基石。心理和谐的个体才会可能发自内心地去落实并践行诚信交往、友爱相处的社会相处模式，心理和谐的社会才可能真正实现诚信交往、友爱相处的社会普遍相处模式。

和谐心理是是社会进步的源泉。创造力是和谐社会充满活力的基本要义。丰富的创造力才可能使社会充满活力。创造力是指“提供新颖性的、独创性的、具有社会意义产品的能力”。和谐心理是激发全社会创造力的动力，也是和谐社会充满活力的不竭源泉。和谐心理是保证社会稳定的心理保障。社会心理稳定是社会稳定的重要组成部分和心理稳定的基础。从某种意义上说，社会稳定不仅指社会现存状态的稳定，更重要的是社会成员心理的稳定。

心理和谐还能促进人与自然的和谐。和谐心理的主要内容是人类个体能够善待他人、悦纳自我、理性处事。所以，心理和谐的个体能够同等看待自己和他人的价值，真诚、友善对待与人类共同生存的生物以及人类赖以生存的环境，认同各种生物的价值以及环境对人类的重要作用，从而有效实现人类与自然的和谐共生，以此达到“天人合一”的理想状态，向真正的社会和谐更进一步。

综上所述,拥有和谐的心理是社会走向稳定的一个重要途径,在努力构建社会主义和谐社会的今天,我们可以充分借鉴老子和庄子的身心和谐思想,注重并倡导人文关怀,以此推进社会成员的和谐心理建设。经过社会主义的发展,可以充分表明,社会主义制度的优越性体现在提高劳动生产率的同时也很好地解决了人与社会之间的矛盾并朝着和谐社会发展的方向前进。但是,随着全面改革脚步的加快,我国的经济发展面临着更加复杂的形势。在经济全球化的背景下,我们不仅要应对国际之间的挑战,还要做好构建和谐社会的工作。我们要深入总结历史经验教训、全方面分析国内实际情况、科学有效把握社会发展趋势,以新时代中国特色社会主义为战略目标构建和谐社会,并进一步发展诠释马克思主义和谐社会理论。

第二节　荀子的和谐政治观思想及其价值

提及社会和谐思想,荀子把“群”当做封建等级制度建立的社会联合体,并把它视为社会和个体赖以生存和发展的基础。“群居和一”是荀子对社会和谐思想的理想化追求。在为何要“群居”以及怎么“群居”方面,荀子从理论和实践都一一做了探索。在政治和谐思想方面,荀子认为“隆礼重法”是贯彻执行“礼”的政治行为的细则和方法。“群居和一”和“隆礼重法”一定程度上反映出了普罗大众对美好幸福生活的向往。从社会政治角度出发,荀子的“群居和一”和“隆礼重法”思想对我们今天追求的社会主义和谐社会的建设具有重要的指导意义。建设和谐文化的根本要义是要遵循社会主义核心价值体系。弘扬中华民族优秀传统文化是建设社会主义和谐文化的一个基本途径,是中华民族共同的心愿,也是建设和谐文化的核心理念。对于儒家哲学来说,到处充满着人文主义精神,荀子的社会政治和谐思想是中国传统哲学和谐理论的重要组成部分,其中“群居和一”和“隆礼重法”思想的基本精神和价值观念深刻体现出了人文关怀的基本内涵。

明显可以看出,荀子思想中带有时代和封建等级制度的烙印,但是提倡的“群居和一”和“隆礼重法”一定程度上也反映出了古代人民群众对美好生活的向往与追求。它也是荀子从当时社会发展和生产实践的实际情况出发,以此提出具有时代意义的社会和谐特征和内涵的社会建设思想,在方法论上和思想内容上都有非常重要的借鉴意义。在大力提倡和谐文化、人文关怀的今天,研究荀子“群居和一”和“隆礼重法”的思想以及价值意蕴,具有重要的现实意义。

实际上,荀子在《荀子·天论》篇里有丰富的关于人与自然的和谐思想的论述,较为集中地体现荀子的自然和谐思想。要求人们要做到“明于天人之分”,处理好人与“天”(自然)的分界。荀子坚定地认为,人的社会生活与自然各自独立,社会上发生的一切事情只与人有关系,而与“天”没有关系。而且,他的自然观具有明显的唯物主义特征,认为大自然具有“天行有常,不为尧存,不为桀亡”的客观存在性。在社会生活生产实际中,面对人与自然的关系,正确处理和应对自然界中存在的这些客观规律,采取顺势而为的态度,正所谓“应之以治则吉,应之以乱则凶”。讲了很多的道理,就是为了说明规律客观性以及正反两面的结果。用平和的方法去应对它就会产生好的结果,用暴力的方法应对它就会产生不好的效果。荀子的社会政治和谐思想与他的自然和谐思想同属一脉相承的和谐思想。直到今天,他的很多和谐思想仍有巨大社会价值,就从社会政治的角度出发来说,探讨荀子的“群居和一”和“隆礼重法”思想以及它对现代和谐社会构建的意义。

提及社会和谐思想,荀子把“群”当做封建等级制度建立的社会联合体,并把它视为社会和个体赖以生存和发展的基础。“群居和一”是荀子对社会和谐思想的理想化追求。在为何要“群居”以及怎么“群居”方面,荀子从理论和实践都一一做了探索。在政治和谐思想方面,荀子认为“隆礼重法”是贯彻执行“礼”的政治行为的细则和方法。“群居和一”和“隆礼重法”一定程度上反映出了普罗大众对美好幸福生活的向往。从社会政治角度出发,荀子的“群居和一”和“隆礼重法”思想对我们今天追求的社会主义和谐社会的建设具有重要的指导意义。对于儒家哲学来说,到处充满着人文主义精神,构成了以和合为追求的人道文化、以仁义礼为核心的政治文化和以内圣外王为标准的君子文化的理论体系,体现出了以人为本、仁民爱物,达济天下、忧患以生,贵和尚中、天人合一,修己安人、义以为上等的基本精神和价值观念。儒家哲学始终是围绕人来论述,展现了对人的深刻关怀。在极力构建社会主义和谐社会的今天,以及大力提倡和谐文化、人文关怀的今天,研究儒家哲学中人文思想的价值,对社会的发展具有重要的促进作用。

以“群居和一”的主张为例,“群”代表着社会,特指和谐社会的一种常态。荀子对社会和谐的理想化追求体现在他提出的“群居和一”的思想。“群居和一”的“群”,荀子在这里把它当做是封建等级制度建立的联合体,并把视为社会和个体赖以生存和发展的基础;“群”代表着社会,是具有政治性质的命运共同体。“能群”就是生活在社会中的个体能够拥有自觉构建、维护社会秩序的能力。荀子的“群”是每一个社会个体的集聚,也是按照一定的社会等级制度构成的稳定有序的社会整体。要想建立一个具有社会意义上的“群”,首先要把人按照特定的角色、特定的职业进行分类分工,让社会的每一个人各得其位、各司其职,要想达各自都站到该站的位置上,就必须把个体进行“分”。我们可以从两个方面理解和分析“群居和一”主张,一方面,“分”是“群”和“和”的前提与基础条件;另一方面,要体现社会性和社会价值,“群居和一”才是社会和谐的理想。这是为何要“群居和一”以及怎么做到“群居和一”两个方面的内容。在为何要“群居和一”上,荀子提出,人不可能离开群体独立生存,必须生活在一定的群体、组织当中,“人之生,不能无群”(《富国》)。“离居不相待则穷”(《富国》),人一旦离开了群体独立生存就会陷入一种困境,并且无法走出。荀子从人类群居的生活方式为启发点来思考如何构建和谐理想社会。在历史悠久的思想发展史上,荀子是较早的探讨人类群居生活方式的思想家。荀子指出,人是一种具有群居特性的高级生物,从生物学比较视角,“力不若牛,走不若马”,但结果是“牛马为用”,究其根本原因是什么呢?曰:人能群,彼不能群也”(《荀子·礼乐篇》)。所以说,人类在社会上生存的关键是能否成为一个群体,人要战胜自然、克服自然,就必须“能群”,人类离开过群体无法生存,必须过一种群居的生活才能够很好的生存下去。人虽然“力不若牛,走不若马”,但能却能够奴役牛马,其中的原因就是“人能群,彼不能群也”,人因此“最为天下贵”(《王制》)。荀子也从多个方面分析了“群”和“分”之间的关系。人在群体中生活,想要彼此相处融洽,就要制定一系列的规矩制度、行为准则,即以“义”相“分”。荀子说:“人何以能群?曰:分。分何以能行?曰:义。故义以分则和,和则一,一则多力,多力则强,强则胜物”(《王制》),人能够形成社会群体,很大原因就是因为名分,名分是用道义加以甄别区分的。社会群体崇尚、敬仰道义,人与人之间就能融洽相处,彼此一心,形成更强大的力量,战胜之前战胜不了的事物。与之相反,“群而无分则争,争则乱,乱则离,离则弱，弱则不能胜物”（《王制》）。荀子指出，“君者，何也？曰：能群也。”（《君道》）、“君者，善群也”（《王制》）。作为一个君王，就应该把个体团结组织起来形成一个社会群体，制定相关的制度让这个社会群体成长壮大起来。“群道当，则万物皆得其宜，六畜皆得其长，群生皆得其命”（《王制》），组成社会群体的方法要适当，世间万物才能相互适宜，六畜也能得到更好地生长，各个社会群体也就能够得到它该有的宿命，社会也就更加和谐稳定。荀子把这种社会和谐的良好状态称之为“群居和一”。他说：“先王案为之制礼义以分之，使有贵贱之等，长幼之差，知愚、能能之分，皆使人载其事而各得其宜，然后使悫禄多少厚薄之称，是夫群居和一之道也。”（《荣辱》）即古代贤明的君王用礼仪来对群体成员进行高低贵贱、年长年幼、聪明愚蠢以及贤德无能的区分，这样划分以后，每个人都能够各得其所、各司其能，群体成员得到的俸禄与他的职位品阶相一致，以上就是群居成员在一起能够融洽相处的办法。“群居和一”，是“百王之所同也，古今之所一也”（《礼论》）的治国之理。荀子也特别注重人际关系的和谐。荀子认为，人际关系的良好维护最需要的是“和”，“人之欢欣和合之时，则夫忠臣孝子亦欣和而有所至矣”（《礼论》），社会成员的欢欣和乐会引起那些忠臣孝子具有同样的心理。荀子还提出“先王立乐之术”，来展示君王与臣子之间的“和敬”、父子兄弟之间的“和亲”、以及长少“和顺”的重要性，“乐在宗庙之中，君臣上下同听之，则莫不和敬；闺门之内，父子兄弟同听之，则莫不和亲；乡里族长之中，长少同听之，则莫不和顺”（《乐论》）。

在怎么做到“群居和一”上，荀子阐明了他一直主张的礼在理想社会中的重要作用。首先，关于个体方面，“礼”可以有效满足人们的内心所需，适当调和人与社会之间的关系，从而建立良好的生活秩序。荀子认为，“礼起于何也？曰：人生而有欲，欲而不得，则不能无求；求而无度量分界，则不能不争；争则乱，乱则穷。先王恶其乱也，故制礼仪以分之，以养人之欲，给人之求，使欲必不穷乎物，物必不屈于欲。两者相持而长，是礼之所起也。”（《荀子・礼论篇》）哪怕是在理想社会人也是有欲的，欲一般是无止境的，一旦人在追求欲的过程中违反了社会原有的秩序，那么社会就会出现矛盾。然而礼可以很好地解决这些矛盾，它不仅可以适当的满足欲，还可以制定出规则为欲配置物。其次，关于社会群体方面，“别”是礼的另一个重要作用。荀子认为，“君子既得其养，又好其别。”（《荀子・礼论篇》）经过礼的熏陶，理想社会是即便是不同身份的人在一起，只要遵循社会秩序行为处事，社会就不会出现混乱的情况。

这就是社会分工的益处。荀子还认为"虽王公士大夫之子孙也,不能属于礼义,则归于庶人;虽庶人之子孙也,积文学,正身行,能属于礼义,则归于卿相士大夫。"(《荀子·王制篇》)礼之前订立的社会等级与名分定位是可以改变的,不是一成不变的,主要是礼是通过后天学习进步获得的一种效果。因此,在这里我们可以得出荀子心中的理想社会是一个可以流动的社会、存在社会等级制度分层的社会,这可以安抚那些动荡受伤的心灵。以此使得人们可以更好地认清自己的社会定位,保证社会秩序的平稳运行。

荀子提出的群居和一"的社会和谐思想的产生阶段是百家争鸣单纯的理论探讨到从理论到社会实践的转型飞跃,这套理想社会构想,很大一部分被中国历代统治者吸收并践行到治国当中去。但是荀子提出的"群居和一"的社会和谐思想的前提是具有开放性的、以礼为规范、以贤明君主为核心的等级社会。"群居和一"是荀子社会和谐思想的理想化追求。

"隆礼重法"为核心的政治和谐思想。荀子政治和谐思想的核心是"隆礼重法"。荀子认为以法来实现礼,即为"重法",这里的"法"和我们今天所讲的法律不同,是一套关于"礼"的政治行为准则和方法。在荀子看来,"法"是"礼"的一种辅助形式,荀子认为的"礼"就是现代社会中的"法律"。用"隆礼重法"来控制社会成员的思想,逐渐使儒家思想控制的社会更加思想化、更加规范化、更加法律化。荀子把"礼"看作是社会中的一个轴,通过这个轴来平衡社会中现存的上层人民的特权和下层人民的利益,哪怕这个轴维持稳定不了这种平衡。

荀子在《大略》中指出,"隆礼尊贤而王,重法爱民而霸"是君王的治理之道。在治理国家过程中,推崇礼制而又尊重贤人;重视法治而又爱护人民。君王治理国家中门后做到这些,在天下称王或者在诸侯中称霸。这一思想既是对儒、法两家思想的总结归纳,也是儒、法两家思想的综合体现。荀子认为,通过所谓"治之经,礼与刑,君子以修百姓宁",最终达到"明德慎罚,国家既治,四海平"的社会治理效果(见《成相》)。君子用礼来约束自己,提高自己的身心修养,普通老百姓因为害怕刑法而安静度日。彰显美好的德行,不要经常使用刑法,国家就能治理得很好,社会就会安定有序,充满公平正义之风。荀子说君王治理国家要注重公平正义,"上公正,则下易直矣"(《正论》);"请问为人君?曰:以礼分施,均遍而不偏"(《君道》);"公生明,偏生暗","此六生者,君子慎之,而禹、桀所以分也"(《不苟》);"贵公正而贱鄙争,是士君子之辨说也”(《正名》);“君子之能以公义胜私欲”(《修身》);“君子洁其身而同焉者合矣,善其言而类焉者应矣”(《不苟》)等等,种种论述都表明了荀子希望在社会上营造一种公平正义的氛围,因此他大力提倡推行君子之道。

荀子认为行王者之政的标准是选拔官吏要贤能、控制官吏要赏罚分明、对待民众要心存仁爱、教育民众要用伦理之道。社会稳定和谐和人民安康幸福是“王者之政”的主要目标。追求政治的和谐是荀子王者之政的首要目标,君王之间只有处于一种和谐的状态,王者之政的标准才能很好地践行。“内不足使一民,外不足使距难,百姓不亲,诸侯不信,然而巧敏按说,善取宠乎上,是态臣者也上不忠乎君,下善取誉乎民,不恤公道通义,朋我们比周,以环主图私为务,是篡臣者也内足使以一民,外足使以距难,民亲之,士信之,上忠乎君,下爱百姓而不倦,是功臣者也。上则能尊君,下则能爱民,政令教化,刑下如影,应卒遇变,齐给如响,推类接誉,以待无方,曲成制象,是圣臣者也。”(《富国》)荀子提出要达到政治上所谓的和谐,君王需要提高自己的修养水平,“川渊深而鱼鳖归之,山林茂而禽兽归之,刑政平而百姓归之,礼义备而君子归之。故礼及身而行修,义及国而政明,能以礼挟而贵名白,天下愿,令行禁止,王者之事毕矣。”(《富国》)他认为君王注重自己的言行举行、行为修养,良臣就能够齐聚身旁,助自己一臂之力,君臣之间的关系也就能够达到和谐。

战国时期战乱不断、各国之间分崩离析,给百姓的生活带来了严重的灾难,荀子的“和齐百姓”,此刻正是对人民最好的救济,顺应了人们对安居乐业急切渴望的心情。他认为国家强盛、能够对抗外侮侵犯最重要的是百姓和顺,“刑政平,百姓和,国俗节,则兵劲城固,敌国案自诎矣。”(《王制》)百姓和顺也是社会经济发展的前提条件,“百姓时和,事业得叙者,货之源也;等赋府库者,货之流也。故明主必谨养其和,节其流,开其源,而时斟酌焉。”(《富国》)要保证国家的政治制度顺利实施,君王的命令得以传达执行,就要“上得天时,下得地利,中得人和”,“万物得宜,事变得应”,“政令行,风俗美,以守则固,以征则强,居则有名,动则有功。”(《富国》)“下之和上,譬之犹响之应声,影之像形也”(《强国》)。如果“不和人心”,国家“倾覆灭亡,可立而待也”(《强国》)。

对荀子社会政治和谐思想的思考。和谐传达的理念是中国传统哲学的重要内容之一。认识自然“和实生物”;修身养性“心平气和”;与人交往“和而不同”;应对潮流“和而不流”;治理国家“政通人和”;跻身国际“和平共处”,终极关怀“天人合一”。千百年来,“和”的思想理念已经深深融入中国人民的心中。和谐理念与和谐精神都是要求人们在价值理念上认同并坚持“和为贵”的思想，荀子的“群居和一”和“隆礼重法”正体现了数千年来中国传统哲学中“和”思想的精华。

首先，在经济全球化的今天，虽然由于彼此之间的利益造成了国家、地区、人民以及自然之间不和谐，但是这个不和谐将影响到世界上所有的国家和人民，无一例外。人类不应该在对立、冲突中迷失自我，而应该在宽容、大度、和平、协调中不断发展，要知道在命运共同体的驱使之下，人们之间的命运息息相关、彼此依赖、相互共存。所以，要确立“和为贵”的思想理念。尤其是在极力倡导构建和谐社会的今天，随着经济的快速发展以及精神文明理念的深入人心，社会表面上看起来还是比较和谐的，但是在比较和谐中也透漏着一些影响社会和谐的因素，这是在社会改革在进入攻坚克难阶段不可避免的现象。但是这些不和谐的因素是非对抗性人民之间的内部矛盾，彼此之间有着不可分割的共同利益，只要通过良性的沟通、协调、引导，充分调动社会各阶层、群体、组织间的活力，不和谐必然够变为和谐，从而促进社会的健康和谐发展。批判地承继与吸收“群居和一”和“隆礼重法”，我们可以更好地处理人与人之间、人与自然之间、各民族之间以及国际之间的关系，促进我国可持续发展战略的实施。积极倡导和谐理念，培养和谐精神，需要宽容。宽容存在于社会政治生活之中，也存在于人们日常生活交往之中。宽容是自信、大度，是一种难能可贵的精神品质。充分吸收“群居和一”和“隆礼重法”，对促进社会主义和谐社会的建设具有重要的意义。

其次，我们可以从“群居和一”和“隆礼重法”的思想中得出，我们要始终坚持以人为本。荀子的“群居和一”和“隆礼重法”思想蕴含着对人的尊重，也体现着“以人为本”的科学发展观思想。以人为本是构建和谐社会不可缺少的一方面，也是社会主义核心价值体系的基础。当前国家领导人多次提出以人为本的相关论述，认为以人为本是以广大的人民群众为本；以人为本是与哲学本体论相对的哲学价值论概念，这里的本是“根本”的本；提出以人为本就是要回答在我们生活的这个世界上，人是最重要、最根本、最值得我们关注的对象。以人为本就是充分尊重人的个性、尊严和权利，将人民的利益放在最优先的位置，促进人的全面发展。这是对以人为本思想的高度概括。它科学准确地回答了为什么发展、发展“为了谁”的问题，也回答了怎样发展、发展“依靠谁”的问题。人是发展的根本目的，也是发展的根本动力，二者的统一构成以人为本的完整内容。

社会主义和谐社会的基本特征包括主法治、诚信友爱、充满活力、安定有序、公平正义、人与自然和谐相处等等，这些都体现出了以人为本的科学理念，是人与人、人与社会、人与国家、人与自然关系的和谐关系的总概括。解放生产力、发展生产力就必须坚持以人为本；消灭剥削、消除两极分化是以人为本的深刻体现；最终达到共同富裕是以人为本的实现。以人为本是构建和谐社会的本质和核心，凸显了以人为本思想在构建社会主义和谐社会中的重要指导作用，也进一步凸现了以人为本的价值和意义。以人为本是马克思主义关于社会发展规律理论的最高境界，是马克思主义关于人的发展理论的最高境界。在探索人的发展理论的最高境界——以人为本思想的今天，荀子的"群居和一"和"隆礼重法"仍然发光发亮，具有很高的价值。文明发展中，坚持以人为本；和近些年来树立全面、协调、可持续的发展观的理念，以及促进经济、社会和人的全面发展的理念都是一脉相承的。这是对新中国成立以来尤其是改革开放以来社会经济发展的深刻全面总结，是新时期人文关怀的贴切表现。

荀子的"群居和一"和"隆礼重法"思想给我们的思想进步以无限的启迪。目前，和谐的社会心理是社会稳定的前提和基础，而且对于社会主义和谐社会的构建具有深刻的影响和助推作用。我们国家注重促进人的心理和谐，这是和谐思想从人与自然间关系向人们身心健康、心理和谐的过度，做到人文关怀和心理疏导，引导人们悦纳自我，引导人们正确对待他人和社会，还要在社会生活中正确对待困难、挫折和荣誉。现代人生活节奏加快，更重压力都比加大。这样的环境之下，加强心理健康教育和保健显得尤其重要。塑造积极向上、自尊自信、理性平和的社会心态，健全心理咨询网络，建设良好的社会生活环境至关重要。学校、社会和家庭都应注重人文关怀和心理疏导，用正确方式处理人际关系，养成正确的世界观。在这种情况下，改进心理障碍个体的"心结"，显得尤为重要。

在深入研究探讨荀子的"群居和一"和"隆礼重法"思想时，我们可以很清楚地看到荀子思想中虽然有一丝丝人本主义的光辉，但是在尊君与民本之间，他仍然是把人民作为一个工具，这根本不可能实现真正意义上所谓的民主、平等与自由，也就更别提真正意义上的社会和谐。真正意义上的社会和谐是社会主义的本质属性，社会主义和谐社会是不断地解放生产力、发展生产力、消灭剥削、消除两极分化的社会；是人民是人民群众通过自己的辛勤劳动最终达到共同富裕的社会;是人民共同占有生产资料、平等相处、民主协商的社会;是多重文明协调发展的社会;是广大的人民群众全面自由发展的社会。

总的来说,荀子的“群居和一”和“隆礼重法”思想有着相当高的参考价值和借鉴意义。荀子的社会和谐思想体现了荀子对理想社会的价值追求。荀子强调人、社会、自然三者之间的和谐。为和谐社会设计的“君臣上下,贵贱长幼,至于庶人,莫不以是为隆正”、“农分田而耕,贾分货而贩,百工分事而动,士大夫分职而听,建国诸侯之君分土而守,三公总方而议,则天子共已而止矣。出若入若,天下莫不平均,莫不治辨,是百王之所同而礼法之大分”的理想景观(《王霸》)至今栩栩如生。虽然在旧社会封建统治阶级的剥削压迫之下,荀子的这些构想无法实现,但是今天,在社会主义社会的指导下,在贯彻落实科学发展观、构建和谐社会主义和谐社会的伟大实践中,荀子的“群居和一”和“隆礼重法”思想还是具有值得借鉴的地方。他的社会和谐理论和政治和谐论对公民道德、自身修养以及社会主义道德法治都具有重要的参考价值和借鉴意义。

第三节　陆象山心性学脉络及当代价值

陆象山心性学说在哲学与伦理之间牵线搭桥,展现了道德规范向道德实践转化的主体性,同时以心性为平台实现了儒学复兴。陆象山心性说表现了强烈的价值理性精神,试图建构“致广大、极精微”的哲学体系,全面超越汉唐注疏,一改孔子“性与天道”的思想格局,以儒家道德教化和实践为中心,全面展开心性关注,把形而上的哲理和形而下的人心紧密结合起来。“以儒家心性伦理为本位,吸取道家的自然人性论和佛教的心性本体论”,集心性伦理与心性哲理于一体,完成了世俗化伦理与思辨性哲学的结合,这不仅体现了儒家对佛道心性方面挑战的热切回应,客观上也实现了对儒学的改造。陆象山心性学说即便是没有像朱熹的“理学”一样成为大家公认的哲学而站在哲学的尖端,但是在“心即理”的心性思想和“反观内省”“发明本心”的心性修养工夫却被后来的理家吸收、利用并进一步发扬光大。陆象山开创的陆王心学与程朱“理学”一起助推了宋明理学发展的同时,也再创了儒学的辉煌。

陆象山(1139-1193年),字子静,江西抚州金溪人。南宋时期与朱熹齐名的哲学思想家和文化教育家。因曾讲学于贵溪象山,世称象山先生。

从先秦开始,儒家学者就对心性问题及其关注。孔子“仁者爱人”的仁学思想是儒家心性论思想的伦理学基础;孟子以性善论为基础提出心性合一思想;荀子的性恶论强调以心宰性;孟子和荀子作为先秦儒家的典型代表,共同为儒家心性论思想奠定了理论基础。但是,先秦儒家学者论心性,都是以先天自发人性论与内心修养相结合的思维方式展开,缺乏哲学思辨的本体论依据,没能超越伦理学和人性论的主体性范畴。

宋明理学在承继了先秦以来儒家传统心性论思想的基础上,还吸收了佛老心性本体论思想的逻辑构架,将社会伦理上升到道德本体,进一步提高了人的主体地位,同时建立了道德本体论的心性论思想。广义上的宋明理学以两个学派为代表,二程、朱熹为代表的的理学派和陆象山、王阳明为代表的心学派。程朱理学派承继了荀子的心性论思想,主张理、心的心性二元论,强调“道问学而尊德性”;心学家们则承继孔孟、《中庸》、《易传》的心性论思想,主张心即性、性即心的心性一元论,强调“尊德性而道问学”。所谓“尊德性”,是指对个体的道德体验、道德直觉的强调,即“涵养须用敬”,即侧重于提高个人的道德修养;所谓“道问学”,则强调个体对知识的掌握,即“进学则在致知”,即致知格物。这两个学派的学者都号称自己派别的理论是最符合儒家学说孔子、孟子的真实思想,并且也都非常注重个人的道德修养,追求理想的圣人人格,以齐家、治国、平天下为目的,但是两大学派在治学方法和修养方式上却有非常大的不同。

陆象山心性学说即便是没有像朱熹的“理学”一样成为大家公认的哲学而站在哲学的尖端,但是在“心即理”的心性思想和“反观内省”“发明本心”的心性修养理论,被后来的理学家充分吸收利用,并由王阳明等人发扬光大。毫不夸张的说,陆象山开创的陆王心学与程朱“理学”不仅助推了宋明理学发展,也创造了儒学发展史上最辉煌的时代。

对陆象山心性说历史背景的研究。研究心性学说的历史背景,首先应该知道作为人论哲学的儒家一直都非常注重对道德本体的研究,并且儒家有着丰富的心性学说理论资源。就像本节开头说的那样,从先秦开始,儒家学者就对心性问题及其关注。但是,隋朝五代的长期分裂以及混乱的政治历史局面导致当时社会的人心衰败、道德感丧失,佛老思想的传入和渗透,逐渐导致儒家礼仪思想的消失，中并且佛老思想逐渐获得了上层社会的好感，使得在上层社会中的存在变得在合法、合理。儒家思想一直提倡的社会伦理、三纲五常、道德规范面临着前所未有的挑战，被当时的社会排斥、摧残，甚至是破坏。《老》、《庄》等列入考试，直接撼动了儒家思想地位。玄宗时期曾以《金刚经》与《道德经》、《孝经》并称。一时间，“儒门淡泊，收拾不住，皆归释氏”。自东汉传入“名教出于自然”、“名教即自然”的玄学思想后，佛教中国化过程中开始了。它利用中国传统思想中的人性论大谈、特谈佛性，并以“心体用论”的方式把结合两者造就隋唐时期的主流思想，用颇为精致的形而上学的理论体系把与人生老病死息息相关的心性阐释成为士大夫正心修身的新趋向。在中国传统儒家思想受到威胁和挑战的情况下，如何与抽象思辨的玄学性本体论和佛教心体用论相抗衡是宋明儒家学者所面临的首要任务。从这一方面来说，本体论、心性论和道德修养论的完整统一的心性学说正是重振儒家雄风、再续孔孟道统的历史产物。

其次，陆象山心性学的系统化也是儒学本身重构的需要。传统儒家学说对宇宙论、本体论的态度不明确。在宋朝之前儒家学说提倡的“留意于修齐治平之道，疲精于礼乐刑政之术，虽间有仁义中和之谈，要不越日常道德之际”，其本质特征为实践的、情意的、社会的、伦理的；而非玄想的、理智的、个人的、哲学的。传统的儒家思想仅仅停留在对人的外部行为的引导，而却忽视了人心和道德之间的辩证关系。原本儒家应该探讨重视的行施教化以及保持社会秩序理论的心性并没有得到根本的重视。两汉后儒家关于心性论也就停留在人性状态的讨论上，重视实用教化，统治阶级把他们自身的意志放在了一个至高无上的位置上，淡化社会个体原本的心性，并且让道德修养直接成为道德律令，导致实践的虚妄。本来存在于心中的道德修养、理想信念直接被作为了外在的教条，对人性的关注直接变为条条框框的律令。赵宋初期的尊孟风潮相应于辟佛老，实质上是儒家背后关于心性的思想资源。明显可以看出，这是赵宋王朝政治的需要，是巩固大一统政治局面的需要。在客观上，儒学本身重构的内需为陆象山心性学的系统化带来了契机，儒学本身重构的内在需要即将转变为现实。

第三，儒佛心性论的互动影响。儒佛互动影响历史深远，儒学对佛教中国化具有重要意义。“儒学影响佛教最大者是人性、心性论”，佛性逐渐转化为心性，并且开始注重现实存在的人生是佛教中国化最为关键的一步。儒家一直注重现实存在的人生，并从人性论的角度出发探讨教化的根由以及道德修养的实践问题。佛家立足于心性并借鉴儒家人性本善、反本省源的思路，提供一套心性自立完成的功夫，由信仰确证修习的意义，将原本围绕抽象本体（佛性）展开的修行落实于“人”的自觉。天台以“反观心原”修行，华严以心佛与众生平等一体，禅宗更提出“即心即佛”的极端命题。这又为理学提供了可鉴之处：一是儒家明了世间要务在于尽心，以人之心性解释万法本原，但陆象山心性本体是对主体而言，其上还有天理，故不同于佛家作为世界起源的“心体”；二是恢复儒家被佛教借鉴的返观自省学说，以纯洁自性达到对内在心性的自觉。

总之，心性论述响应时代发展，符合儒学发展的内在逻辑要求，理学继承先秦儒家学说，贯彻儒家道德修养传统，明确道德修养的内在依据，并“特别集中于心性的功夫”，试图确认每个个体的本性，鼓励每个社会个体拥有一颗向善之心，在天理的支持下形成社会相互认同的基础，适应时代要求重建社会思想道德秩序。

陆象山心性论思想脉络梳理。与其他理学思想一样，陆象山的整个思想体系也是本体论、心性论和道德修养论的完整统一，是一个由本体论推至心性论、由心性论推至道德修养论，又反过来由道德修养论推至心性论、由心性论回归本体论的完满逻辑思维结构。“以儒家心性伦理为本位，吸取道家的自然人性论和佛教的心性本体论”，集心性伦理与心性哲理于一体，完成了世俗化伦理与思辨性哲学的结合，这不仅体现了儒家对佛道心性方面挑战的热切回应，客观上也实现了对儒学的改造。天道与心性是理学两大主题。有人说天道是理学哲学体系的筋骨，心性问题则是不可割离的血脉。心性与主体生活尤其是精神意志相关。在信仰缺失，儒家思想逐渐远离的社会背景下，人们逐渐意识到要振兴儒学惟有直追孔孟，抛开“疏不破注”的汉唐经学，以自己主观体验把握孔孟“真正精神”。在唐宋社会政治嬗变、士人精神取向转移的背景下，超越传统儒家思想建构心性论成为了时代最强音。

为了更好地探讨和挖掘陆象山心性论思想的内涵，我们要从其本体论意义上的“理”（道）谈起，这是心性讨论得以展开的基础。“理”（道）是心性论思想的本体依据。

陆象山从本体论意义上言“理”，是指宇宙万物所共有的普遍性原理，是宇宙万物存在的根基。但在他看来，本体论意义上的“理”更多地指宇宙万物存在的内在规律和法则。有时陆象山亦用“道”来指称此种意义上的“理”：“道塞乎天地"。"此理塞宇宙,所谓道外无事,事外无道。""道者,天下万世之公理,而斯人之所共由者也。"可见,陆象山看来,"道"和"理"指的是同一个东西,两者异名而同实,都是指宇宙万物共有的普遍原理。这一普遍性的原理也就是宇宙间的最高本体。无论天地还是人都无一例外地涵具此"理"(道),正所谓天有天道,地有地道,人有人道,"三极(指天地人)皆同此理,乾坤同一理也,尧舜同一理也"。

然后是天道向人道的自然过渡。陆象山在论述了"道"、"理"等客观层面的理论范畴及其属性之后,便开始按照中国传统思想"天人合一"的理论模式,遵循"由天及人"的逻辑结构,以自然类比的方式进行其由天道向人道的理论过渡。在陆看来,"人乃天之所生,性乃天之所命。"使人成其为人的人道亦是受之于天,"天降衷于人,人受中以生,是道固在人矣。"因而,陆象山认为,人虽"抱五常之性,为庶类之最灵者",但正如天行天道、地行地道一样,人也必须遵循人道。人只有遵循了人道,才能够成为真正意义上的人。否则,人一旦违逆了人道,人就枉为"庶类之最灵者"而不能够与天地之道并存。在陆象山看来,儒家伦理道德的核心"仁义"是人道的总体要求,"吾儒之道乃天下之常道,岂是别有妙道?谓之典常,谓之彝伦,盖天下之所共由,斯民之所日用,此道一而已矣。""典常"和"彝伦"都是由天所受的,因而都是至高无尚并不可违逆的,"五典乃天叙,五礼乃天秩,五服所彰乃天命,五刑所用乃天。"陆象山从本质上对"理"、"道"进行论述,将探索的结果作为其由天道向人道过渡的媒介,作为其心性论思想的逻辑起点,从而由宇宙本体推演出心性本体。

对于陆象山来说,"人道"具有心性论思想的主体性意义。陆象山提出心外无物,心外无理。他认为天地人物一体,皆源人心一点灵明。这里的心是整个人类精神,是宇宙之心,它的性质是"良知",它具有本体论意义:"良知是造化的精灵,这些精灵生天生地,成鬼成帝,皆从此出,真是与物无对。"这个被确认为是形上本体的良知是对人心本质的摹状,即孟子的不学而能、不虑而知的心的本性,王阳明认为是移植于心中的天理。这个万物的本体和人心的本性当然有伦理意义。《传习录·上》:"知是心之本体,心自然会知。见父自然知孝,见兄自然知梯,见孺子入井自然知恻隐,此便是良知。"

可见,良知是个人的善,是社会个体的判断力相关联。后来王阳明的"凡意念之发,吾心之良知无有不知者。其善与,惟吾心之良知自知之,其不善与,亦惟吾良知自知之,是皆无所与他人者也"更加弘扬了人的主观能动性,强调了行的意义，使人的道德修为更契合于形上本体。针对修养过程提出在本体上用功夫的方法（致良知）真正地把本体论、认识论、修养论三者紧密结合在一起了。心性与实践主体的同一突出了实践主体。陆象山把心上升到宇宙的高度，将人的道德理性的自觉主动性上升为终极依据。“心”是具有意识活动的精神实体而具有伦理道德的观念，心性由道德实践与天理的中介发展为与天理相一直接左右道德实践的主导力量。陆象山以主体心性连接天理（终极依据）和伦理学（道德实践）。陆王空前凸显这种主体性，道德规范来自价值判断与选择上的自主认同，大胆排除个体之“心”与终极“理”之间的界限，突出了实践主体。可见，良知是个人的善，是社会个体的判断力相关联。

所以，“心即性”（伦理性实体）表达了心性思想的核心。论理、论道是为其论述心性论思想作铺垫的，陆象山的研究目的是把其思想从空泛的宇宙概念转移到人身上，从而展开了其心性论思想内涵的论述。对于陆象山来说，“心”已经不是一个单纯的认识器官，它被赋予了伦理特性而成为一个涵盖仁义礼智四端的伦理性实体，“四端者，即此心也；天之所以与我者，即此心也。”在陆象山看来，“性”与“心”是合一的，被陆象山称为“本心”，实质也是孟子所谓的“良知良能”。他说：“故仁义者，人之本心也。”仁义礼智四端既然是以一种先天的必然性内在于人心，那么毫无疑问，人之本心具有与生俱来的良心善性。在陆象山看来，人之本心还具有一种不可阻挡、不可遏制的必然趋势和内在发展规律，按照自身的发展趋势而不断地生长，即使“瓦石所压”“重屋所蔽”，亦不能阻挡其朝着善的方向发展。陆进一步指出，这种涵盖四端的伦理性实体的“本心”，若能存有而不为外物所蒙蔽、所夺移，那么，明辨是非、区分善恶和践履道德、治平天下的能力即会以一种本能的形式表现出来，陆还把是否存有这种伦理性实体的本心作为衡量“君子”和“庶民”的标志。在他看来，由于受外物所蒙蔽而失去了“本心”者，即为“庶民”、为“小人”；能够“不失其赤子之心”而保有此“本心”者，即为“君子”、为“大人”。心学实际上是从人生的角度用至善之性贯注人们修养的方方面面。只要找准了心性论伦理性实体，心性思想的核心问题就能得到解决，心性思想的发展也就前途光明。

“心即理”（根源性实体）反映了心性思想的发展。陆象山看来，“心”更是一种根源性的实体。天地万物之理、甚至宇宙之理都在人心之中，由人心而发：“道未有外乎其心者。万物森然于方寸之间，满心而发，充塞宇宙，无非此理。”“天下之理无穷，若以吾平生所经历者言之，真所谓伐南山之竹，不足以受我辞。然其会归,总在于此。“方寸”及“会归于此”之“此”指的都是人心。宇宙之理充塞整个宇宙,却发自于人心之中;宇宙之理散而为万事万物之理虽无穷尽,亦会归于人心之中。这里的“理(道)”亦不仅是宇宙间的最高本体、是万事万物的根源性所在,还能以人道的形式体现于人心,具体表现为“仁义”之伦理特性。可见,陆象山所谓的“心”和所谓的“理”,从根本上说指的就是同一个东西。陆通过对“心”的独到理解,很自然地得出了一个在他的理论体系中占重要地位的心性学命题,那就是“心即理”。这来源于禅宗的命题经过陆进行明确论证并成为一种儒学理论体系的基础。他说:“盖心,一心也。理,一理也,至当归一,精义无二,此心此理,实不容有二。人皆有是心,心皆具是理,心即理也。”一方面,从内涵上来说,“心”即是指人心内含之理,“理”即是指宇宙之理,因此,“心即理”就是说人心内含的即宇宙之理,宇宙之理即人心内含之理,于人心之外无它理,于宇宙之外亦无它理。所以说,“心”和“理”在内容上具有相通性和同一性为陆象山以“心”识“理”、追求“心理同一”奠定了基础。另一方面,从存在形式上来看,“心”包容了“理”,“理”是具于“心”之中的。也就是说陆象山在强调“心”与“理”合而为一的同时,亦把“理”安放在人“心”之中,用“心”来统摄“理’。在他看来,朱熹等其他理学家视之为最高哲学范畴的“理”(天理),其实就在人“心”之中:“此理甚明,具在人心。”“理之所在,固不外乎人(心)也。”可见,与朱熹相反,陆象山不是以“理”而是以人“心”作为其理论体系的最高哲学范畴,从而赋予人以宇宙间整个自然界和人类社会的绝对主宰地位,此凸显了人的主体性和能动作用,从而为其心性修养工夫落实在人心之上奠定了理论基础。

此外,陆的其他两个命题即“宇宙内事乃己分内事,己分内事乃宇宙内事”和“宇宙便是吾心,吾心即是宇宙”,其内涵亦和“心即理”命题一样,都是说“心”和“理”(宇宙之理)在内容上具有一致性,因而是完全合一的。很多学者认为“宇宙便是吾心,吾心即是宇宙”这一命题强调的是将自己与“宇宙”等同起来,但笔者更赞同把这里的“宇宙”理解为“宇宙之理”的观点。

陆象山心性修养的意义在于心性思想的现实性和可操作性。当朱熹从存在之理角度对人性进行探讨的时候,陆象山却从道德实践的角度另辟蹊径。在他看来,朱子的这一套说法,虽然听起来头头是道,结果却只会导致“假寇兵,资盗粮”。因为如果天理只是一个认知的对象,就只能导致以读书穷理为道德实践,所以他主张“学者须是打叠田地净洁,然后令他发奋植立”。他认为做人如果不从至善人性出发，仅仅依靠所谓外在的格物穷理，就有可能导致“知识愈广而人欲愈滋，才力愈多而天理愈蔽”；而他所坚持的“先立乎其大”，正是从确立“本心”（天地之性的具体落实）之出发点而言的。这就从人生道德实践的角度提出了双重人性的统一问题。陆象山说：“汝耳自聪，目自明，事父自能孝，事兄自能弟，本无少缺，不必他求，在乎自立而已”。显然，在象山看来，双重人性的统一并不是一个理论言说或思辨探讨的问题，而是一个“自立”——自我承当并在道德实践中自我确认的问题，通过“发明本心”、“先立其大”之“自立”的方式，统一人们的双重人性。陆从“心即理”的思想出发，将纯然至善的“理”赋予人“心”之中，使仁义礼智四端先验地存在于人“心”之中，人“心”亦因此而成为一个纯然至善的伦理性实体。因而，从理论上讲，人人都具有一颗纯然至善之“心”和与生俱来的良心善性：“良心正性，人所均有。”“此天之所以与我者，我固有之，非由外砾我也。”但是，能真正保有这颗先天纯然至善之本心、并使之得以完全呈现，只有古先圣贤才能做得到。在现实生活中，几乎所有的人都会受各种各样因素的影响而使本心遭受不同程度的蒙蔽和陷溺：“有所蒙蔽，有所夺移，有所陷，则此心为之不灵，此理为之不明”。因为人先天纯然至善之本心在现实生活中常常遭受蒙蔽和陷溺，才使得人之心性修养工夫的必要性凸显出来。为此，陆象山从其“心即理”的心性论思想出发，提出了“易简工夫”、“剥落去蔽”和“优游读书”3 种心性修养工夫。“易简工夫”就是指“发明本心”，或者说“先立乎其大”，陆象山心性工夫论的核心内容，是由其“心即理”的心性论思想推论出来的。从理（道）来看，理（道）之坦然明白、易知易从的特性为陆象山提倡“发明本心”的“易简工夫”提供了可能性。

陆象山心性说在当代的启示意义十分明确。有人认为，象山心学混淆认知与修德、混淆认识论与修养论，甚至以德代知、以修养代替和等同于为学，阻碍了中国科技的发展。客观而论，象山心学乃至整个宋明理学确实存在上述局限或消极影响。但是，我们在认识其局限性时，我们要从中发现一些对今天仍有价值和意义的思想。无论是对于个体还是对于整个社会，我们都发现心性说在今天具有很多积极的启示意义。

心性学说有利于人生问题的解决。心性学说重视心性义理的探究、倡导内省锤炼，但又并非重“内圣”轻“外王”。儒学从来就具有宗教性因素与社会政治性因素双重特征，“正心、诚意、修身”是与“齐家、治国、平天下”相一致的追求。内圣与外王并重是儒家理论论证中竭力保持的取向,陆象山心性论亦然。陆象山心性论自始至终与道德伦理错综缠绕。陆象山建构心性论本质上不是为了树立道德形而上的力量,而是为了让形而上的力量与形而下的具体人心相结合。把人心作为社会的本体,注重心性与儒家伦理道德,依赖心性作为媒介来恢复社会的行为规范。所有这些都启示当代人要加强做人的道德修养,这最终可以帮我们解决许多人生问题。心性学说注重内心的体验与感受,通过主体的内在修养来有效调节人与自然、世界的关系,这有助于人类更好地维持身心的平衡和完善自身的人格,以解相对生存条件下的安身立命与精神寄托。在人与自己、人与自然、人与社会的关系问题上,宋明理学注重的是人与自己和人与社会的问题,尤其是注重人与自己的关系。“正心诚意修身齐家治国平天下”,首先强调要解决好人与自己的问题,只有自己心正意诚身修,才能够齐家治国平天下。人与人社会、人与自然的关系和谐与否关键在于个体的正心诚意修身。通过情理合一的途径内在地解决“人心与人生”的问题,尤其在于解决人心的和谐问题,并由此作为解决人与世界关系的基础,这对现代人保持身心平衡和人格完善仍具有借鉴意义。人既然是万物之灵,天地之德,人必然能领悟其生命存在的意义和价值,所以人活在宇宙之中追求自身的意义和价值也就是理所当然的。为此,心学家们讲求“立志”、“修身”、“涵养德性,变化气质”以完成“内圣”人格。所谓“内圣”人格,其基本意蕴有三:一曰“孔颜乐处”,即圣贤之乐不在外物,而在自我,是自我意识到自身与万物浑然一体,真善美慧高度统一的境界;二曰“民胞物与”,即百姓都是我的同胞,万物都是我的朋友。中国知识阶层正是在这种“民胞物与”的宇宙意识中引发出了强烈的社会责任感与庄严的历史使命感,从而将个人人格的完成置于大众群体人格的完成之中;三曰“浩然正气”,即执著于人格理想与道德信念,不为任何外来压力所动摇。心性说将万物收归于一心,为“正心”而反省内求。陆象山认为成道为学的关键在于“体认本心”,认知与修养也需“先立乎其大”,即先立先天至善之“本心”,而剥落物欲等污垢的“求放心”过程既是认知为学也是修养进德。为学与修德也以修德为核心而统一。他们所专注的是在求知过程中提升道德境界,而在道德修养中开知启智,故强调认知为学与修养进德为同一过程,由于认知穷理与道德修养在内容上根本相同,他们将道德修养即敬诚作为认知为学的前提,强调了做人的道德修养。生活在现代社会的人们在享受日益发达的物质文明的同时,面对着越来越多的生活问题,人们日常生活的日趋物质化、功利化、实效化、个我化。随着人们生存条件的改善，随着通讯工具的发达、交通设施的便利，人们获取信息的途径日益多样化，视野更加开阔，人与人之间交往的加强，相互影响力大大增大，各种各样的问题会层出不穷，尤其是心理问题会急剧上升，人们的心理健康将遭遇严重挑战，人们正需要一个剥落物欲等污垢的“求放心”过程。

陆象山以心性论连接宇宙论与伦理道德学说。陆象山以哲学为体、以伦为用，由主体实践道德。建构道德形而上学的关键就在于主体实践完全自觉，就在于解放人们的心性。道德自律、意志结构、人的社会责任感、历史使命感诸多方面均被抬升到本体论高度，极大地提高了人的伦理主体性地位。陆象山告诉我们：做人应经常地进行道德反思、不断提高道德修养，反省内求以提高。加强道德修养就要注重道德建设、提高个人自身修养、提升集体的凝聚力，加强爱国教育、集体主义教育、职业教育，增强对世界观、价值观的引导，树立长远的人生目标，培养良好的互敬互助风尚，这样才利于社会主义制度下个人身心的健康。笔者认为，对陆象山心性论理论价值的挖掘和利用可帮助人们寻求自己的人生价值。现代人通过加强反身内省、“发明本心”的心性修养，在物欲面前“内无所累，外无所累，自然自在”，真正地自主自律，充分发挥自身的主体性和能动性，从而实现生命存在的价值和意义，在实践中找到自己生命的安立之处。

心性说有利于和谐社会的构建。既然研究探讨陆象山心性学说有利于现代人人生问题的解决，缓解社会个体之间的紧张，那必将会促进整个人类社会的和谐。在赵宋时期，心性学家关于“内圣”理想人格的理论与价值观念在客观上起到了提升了中华民族对于崇高精神境界和理想人格的追求的作用；在物质生活较为丰富而人们的精神生活却日显贫乏、道德标准缺失的今天，在构建和谐社会的过程中则尤有借鉴的必要。在构建和谐社会的今天，心性说对提高全民的道德具有积极意义。如果治学都以“内圣”为基础、以“外王”为目的，将个人的修身养性与为国家、社会效力结合起来，由个人本身的内在和谐进而达到与自然、与他人、与社会的和谐，势必有益于社会主义和谐社会的构建。今天的社会成员更应加强自身道德修养，保持个人与他人、与社会的和谐，把集体利益、国家利益放在首位，提高道德风尚、保障社会和谐。“八荣八耻”为主要内容的社会主义荣辱观教育，正是再一次地通过对荣耻的界定、对是非的判断、对美丑的区分对全体国民进行的一次修养教育，必将有利于个体身心和整个社会的和谐。因此,构建和谐社会,既要尊德性又要道问学,要兼顾道德和知识两个方面。另外,陆象山以人“心”作为其理论体系的最高哲学范畴,赋予人以宇宙间整个自然界和人类社会的绝对主宰地位,凸显了人的主体性和能动作用,也具有重大启示意义。主体精神在理学中得到弘扬,强调了主体能动性的发挥。陆象山重新发现的心性,实质就是中华民族整体精神的回归。主体性的凸显使得道德主体与道德实践得到了平衡。这也启示我们要顺应自然与世界,协调人与对象世界之关系,主动地去与对象世界保持和谐。

陆象山创新精神、时代精神和包容精神的启示。心性说实现了超越佛道和实现儒学振兴双赢。陆象山心性论借鉴中国佛教对印度佛教和儒学心性论融合形成的心性本体论思路,确立心性存在根据。陆象山心性论各派始终以儒家伦理为心性修养旨趣。陆象山心性论并非“阳儒阴释”,而最终在心性论上回应并超越佛教,对恢复建构儒家权威的规范秩序具有重大意义。正是因为宋明理学家在原始儒学的基础上,在与释、道二教长期冲突的过程中对其批判吸收,并加以创新,使得遭遇困境的儒家思想重新焕发生机,不仅适合宋明时期的社会形势、符合封建统治者的需要,而且对后世产生深远影响。所以,宋明理学的兴起及发展不仅充分展现了儒家思想的顽强生命力,而且是一种创新,是一种与时俱进,是一种兼容并蓄,而这也正是在多元文化的世界背景下,构建社会主义和谐社会尤其是构建和谐文化所需要的创新精神、时代精神和包容精神。我们要学习和借鉴陆象山的创新精神、时代精神和包容精神。

第四节　人文关怀与和谐社会心理的塑造

社会心理实质上是人类自身生存的一种社会精神状态的体现。健康和谐的社会心理是社会成员拥有持续的、较久的积极向上的心理状态和体验。社会心理是较高层次社会意识形态的基础,而健康和谐的社会心理是人类良好的品质和美德。人文关怀是实现人与人之间、人与社会之间和谐相处的重要途径,健康和谐的社会心理离不开人文关怀的精心培育,“心理疏导”是处理各种社会心理问题的万金油。所以,构建和谐的社会环境要注重健康和谐的社会心理的培养,要广泛吸收和充分运用中国优秀传统文化来塑造积极健康的社会心理，要把人文关怀和心理疏导有机结合，为社会的发展、人类的进步创造更加有力的条件，为社会主义和谐社会的构建贡献一份力量。

社会心理展现出的是一种精神状态，它是指在特定的历史时期、民族、社会阶层中广泛存在的、没有受过其他外力干预的精神状态。这种社会心理是一种与人们日常生活、行为规范相联系的社会意识现象，是对社会中存在现象产生的一种不特定、不完全、不系统、不稳定的状态。总的来说，社会心理是由情感、意识、理想、信念、追求等多种心理要素构成的较低层次的社会意识形态。这种不受外力控制的、自发产生的不系统、不特定的社会意识形态构成了较高层次的社会意识形态的基础。健康和谐的社会心理是社会成员拥有持续的、较久的、积极向上的心理状态和体验，其中包括高兴、兴奋、满足、自豪、充实等积极的个人主观体验，也包括幸福感、满足感、快乐感等对现实生活充满乐观主义的真实心理满足。对于个人成长来说，积极的心理特征体现在一个人爱自己、爱他人、爱工作、爱世界，拥有积极的创造创新能力、良好的人际关系、高规格的审美体验，对世界万物宽容大方的处理方式等等。这些积极健康的社会心理可以增强个人的人生配置（智力、体力、协调力等），驱散或者是消除个人负面情绪。健康和谐的社会心理牵扯到很多方面的问题，例如：人的社会性、个人的职业道德、社会责任感、公民的美德、身心的健康等等。

健康和谐的社会心理存在着可以有效抵御精神疾病的力量。勇敢的战胜心理疾病，驱除心魔是人类的积极品质和人生美德。健康和谐的社会心理对大多数心理疾病会起到预防作用，就像积极心理学提倡的一样，让正常的人更强壮更具有生命的活力，让拥有天赋的人充分发挥自己的天赋。健康的社会心理对社会主义民主法治、公平正义起到强有力的心理支撑。这对于目前我国和谐社会主义的构建具有积极的意义。积极健康的社会心理是规范、调节和处理人们之间的社会矛盾、缓和社会关系的非常有效的行为手段。健康和谐心理是人与人之间诚信交往、友爱相处的精神基石。在健康和谐的社会心理的社会里，人与人之间交往充满真情、诚信，相处融洽，在彼此尊重中搜寻不同性格人群中与自己的相同点，拥有多彩的建设性的人际关系；能够在帮助他人、真情付出的时候展现自我以增强自己的人生价值感。最终，健康的和谐社会心理必然可以为构建诚信交往、友爱相处的社会人际关系奠定坚实的基础。一般来说，拥有健康和谐心理的社会个体才能够真心落实并践行诚信交往、友爱相处的社会相处模式。一样的道理，大多数社会成员心理健康，整个社会才有可能实现诚信交往、友爱相处的模式，真正和谐才有可能在社会中存在。健康和谐的社会心理是社会活力的不竭源泉，创造力是和谐社会充满活力的基本要义。健康和谐的社会可以营造人们激发创造力的氛围，使整个社会都充满活力，生活在这样社会里的人们就会拥有更多充满灵感的创造力，创造水平也就可以直线上升。健康和谐的社会心理是维护社会稳定和谐、井然有序的心理保障。所以，在一定程度上可以认为，心理健康是社会活力源泉的创造地，是协调社会各方面矛盾、利益关系的天平，是社会全面深化改革的内在需求，是社会井然有序的心理保障。只有人们的心理健康水平进步了，社会的普遍和谐程度才能够提高，社会的精神文明建设才有可能有质的飞跃，和谐社会的构建也就更近了一步。社会一旦不和谐了，就会出现各种不和谐的现象，不和谐的心态，不和谐的心态会严重加剧社会的不和谐。和谐社会是健康和谐心理的根本保证，健康和谐的心理状态是有效构建和谐社会的基础，二者相互联系，相互影响，辩证统一。

人文关怀也可以造就健康和谐的社会心理。关于人文关怀理念，可以向上追溯到中国古代的人文主义思想。中国优秀传统文化中的为人处事原则其中就包含了人文关怀理念，例如，将心比心、宽容尊重、诚信待人等。人文关怀可以从三个方面来谈，首先，个体方面，受到社会和他人的亲切人文关怀可以促进自身的身心健康和谐，从而达到自我和谐。孔子的“和无寡”的观点(《论语·季氏》)，明确指出和谐的人际关系环境可以使个人的安全感、归属感、自尊心得到满足。经过实践证明，在和谐环境下的人际关系可以激发人内在的潜能，学习进一步提高，学习效率也可以达到加强。在追求和谐的过程中，个体的道德素养、心理能力可以得到提高，也可以享受到和谐心态带来的愉悦和满足。这对个体的身心健康是极其有利的，同时也能够促进个体朝着和谐的方向发展。一旦缺乏社会和他人的人文关怀，这个个体心里就会受到伤害，充满自卑，积极性也会随之下降，导致工作效率低下。其次，社会方面，充满人文关怀的社会能够增强社会凝聚力，助推社会和谐发展。不论是个人、家庭，还是民族、国家、世界，乃至整个人类，都需要内部的团结与和谐，才能够在这个世界中生存下去。最后，道德文明方面，人文关怀可以促进社会道德文明的进步。把“尚和”当作人与人之间交往的准则，那么，“和”就拥有了促进社会道德文明的进步和引导规范社会行为的功效。孔子的“君子和而不同，小人同而不和”(《论语·子路》)、董仲舒的“大德莫大于和”(《春秋繁露·循天之道》)

在漫长的历史长河中它们都对中国文化的发展起到至关重要的作用。在现代社会发展的今天，我们要建立社会主义和谐社会的宏大目标，就要汲取中国传统文化的精华，做一个道德高尚的时代新人，与他人、与社会、与自然和谐相处，把以和为美、以和为贵作为人生准则，让传统文化中“尚和”的精神得到弘扬和传承。

人文关怀从内在层面引导、规范人的行为，具有主动自我协调的特征，让社会成员自觉以文明和谐的形式逐渐消除社会上的不和谐因素。注重人文关怀的教育和培养，使社会成员对他人、集体、组织、社会、民族、国家等拥有人文关怀的的情感、人文关怀的思想意识和人文关怀的的具体实际行动。要坚持以人为本的理念，对全体社会成员积极倡导人文关怀，在精神层面采用多种方法关怀社会成员，可以采用各种易于大家接受的教育形式去构建社会主义和谐社会，营造出一种自信自强、理性平和、积极乐观的社会心态。和谐社会包括社会生活秩序的和谐稳定，还包括广大人民群众社会心理的健康和谐。积极引导社会成员在思想上牢固树立起社会主义核心价值观的围墙，缓解和消除人们的矛盾和冲突，让社会成员的精神意识不受约束、自由健康地成长，为人们的心理和谐最友好的关怀。所以，必须有效加强和提高思想政治工作，多加关注人文关怀和心理疏导，用科学的方式处理人际关系，这是构建和谐社会、注重以人为本、体现科学合法执政的基本要求。

中国共产我们始终把人民放在心中，把对人民的人文关怀视为社会主义社会发展进步的核心理念和真谛。社会发展首先是人的发展，把人类的解放和人的自由全面发展作为根本，是马克主义社会发展的基本原则，也是我们我们始终信奉和遵守的发展原则。我们我们对以人为本这个概念的理解就很好的体现出了社会发展原则。注重人的生存和发展空间，肯定个人能力的实现以及对物质利益的合理追求，把生产力与人自身的发展有机地结合统一，以此丰富和发展马克思主义的社会发展观，深刻地影响了我国社会主义的发展。我们我们始终坚信社会的发展要以人的全面发展和个人素质的提高作为根本，而人文关怀思想就是社会发展观的核心。三步走的战略发展目标，体现了以人为中心的发展观；三个有利于标准，本质上是人民利益的标准；共同富裕是人文关怀的最突出体现；人文关怀实现的根本途径可以从三个代表重要思想中先进生产力的发展要求中寻找；人文关怀的精神力量源泉是中国先进文化的前进方向；人文关怀的出发点和归宿是最广大人民群众的利益。新时代人文关怀的表现形式是在科学理性的前提下把人文关怀和人文精神放在全新的、适合社会发展的高度下的理论举措。马克思主义理论的研究工作者有责任、有义务进一步加强研究现阶段社会中出现的各种问题,密切关注这些问题在不同阶段的表现,并引导人们科学、理性认识解决这些问题,以便使马克思主义中富含的人文主义精神充分发扬、发挥。从马克思主义的立场出发研究人的问题以及人的思想是社会一直研究和关注的热点,其中涵盖人的本性、弱点、价值、权利、自由等多个方面。我们要时刻以马克思主义为指导,不仅可以科学的认识这些问题,还可以在社会前进的途中针对不同阶段有效解决这些问题。在新时代中国发展的现阶段,就更需要贴近人心的人文关怀。"心理疏导"可以解决社会中出现的多种问题。我国的改革跟随时代的要求向更深的层次、更广的领域迈进,我们正在经历一场前所未有的全面深化改革。全面深化改革必然会触及到社会上一些人的根本利益,与此同时也必要要求人们的思想观念和行为方式做出相应的改变。在改革的面前,各种疑难困惑的出现都是很正常的,新的社会矛盾不断产生新的问题,当人们处理解决不了这些矛盾和困惑时,局部的社会矛盾就会被激化。这时,就需要领导干部发挥应有的作用,正确认识这些矛盾并加强与老百姓的沟通,避免出现因为冲动导致的我们群关系不和谐。以前在房屋拆迁、企业改制过程中出现的矛盾多都是因为忽略细节、不关注老百姓的心理、思想工作处理不到位,再加上当时化解社会矛盾的机制不健全等因素造成的。而现在出现了新的令人担忧的问题,人们在竞争越来越激烈的社会环境和工作压力之下,会出现严重的心理压力。在社会的攻坚克难期以及西方文化的冲击下,人们的心态发生了翻天覆地的变化,这些都影响着社会心理的重塑。如果心理问题不能够及时有效地解决,人们的意识形态领域就可能出现偏差,加大行为越轨和违法犯罪的几率。所以,全社会都应该高度重视社会心理带来的影响,积极培育探索行之有效的健康和谐心理途径,以防止心理问题远离正确的轨道,导致不良社会倾向,"心理疏导"是处理各种社会心理问题的万金油。政府方面也要建立完善相关的心理疏导机制,例如,成立一个心理理疗师组织,定期向社会群众免费提供心理治疗,特别是社会中很少有机会接触到心理治疗的群体。同时还要利用媒体、市场、广告宣传等多种途径来改变人们对心理治疗的看法,积极看待心理治疗的好处,也可以加强高校、研究所对心理学的研究,以从根本上改观人们对心理治疗的看法。

积极有效的心理疏导可以起到与“皮格马利翁效应”类似的奇特功效。“皮格马利翁效应”能够产生良好的效果是由于期望者对受期望者产生了积极影响。从许多心理学理论中都能够以不同的角度找到“皮格马利翁效应”的理论依据。“皮格马利翁效应”可以使知、情、意、行全面发展，从而促进受期望者的身心和谐。与之相同，现代社会的领导者对自己的人民也可以使用“皮格马利翁效应”，加强思想政治工作的实效，加强心理教育的普及，加强知、情、意、行的全面发展，加强对和谐健康的社会心理的关注，让人们可以从心理疏导中真切地感受人文关怀的美好。

另外，在进行心理疏导时，要引导人们正确认识和理智看待个体存在的心理困扰和心理问题，要时刻关注心理健康问题，保证拥有一个健康和谐的心知、情、意、行的全面发展心理状态。心理疏导要注重与培养个体的心理素质以及提高社会成员心理适应能力相结合。要想构建和谐的环境就要注重个体健康和谐的社会心理的培养，营造出一种自信自强、理性平和、积极乐观的社会心态。和谐的思想理念是人类精神进步的产物，是两千多年来人们对美好生活的不懈追求，是一种健康、和谐、积极的理念。只要凝聚了具有这种和谐精神的积极健康的社会心理，这种社会心理就是一种具有健康性质的心理。社会和谐从本质上讲是作为社会主体的人的和谐，社会心理是由一个个社会个体心理构成的，如果社会上存在的每一个个体都能够拥有正确的三观、健全的人格、平和的心态，能够处理好人与人、人与社会、人与自然的关系，社会就能够达到一定程度的和谐。个体心理素质的培养首先就是端正人们的心理态度，改变不适应社会发展的传统的教育方式，采用新的素质教育模式，以提高公民的科学文化素养和思想道德水平。在时代快速发展的今天，社会成员需要紧紧跟随时代的脚步，不断学习新理念、更新新知识、提高新技能，只有这样才能在竞争中站稳脚跟并且处于不败之地，才能建立积极健康和谐的心态。如果当前的理念、知识、技能跟不上时代的脚步，达不到竞争的要求，就会导致人形成一种积极挫败的心理，难以融入快速发展中的社会。现在社会中还存在少数复杂的难以解决的矛盾，这个矛盾是是广大人民群众在改革开放中和社会主义现代化进程快速发展中导致的社会发展不平衡产生的一种综合心理反应。社会现在急切需要能够对民众及时提供心理疏导的多层次的社会心理疏导机制。虽然说多层次的社会心理疏导机制不能够从源头上解决社会矛盾，但是可以为社会主义全面深化改革赢得机遇和时间，这就可能为彻底解决社会矛盾提供现实依据，这对于处在攻坚克难时期的中国来说无疑是非常有利的。总之，社会心理要全方位、多层次、立体化的全面培养，使之成为健康和谐的社会心理，对于消极的社会心理，要做好社会成员的心理工作，帮他们远离心理困境、心理阴影，使社会成员能够跟得上时代发展的脚步，积极响应社会的全面深化改革，为社会主义和谐社会做出应有的贡献。

塑造健康和谐的社会心理需要注意以下几点。

首先，人文关怀要和心理疏导相结合。健康和谐的社会心理离不开人文关怀的照拂。人文关怀既是实现人与人和谐相处也是实现人与社会和谐相处的有效途径。社会主义民主法治与人文关怀相互依存，彼此成就，两者共同维护社会秩序稳定、有效调整社会资源、均衡社会利益、调解社会关系。社会主义民主法治为和谐的社会环境奠定了基础，而且规范了人们的行为；人文关怀则为和谐的精神环境奠定了基础，以培养人们的宽容、含蓄、谦让、互助之心。有效的心理疏导社会机制可以使人们的负面情绪得到宣泄并保持心理的畅通，也是维持社会稳定的基本条件。心理疏导机制包含病态下的心理疏导机制和非病态下的心理疏导机制。根据社会现在的发展情况以及当前存在的问题，应该把心理疏导机制放到一个重要的地位上，建立和健全心理咨询机构，充分发挥心理疏导和心理援助的作用和意义。单位、机关、学校应该设立专门的心理咨询机构以定期和不定期的方式开展心理咨询活动，在医疗机构中也应该建立相应的心理咨询室，成立一支专业的心理咨询队伍，采用各种方式和手段对社会成员进行心理疏导。这对人们心理障碍的治愈以及健康和谐社会心理的培育无疑是一种福音。在塑造健康和谐的社会心理中，需要将持久有效的人文关怀与短暂及时的心理疏导相结合，使其相辅相成、相得益彰。

其次，要充分运用中国优秀传统文化塑造健康和谐的社会心理。例如：在社会交往中的换位思考，“己所不欲，勿施于人”；严格要求下的正己为先，“严于律己，宽以待人”；与人相处中的宽容尊重，“爱人者，人恒爱之”等等。在和谐社会的构建中，要注重多方面的利益，不可忽视任何一方，要妥善对待社会各阶层的利益，协调好整体利益与个人利益的关系，让中等收入阶层范围扩增，让低收入阶层利益提高，健全和保障社会最低生活保障制度和社会救助体系，调节社会分配，维护社会公平正义，从而促进社会各阶层的和谐平稳发展。

最后，要抓住社会主要矛盾，缓解社会心理冲突。社会心理疏导机制应该遵循缓解社会心理冲突、消除社会心理障碍、促进民众心态平和的原则，通过全面深化改革和积极制度创新，通过多种方式均衡社会心理，以促进社会走向和谐发展的社会。应该抓住社会主要矛盾，把物质建设同精神建设下的社会心理疏导机制充分有效结合。改革是另一种形式的大洗牌，是社会利益重组、重新分配的过程，社会成员在这个过程中，既可以得到精神食粮的供给，也可以得到物质形式的填充，只有这样，社会才会健康、持续地发展下去。

第五节 儒家哲学的人文精神的时代价值

对于儒家哲学来说，到处充满着人文主义精神，构成了以和合为追求的人道文化、以仁义礼为核心的政治文化和以内圣外王为标准的君子文化的理论体系，体现出了以人为本、仁民爱物，达济天下、忧患以生，贵和尚中、天人合一，修己安人、义以为上等的基本精神和价值观念。儒家哲学始终是围绕人来论述，展现了对人的深刻关怀。在极力构建社会主义和谐社会的今天，以及大力提倡和谐文化、人文关怀的今天，研究儒家哲学中人文思想的价值，对社会的发展具有重要的促进作用。在提倡以人为本人、和谐文化的当下，对于儒家哲学的人文思想的进一步研究和学习，为构建新时代社会主义社会奠定坚实的理论意义。

人文精神在中国传统文化中主要指以人为中心、以人为本的精神。"人文"一词最早出现于《周易·象传》，此刻指在人类社会运行中形成的秩序、条理以及由此所形成的伦理规范，即社会中以人为主体的道德伦理与礼法制度。人类在历史发展的长河中，人文精神与人的存在一直惺惺相惜，人文精神是弘扬人性的光辉和构建人格的形成所演化的一种意识反映与情感流露，这不仅是对人的价值的一种肯定，更是人性发展历程中的最高境界。

"与天地参"的人本思想。儒家非常重视人的价值和尊严的存在，推崇人与天地并重的思想。在中国古籍著述中，不难发现，已经有人把"人"认为是天地万物之灵的思想《尚书·泰誓》中说："惟天地，万物之母，惟人，万物之灵"。《孝经》借用孔子的名义说："天地之性，人为贵。"《中庸》说："能尽人之性，则能尽物之性；能尽物之性，则可以赞天地之化育：可以赞天地之化育，则可以与天地参矣。"孔子的"未能事人，焉能事鬼？"（《论语·先进》），把对人的尊重放在第一位。孟子更主张应该以民生为本,轻君重民。荀子则用层进比较的方法,从现象上说明了为什么天地万物之中人最为贵的道理。“水火有气而无生,草木有生而无知,禽兽有知而无义,人有生有知,亦且有义,故为天下贵者。”《荀子·天论》说“天有其时,地有其材,有人其治,夫是之谓能参”。汉代大儒董仲舒的“天地人,万物之本也。天生之,地养之,人成之”中,人不仅是万物之中的最贵者,而且是万物之本,可以说,正是在以孔孟为首的儒家的极力倡导下,人类在天神面前的地位逐渐确立,并占有一席之位。

人本思想在政治领域主要表现以民本思想的形式。在中国整个封建社会思想文化中,这种主张“民贵君轻”的思想是十分罕见的,尤其是先秦时期更是绝无仅有的。儒家的民本思想主张体恤民情,在一定程度上唤醒了被压迫人民的自我觉醒和自我尊重产生的萌芽,也在一定程度上提醒了统治者对于人民的尊重和关怀。传统的民本精神是对人的基本尊重,这也为新时代培育民主、人权的民族精神提供了坚实的理论支撑和现实意义。

“天人和一”的和谐思想。《礼记·中庸》说:“中也者,天下之本也;和也者,天下之达道也。致中和,天地位焉,万物兴焉”。“中和”是中华传统文化对社会理想境界的一种追求,认为世间万物虽千差万别、充满矛盾,但是最终却能够实现实现统一、平衡矛盾:不同事物在一起却能协调和谐,共生共存,互相促进。“中和”也简称“和”,它是中华文化的神韵,或者说是中国传统文化的核心。合和则美,一直是儒家追求的最高理想。儒家对于生命意义的追寻从未停止,其所倡导的追求人之身心、人与他人和社会、人与自然、人与超越的“天”或“道”之间的“普遍和谐”的基本价值取向更是与中华文化的思想主题有异曲同工之妙。中华文化的思想主题更是在文化传统主流的儒道两家所共同倡导的“天人合一”中得到了集中体现,这也是当下建设社会主义和谐社会的重要思想渊源。文化元典蕴涵的中庸合和思想,是人们对生存方式、生存环境的一种理想化追求,也是一种社会理想。和合,实际是合于自然、和于人。和合既是宇宙精神,又是道德精神,是天道与人道即天人合一的精神。“与命与仁”的终极关怀。人类自从诞生之日起,就时刻关注自己的前途命运。孔子的终极关怀突出地表现在他的“与命与仁”思想上,《论语·子罕》载:“子罕言利,与命,与仁。”孔子很少谈到利,却赞成“命”,赞成“仁”。孔子“与仁”思想以道德作为恢复先王理想社会的主要手段,以追求“仁”道为己任,体现出孔子对人类社会命运的关怀和对人类文化传承的重视。“仁者爱人”之说与基督教的"爱人如己"共同反映出古今人类对于爱的渴求,反映了孔子学说的人类性和世界性。以仁义礼为核心的伦理政治观。儒家哲学传承着"仁政"、"礼治"、"义以为上"的伦理政治观。孔子生活在"礼崩乐坏"的春秋末年,因此提出"礼之用,和为贵。先王之道,斯为美,小大由之。"(《论语·学而)孔子的政治理想和基本政治原则是把肯定现存的社会基本秩序和批评弊政、改良现实妥善地结合起来。他重视对人们思想道德意识的启发,希望社会上的每一个人都能够自觉地进行道德修养,都"志于道,据于德,依于仁"(《论语·述而》)。儒家认为,道德自由应该以个体道德人格的塑造为中心,在对"礼"本身的必要性和合理性予以直接维护的前提下,将其转化为内在的道德主体反反复复的修养不断使道德规范得到强化,最终在提升道德主体自由境界的过程中来自觉、自愿地实现。义利关系问题一直是中国哲学在价值观方面所探讨的主要问题。中国哲学作为一种以人生哲学为主调的哲学理论形态,特别关注如何做人的问题。人有精神方面、道义方面的理想追求,这在中国哲学中叫做"义"。"义"是道义、义理的简称,指的是做人应该具备的道德意识和价值准则。人有物质方面、利益方面的现实需求,这在中国哲学中叫做"利"。"利"是利益、功利的简称,指的是人用来满足欲望的物质需求。义利关系问题实际上就是理想与现实的关系问题。基于"以人为本"和"内在超越"的哲学精神,中国哲学家没有把理想与现实对立起来,没有在彼岸世界设置理想的、超验的价值目标。圣人与凡人其实本属同类,一旦脱离了现实生活,一味追求虚无缥缈之物就失去了作为"人"的价值,要正视现实的人对于正当的物质需求,才是真正的"圣人"。

"天下为公"的价值尺度与"中国一人"的群体精神。在孔子强调个人品德是政治公正的保证。《大学》的"修齐治平"就是强调个人的道德修养是政治公平的前提。孔子"天下为公"的命题所体现的是人类的普同性愿望。"天下为公"是一个社会理想也是一种政治道德。受宗法制的影响,儒家非常重视人类生活的群体性,儒家诸子所理解的人是整体的人,是社会伦理关系之中的人,与道家哲学更多地关怀个体问题不同,儒家哲学更多地关怀群体问题,所以追求"天下一家,中国一人"的群体和谐,是儒家人文精神的重要内容。由此可知,礼的施行要以不偏不倚、合乎标准才为贵,以此来调节人们的行为规范。孔子从仁的思想出发,以团结统一为原则,主张"四海之内,皆兄弟也"(《论语·颜渊》)。把个人与群体联为一体,使人注重道德价值,关注整体利益,增进了人与人之间的相互依存关系，强化了国家和民族的凝聚力，激发了人们“修身、齐家、治国、平天下”的社会责任感。内圣外王为标准的人格理想。“忧患”一词的最早出现在《易·系辞下》：“作《易》者，其有忧患乎？”春秋战国礼崩乐坏，孔子忧“德之不修，学之不讲，闻之不能徙，不善不能改”，孟子更是意识到忧患精神对于个人和国家的重要性，正所谓“君子有终身之忧”，并由此提出了“生于忧患，死于安乐”的著名命题。范仲淹的“先天下之忧而忧，后天下之乐而乐”把儒家忧患意识发展到极至。由此可见，儒家哲学所倡导的忧患精神绝不是对个人荣辱得失的计较，而是对于国家、社会和民族的关怀。这种强烈的入世精神，催生出“士不可不宏毅，任重而道远”的社会责任感和历史使命感，激起人们改造社会、变革现实的无穷热情。

“自强不息”的力行精神。“天行键，君子以自强不息”（《周易》）的命题表现出儒家非常注重入世，主张笃行，反对空谈。在个人修养上，强调“知行合一”；在用人标准上，主张听言观行；在入世经世上，主张自强不息、立功成器。

儒家哲学人文精神在当代的积极意义。第一，“与命与仁”的终极关怀对现代人树立理想信念提供了借鉴资源。终极关怀不仅涉及到个体生命终结的问题，而且不同的终极关怀往往是文化存在形态之间的不同。中国传统文化思想中以人文主义为归宿的终极关怀，是对于人的生命或意义的关注，这一对于人的生命或意义的关注不仅仅局限于个体的生命，而且包含着群体的生命。这一思想概况在曾长期作为中国传统社会之主流意识形态的儒家所倡导的“内圣外王”的理想境界与“修身齐家治国平天下”的修养功夫中就可以清楚地见出。儒家文化在立足于人自给自足的基础上，对人类自身的终极关怀价值的理论特质的归根结底的总结。儒家文化以一种特殊的方式涉及到人安身立命的基本生存之道，参与了人类基本的终极关怀价值系统之中。在某种意义上，儒家终极关怀思想构成了儒学的核心内容。对生命意义的追寻尤其是对于自我生命之终极意义与价值问题的追寻，这将是作为人与一般动物之间最基本的差别。作为群居存在的人在生命长度本身之外的超越，不可能抛弃终极关怀这一人归根结底存在的意义。笔者认为，当代人类已经可以面临基本生存的基础之上，人类文化如何走向新的轴心时代不可避免的问题，那就是如何合理、合时、合宜的构建终极关怀价值系统。

儒家哲学的“大同”社会理想是其终极信仰，在“大同”社会理想的追寻中逐渐形成一套终极关怀的理论。孔子以尧舜、周公时代的社会样貌为理想社会的模板，为了达到其高度而坚持不懈甚至想要仿照重建。孔子也意识到若想恢复理想社会的重建谈何容易，便提出了以道德为主要手段，使人有限的通过道德实践突破世俗的羁绊，从而在后世子孙心中构建永恒不朽的通道。另个角度看待，儒学表面研究的使“生命的学问”、探讨的是“人生的方向”这种高深的哲学，但它实际触碰到了人们内心深处的“灵魂”、“心灵”，它呈现出的是人性的光辉，更是涵盖了人类真性情、真智慧、真生命。对儒家哲学的深入理解，需要渊博的知识、洞悉人性的睿智，更需要的对人类、民族命运的真切关注。从先秦汉唐直至宋元明清，所有的思想家、政治家都非常重视道德理想的追求，强调文化的价值、文化的凝聚力、文化的传承。孔子追求“天下有道”的社会，终其一生追求着“导之以德，齐之以丰”的理想政治。中国文化的传统思想中带有浓厚理想主义色彩的文化基因，汉朝儒家更是把它发展成“大同世界”的理想，也逐渐使得这种理想的追求世代相袭，共同追寻。

当下，全面建设小康社会以及社会主义和谐社会的打造，都将为最终实现共产主义和大同社会的实现贡献力量。人类共同的美好理想就是构建和谐社会，这也将是建设中国特色社会主义的时代旋律。笔者认为，全社会的终极关怀责任感和使命感的体现就在于当代民族精神的培育。坚持社会主义文化观为基地，用高尚的道德理想荡涤极端个人主义、拜金主义、享乐主义的污泥浊水，用有限的生命为民族文化的发展贡献绵薄之力，用人文精神去滋润心灵，坚守本心勇于创新。面对物欲纵横和人文关怀沉寂的困境，人们自觉的寻觅新的生命支点，儒家哲学的“仁”的人生态度便显得具有极大的引领作用。近年来，我们归家着力建设社会主义核心价值体系，树立社会主义荣辱观，以此引领社会思潮，引导不同阶层、不同认识水平的人们共同向上，为建设中国特色社会主义和谐社会做出应有的贡献。

孔子的仁爱思想对“以人为本”命题起到重要的启示作用。孔子的“爱人”思想看重的是对人的尊重，结合墨家“兼爱”思想，为现代“以人为本”的人本主义学说提供了理论意义和现代意义，对于古代仁爱思想体系的理解，要站在人类整体观念的理论构架和思想产生的时代背景，兼顾思想产生渊源，才能更好地做到理论与实践相统一。在理解过程中不能以偏概全，要辩证看待仁爱思想中缺乏普遍性和整体性的因素，始终坚持“以人为本”的科学发展与“仁爱”思想相结合的原则。以人为本是社会主义核心价值体系建设与构建社会主义和谐社会重要特质。以人为本不仅是构建社会主义和谐社会必须坚守的理论前提和必须把握的前进方向，更是社会主义核心价值体系建设的基石。儒家文化对于人与人的关系，归纳为“关系本位”的伦理规范。例如，儒家对于“仁”的理解解释为对自我的肯定，再推及到对他人的肯定，从而形成人与人之间的肯定的良性循环。这一理想直到今天乃至日后都具有重要的人文价值，更将是我们要为之奋斗的目标。“个人主义”的兴起是进入现代化的重要体现，它的确是人类历史文化长河中的重要组成部分。但是，它却混淆了大众，追求其极端化也给现代人类社会带来了极大的消极影响。它也有其可取之处，以不同西方权利型伦理的形式展示了中华文化的“可久、可大”之道，为社会主义走向生生和谐的理想境界提供了可借鉴的文化理念。

以人为本是以广大的人民群众为本；以人为本是与哲学本体论相对的哲学价值论概念，这里的本是“根本”的本；提出以人为本就是要回答在我们生活的这个世界上，人是最重要、最根本、最值得我们关注的对象。以人为本就是充分尊重人的个性、尊严和权利，将人民的利益放在最优先的位置，促进人的全面发展。我们国家的论述是对以人为本思想的高度的科学概括。它科学准确地回答了为什么发展、发展“为了谁”的问题，也回答了怎样发展、发展“依靠谁”的问题。人是发展的根本目的，也是发展的根本动力，二者的统一构成以人为本的完整内容。社会主义和谐社会的基本特征包括主法治、公平正义、诚信友爱、充满活力、安定有序、人与自然和谐相处等等，这些都体现出了以人为本的科学理念，是人与人、人与社会、人与国家、人与自然关系的和谐关系的总概括。解放生产力、发展生产力就必须坚持以人为本；消灭剥削、消除两极分化是努力做到以人为本的体现；最终达到共同富裕是以人为本的实现。以人为本是构建和谐社会的本质和核心，凸显了以人为本思想在构建社会主义和谐社会中的重要指导作用，也进一步凸现了以人为本的价值和意义。以人为本是马克思主义关于社会发展规律理论的最高境界，是马克思主义关于人的发展理论的最高境界。

在探讨人的发展理论的最高境界——以人为本思想的今天，孔子的仁爱思想、孟子的“民本”思想仍然光辉璀璨。只有坚持以人为本，才能调动广大人民群众的积极性，激发社会主义焕发出无限的潜力。而调动广大人民群众的积极性，需要“尊重劳动、尊重知识、尊重人才、尊重创造”。同时，孟子主张君王与臣民人格平等，应尊贤任能。“得道者多助，失道者寡助”、“君王与民同乐”等思想对于今天建设社会主义民主政治，也有重要的启迪意义。

文关怀理念来源于中国传统哲学的人文思想。坚持以人为本，就是坚持对社会成员倡导人文关怀。和谐社会不仅是表观层面的社会生活秩序的和谐，更是深层次的社会民众的心理健康。从精神层面去关怀社会成员可以通过一些大家易于接受的方式去传达社会主义和谐社会构建的形式，要从根本上入手，促进人的心理和谐，进一步去塑造社会个体的自信自强、理性平和、积极乐观的社会心态。引导社会成员在思想上梳理社会主义核心价值体系的形成，消解自身矛盾，让社会成员的精神世界自由成长，进达到心理和谐的终极关怀。因此，人文关怀和心理疏导应该双管齐下，用温和的方式去处理人际关系，改进思想政治教育工作过程中的瓶颈。中国传统文化中充满了人文关怀思想，尤其是为人处事的原则和方式，诸如“言而有信，一诺千金”、“轻诺必寡信”、“人不信不立”、“言必行，行必果”、“己所不欲，勿施于人”等处处体现着诚实守信、正己为先、换位思考或心理换位等等交际原则。

宽容尊重的原则是人际交往中的另一个重要原则。宽容与尊重是中国人与人交往的美德。孟子的《孟子■离娄下》中指出，“爱人者，人恒爱之”，告诉人们对这个世界多一些付出有多么重要；“敬人者，人恒敬之”，结束了相互之间尊重和宽容的重要性。《老子》中指出，“以其不争，故天下莫能与之争”。民间有许多俗语，如“退一步，海阔天空”等也肯定这种原则。而“小事不让人，大事难做成”则道出了宽容背后的大哲学。中国人有一个特点，在其他人意见相左时，往往非常注重尊重对方，并在一定的范围内给予宽容和理解。这体现了尚和原则，是一种非常策略和充分显示善良的。在处理本民族文化与对待其他民族文化的关系问题上，儒家提倡“和而不同”的价值取向。和而不同、兼容并包是儒家文化基本精神的重要组成部分。与此相应，在思维方式上，儒家形成了指明万物的发展变化趋向于整体统合的“和谐辩证法”，以阐明如何化解尘命不同层面所遭遇到的矛盾与困难，实现生命整体与本体的和谐。我们人类共同生活在一个世界，虽然充满了差异乃至矛盾，但人们主要的精神面貌还算和谐，是一个融合发展的过程，一个不断生成演化的统合体。孔子鼓吹“过犹不及”，“以和为贵”，它虽然不是医治百病的灵丹妙药，但却是处理国际关系的一项重要原则。在这种思维方式主导下，中国文化对不同派别、不同类型、不同民族的思想文化采取了和而不同、兼容并包的态度，形成了海纳百川、有容乃大的文化精神，从而成就了中华文明的生机与活力。要“坚持以人为本，树立全面、协调、可持续的发展观，促进经济、社会和人的全面发展。这是对新中国成立以来尤其是改革开放以来社会经济发展的深刻全面总结，是新时期人文关怀的贴切表现。构建社会主义和谐社会，要“注重促进人的心理和谐”，“塑造自尊自信、理性平和、积极向上的社会心态”。可见，和谐社会不仅是指社会生活秩序或状态的和谐安定，也包括民众社会心理的健康、和谐。保持社会成员的心理和谐，是构建和谐社会的重要内容和题中应有之义。社会心理基本过程涵盖社会认知、社会动机、社会目的、社会情感、社会态度等心理过程。“和谐是指事物协调、均衡、有序的发展状态”。和谐的思想理念是人类精神进步的产物，是两千多年来人们对美好生活的不懈追求，是一种健康、和谐、积极的理念。只要凝聚了具有这种和谐精神的积极健康的社会心理，这种社会心理就是一种具有健康性质的心理。从这个意义上说，心理和谐就是心理健康。和谐心理的实现要以社会现实为基础，但并不是说和谐心理是处在一种被动的状态和紧跟在社会现实的后面，而是一种相互影响的关系。就好像精神对物质的反作用一样，和谐心理对人们在现实生活的活动起到支配和调整的作用，同时也是构建和谐社会的精神支柱，对社会主义和谐社会的构建具有巨大的推动力。

和谐心理是社会主义民主法治、公平正义的强有力心理支撑。当前我国正处于社会高质量发展的攻坚克难时期，现实社会中往往存在诸多不和谐的地方，社会需要公民道德、社会伦理、精神层面、心理层面等“隐形制度”的约束。心理和谐更是规范调试社会矛盾、融合社会关系的强有力策略。和谐心理是人与人之间诚信交往、友爱相处的精神基石；是社会进步的源泉；是社会安定的心理保障。社会心理稳定也将促使社会稳定，社会稳定不仅仅是社会秩序的安稳，更是社会民众的人心之稳。心里和谐的个体能够自发的善待这个社会中的其他个体，更能善待与人类共存的生物和赖以生存的环境，更能够尊重乃至认同社会万千生物和环境的价值，进而实现人与自然的和谐相处。人类逐渐认识自然，学会顺应自然、善待和呵护自然的历史，以敬畏者、合作者的姿态，积极认识和把握自然的必要性，进而与自然和谐共生，迈进真正的和谐社会。

综合以上观点，中国传统哲学中的“和”思想在历久弥新的传承和发展、在深刻的影响着中华民族的社会理想、价值取向、思维方式和行为准则。就当前而言，和谐心理的构建是社会稳定的重要途经，对社会主义和谐社会的构建起到重要的推动作用。人文关怀和心理疏导关系到广大人民群众幸福安康，关系到社会和谐稳定。要加强人文关怀和心理疏导，建立健全网络服务，形成全民参与的社会氛围，预防心理问题、维护心理健康、治疗心理疾病，加强社会治理、促进社会和谐、提升社会文明。

第六章　传统文化创新发展的方法拓展

——以当前家风文化的价值创新为例

在我国最近几年来的社会生活中，无论是从实践上还是从理论上，都出现了创造性转化和创新性发展家庭文化的大好局面。其中，家庭传统文化中的家风思想很有代表意义。经过几年的努力，当前流行的家风思想，既表现出对中国传统家风实践的创新运用，也体现了对中国传统家风理论的创新发展。在中原大地上，传统的家庭文化因为融入社会主义核心价值观和社会主义新文明新风尚，而使得社会生活中主流文化意识得到增强。加强传统家风文化价值的文化重构，推进家庭文化为主线现代创新和运用，继承和发扬优秀传统文化。本章聚焦传统文化创新发展的方法及其拓展，探讨具体的实践对策。

家庭是社会的细胞，以家风建设作为社会文化建设的重要抓手，服务普通民众的世界观、价值观和道德观建设，服务于基层文化生活水平的提高，使家风建设成为实现中国梦的新动力。由于中国传统文化中，家风、家训、家教都具有丰厚的文化底蕴和深厚的中国哲学基础，深入人心、影响广泛。几千年来，沐浴在家国情怀、爱国主义为主题的家庭教育中的一代代中国人，都把家庭当做了人生旅途上的第一所学校，父母成为第一任人生导师。中国传统文化中家庭文化占有很大的比重，家风则是家庭文化的主线和核心。在新时代条件下，中国人对于家庭的重要性没有因为社会发展而明显减弱。随着近几年主流媒体对家风、家教、家训和家书为主题的正向引导，当前家风文化经历时代价值创新，再一次焕发出鲜活的生命力。

本章以我国家风思想的价值创新为例，表达传统文化创新发展的拓展方法。

第一节　家风文化思想资源梳理

中国传统文化中，自古就有“欲治其国者，先齐其家”(《大学》)的主张。在社会生活中，国家发展、民族进步和社会和谐被认为是民众建立家庭的大环境，大前提。“没有国，哪来的家？”成为人们的共识。家风是能够体现家族和家庭成员精神风貌、道德品质、整体气质和审美格调等的品质和风格，乃一个家族代代相传而沿袭下来的、比较稳定的家族文化。家风和家教、家训等常常关联出现，都被当作是家庭文化的核心要素。良好的家风，对家族和家庭的兴盛至关重要。千千万万家庭的家风，则关系到社会和谐及稳定。进入新时代，研究家庭文化资源现代价值转化和运用，有益于当前的社会主义和谐社会建设，为进行全体公民的世界观、价值观、道德观建设增砖添瓦。

首先，家风承载了太多的优秀传统文化。家风、家教、家训承载着古人的智慧和文化基因，使中华文化能够代代相传、星火不息。近几年的国家文化建设中，在不断创新发展基础上，充分运用中华优秀传统文化的思想精华，在家风建设上引经据典，古为今用。家庭文化和社会文化的融合发展有益于更好地传播了优秀文化，鼓励现代社会的人们较好地继承秩序、责任、节俭等核心概念，使传统家庭文化在经历创新后彰显新时代的生命力。近几年的实践证明，传统文化价值重构要靠政府推动。当然，家庭文化重构要结合国情，传统文化创新发展要贴近民众生活，要体现平民性、实用性。随着中央电视台等主流媒体近几年对于家风、家教和家训等家庭传统文化诸要素关注度的显著提高，激起不少文化学者的研究热情，掀起了传统文化价值重构研究的热潮。人们发现了传统文化流失与道德危机问题具有明显的相关性，提出了在传统文化创新发展中重建家庭文化架构的主张，挖掘传统文化的独特资源，服务于今天的美丽中国建设。

其次，梳理家风文化思想资源过程中，分析传统文化发展得与失。要辩证地看待传统家庭伦理道德。家庭文化演化过程中，仁、义、礼、智、信、孝、慈主线鲜明。新时代条件下，探索如何科学地结合时代需要和社会环境的发展变化批判继承这些传统文化，是每一个社会工作者的应有职责。传统文化对社会的影响潜移默化，充分发掘了儒家文化的丰富思想教育资源，使家庭、社会和学校教育形成教育合力，使人的品德教育在包括家庭在内的不同场合都获得一致性和连贯性的积极影响，是优秀传统文化传承的重要目的。几年来，作为推进社会发展和国家进步重要手段，我国大力推进家风建设，顺应时代特点凝聚新的精神，丰富和发展我国当前文化建设理论。改革开放中，不少人发展经济的同时迷失了自我，而传统经典文化的回归，似甘露滋润着人们思想。

第三，唤醒国人对优秀传统文化的礼敬。在人民大众的社会生活中推动和指导家风建设，有利于深度解读我国新时代的文化发展观，有助于明确家风建设的严谨性和科学性，契合“四个讲清楚”要求和“实施中华优秀传统文化传承工程”的需要。基层文化建设，特别是农村文化建设符合加强中华民族文化自信的要求，符合当前国人创新传承优秀文化的需要。创造性转化和创新性发展家风文化，激发普通民众传承优秀文化热情，在新时代全新的发展理念指导下延续中华文脉。事实上，提高家庭文化教育，教育家庭成员和亲属，对于以家风建设防范以权谋私和特权意识的滋生，也有重要意义。社会生活的家风建设，可以以家风促政风，使全社会在注重家庭、注重家教、注重家风的文化传统中全面进步。在我国文化发展历史上，家庭文化历来就是传统文化发展的重要组成部分。对于每一个社会个体来说，家庭教育往往决定一个人的生活格局。可以认为，走向社会以后，每一个人经历的家风教育都和其工作作风密切相关。家风的重要性还在于，整个家庭的成员相互影响、代代相传，从而最终对社会产生影响。

第四，在家风建设中滋养优秀民族文化基因。我国号召大力推进家风建设，就是要弘扬民族优秀文化传统，使民族文化基因在广大家庭中生根发芽。家风建设承载着传承信仰、寄托希望的重要职责。对于优秀传统文化的敬仰也应该在社会生活中得到落实，扎牢最基层、最普遍的文化根基。良好的社会风气必然依赖于万千家庭个体的建设，传递文明，传播正能量。优良的家风温暖人心，千千万万家庭的家风好是整个社会风气的基础。良好家风推动良好社会风气的形成，能够大力提高国民素质和社会文明程度。在家风建设推动下，人们对优秀传统文化的礼敬与社会道德水准的跃升形成良性互动，让人民获得强大的精神力量和丰润的道德滋养。

第五，传统文化的淳朴民风要由家风来传承。家风小到对每一个家庭成员、大到对社会风尚都会产生巨大影响，这在第一届全国文明家庭表彰大会就得到了大家的公认。重要的是淳朴民风要由家风来传承。对于一个家庭来说，好家风的家庭常常是和顺美满、家道兴盛；相反，坏的家风常常会导致家业败落、祸及子孙再而贻害社会。家风正，则民风淳。千家万户的淳朴家风便汇集成良好的社会风气。一个家庭弘扬优良家风，就是对弘扬优秀文化传统的一份贡献，无数家庭的家风建设必然会形成社会效应，支撑起全社会好风气的形成。以强调村风与民风建设的上海奉贤区，不愧“奉贤”之含义，当地政府总结的经验就是推进社会文明进步的过程中，思想建设不能放松。在良好社会风气建设方面，建设好家风并以家风建设推动社会文化全面进步的策略是一贯的。

第二节 传统家风思想价值开发

上下五千年的悠久历史，孕育了灿烂辉煌的社会文化。古人智慧凝结的文化结晶，对今天我们解决各种各样的矛盾仍有巨大启示意义。我国人民有着深厚传统文化情怀，上到治国理政，下到平民百姓，优秀传统文化总能给我们带来启迪。家风文化饱含深厚的传统文化底蕴，以人们易于接受的方式传播优秀文化，而且受众广泛、影响深入。优秀家风实践的文化典故和人物典范常常妇孺皆知、家喻户晓。进取有为、善良守信、清廉质朴的家风典故和典范影响了一代又一代中国人。孟母三迁、岳母刺字等中国历史上饱含家风和家教优良文化传统的故事影响和教育着每一个炎黄子孙；《颜氏家训》、《曾国藩家书》等家风、家教典籍，成为多少仁人志士的推崇；林则徐等注重家风建设的历史名人是多少后人顶礼膜拜的偶像。好的家风如同和风细雨润物无声，以厚重文化滋养着每一个家庭成员，教育子孙立德立言，从家风家训中终身受益。

首先，家是培养爱的能力的场合。我国人民在倡导传承家训家风文化时，常常会用唐代诗人孟郊的《游子吟》，表达中华民族优秀传统中重亲情、重和谐的家风观念。家是每个社会个体接受教育的第一场所，人生的第一所学校。家是爱的港湾，是温暖的怀抱。家庭作为社会最基本细胞，是每一个人最基本的安身立命之所。从古至今，“家”都是一个有温度的字眼。在家里，每一个成员都被爱着;同时,每一个成员又都爱着别人。爱,是家的代名词,而且这爱是持久的和永恒的。在现代社会,一个人的爱与被爱,都是一种生存能力。只有爱,才能处理好人与外界的关系。当然,接受和欣赏被爱也是一种能力。只有充满爱,人才会悦纳自我,善待他人。从这个角度来说,爱是一种高等级的能力。这也是新时代条件下,我们还强调家庭、家风、家教建设的重要原因。通过家庭、家风、家教,培养每一个社会个体健全的人格,千万家庭共同在全社会营造促进下一代健康成长的社会氛围,创造全新的家庭文化环境以促进和谐社会建设,促进人民幸福和民族进步。

当然,家庭里的爱,并不是没有原则。家庭教育最重要的是品德教育,要尽到道德教育的职责。在《左传》和《资治通鉴》中,都表达了我国古人的家教智慧。要求"爱子,教之以义方",必须"爱之有道",表达了家庭教育的原则。并从反方面说明"爱之不以道,适所以害之也"的道理。聪明而富有远见的家长会教给孩子为人处事的正道,以"爱之有道",强调以正确的方式爱护孩子;而"爱之不以道"则必会害了孩子,从反面告诫人们爱孩子的方式需谨慎。据《资治通鉴·晋纪》记载,"爱之不以道"的后赵君主石虎,对孩子们宠爱有加,不加管教,引导失策,终致骨肉相残、身亡国灭。

其次,家是美德的温床。孩子走向社会之前,家庭和学校一样,是道德教育的重要场所。颜氏家训、诸葛亮诫子言和朱子家训等都是对家庭成员进行道德教育的佳话,是家风文化教育的典范。通过父母的言传身教、耳濡目染,下一代在家庭获得传统美德的系统教育。以家风建设传播和弘扬爱国情怀和各种传统美德,以爱家助推爱国,让中华民族文化基因从幼小心灵开始生根发芽。从小开始虚心学习和接受尊老爱幼、男女平等、勤俭持家等中华优秀传统文化,践行流传了几千年的中华民族家庭美德。父母是孩子的第一任老师,而家庭是孩子人生的第一个教室。从家庭教育开始树立孩子追求理想社会和理想人格的目标,做到"敬事而信,节用而爱人"。家庭这一人生第一教育场所的功能,不是体现在文化知识传递上,其核心是品德教育,主要通过言传身教培养优良品德,传递忠诚、责任等理念,传播中华民族传统美德,不断培育文明风尚、提高精神境界。人们用"积善之家,必有余庆"而"积不善之家,必有余殃"从正反两个方面来说明家庭教育所起作用的重要性。中国文化史上有很多注重家庭成员个体道德与良好家风形成的典故和典范,在这些典故和典范中常说明一个道理,父母的示范效应具有更加明显的激励效果,远比空洞的道德说教有用。父母的一举一动,都会给善于模仿的孩子留下深刻印象。

第三,家是人生的起跑线。第一步走好了,终身受益;反之,其害无穷。社会生活经验告诉我们,人生的第一财富事实上就是自己吃生于斯、长于斯的家以及家庭文化。从呱呱坠地开始,便开始了人生的比赛,家便是人生起跑线。家风优良则家道兴盛,家庭成员则终身受益;家风败坏则为人走向堕落埋下的隐患。所以才有了“将教天下,必定其家,必正其身”(宋代赵湘)的说法,恰当地说明了家风和家教对每一个家庭成员的重要作用。也正因为看到了家庭对于个体巨大的的影响作用,看到了家庭美德与自身品德修养的密切关系,历史上才有那么多要求“先治理好家庭”的典范。

宋代包拯家训严明,他对家庭文化严格要求,他本人是家喻户晓的清官,也要求家人严明法纪。他曾经明确提出“仕宦贪赃枉法者不得回归本家”的家规家训,要求后世子孙永远不能作奸犯科,否者就是亡殁之后也不得葬于本家茔墓。包家清廉公正的家风,从包拯本人的刚正不阿、铁面无私的开始,言传身教、以身作则,良好的家风被包氏后人继承弘扬,成就了名人治家的一段佳话。“莫用三爷,废职亡家”(清·金兰生《格言联璧》),教导人们“言行要留好样与儿孙”。为此,一家之主重任在身,在家风养成中做人立事、端正思想,稳固德行在家庭文化中核心位置。要求大家规范在家庭教育中言行举止,发挥好榜样的示范效应,以合乎规范的行为举止为子孙后代做榜样。很多家道中兴的案例都把成功的秘诀归功于良好家风的养成,体现了治理天下必先从治理好自己的家庭开始的道理。

可见,从列举的几个家风典故和典范中,我们可以体会到,家风及其传承对于中国传统文化的延续具有重要意义。家风构成社会风气的重要组成部分,其本身积淀了丰富的优秀传统文化素材,在整个中国传统文化发展中占据重要位置。作为是传承优秀文化的重要场所,家庭是社会的最基本组织,家是每一个人安身立命之所,既是身体的栖息之所,更是心灵的休养所;是每个人的第一所学校,也是每个人的终生学校。家庭美德教育承载了太多传播和弘扬中华传统伦理道德重任。家庭和家风,是爱的起点,同时也对每一个家庭成员进行规范和要求。也就是说,从全社会的角度来看,一个社会个体都不可能离开家庭大的规范与约束。良好的社会风气,就是这样通过千万家庭的好家风支撑起来。从这个意义上来说,一个家庭的家风建设就是在为国家文化建设做贡献。而对于社会个体而言,家风好与坏,影响着每一个人的品德养成、性格和习惯直至决定着其对于生活的态度,从而影响人们对社会的认识和社会行为。无论是对社会还是对个人,怎么强调家风建设的重要性都不过分,因为一个社会的风气好坏与众多的家庭家风建设密不可分,与每一个社会个体的品德养成密不可分。

第三节　家风文化创新发展经验

总结和概括家风文化创新发展经验,目的是把千万家庭家庭文化建设中积累的好的做法推广运用,发扬光大。梳理我国关于家风建设的历史、欣赏众多作为家教典范的仁人志士的事迹之后,我们发现总结和概括家风文化创新发展经验,创新传统家风文化价值,对传播社会主义核心价值观、丰富和发展我国当前文化思想具有重要意义。进入新时代,优秀家庭文化的作用比以往任何时候都更加重要,一方面可以融入到经济、政治和社会的全面发展;另一方面,可以挖掘优秀家庭文化的文化传承功能,服务于人们的世界观、价值观和人生观建设。

首先,以家风建设锻造文化自信。家风建设看似小事,只是一个家庭的文化传承。但事实并非这么简单,良好家风汇集起来的社会风气真正体现了一个个家庭中家风建设的作用。在世界范围内,中国人是最注重家庭、家风建设的国度。家风建设关系着对这个国家对民族文化的继承和发扬,关系着文化自信的树立和巩固。进入新时代,家风建设过程中把家庭道德传播与时代精神相结合,把优秀传统文化精华与现时代的价值追求相结合,使传统文化焕发新的生命力,成为时代发展的重要精神依托。

中华民族历来重视家庭和睦,家庭美德是中华民族优秀文化的重要组成部分,是支撑中华民族生生不息、薪火相传的宝贵精神财富。家庭文化建设就是要传承中国人的文化血脉、锻造每一个中国人的文化自信。中国人的文化气节和文化基因在家庭教育的滋养中不断获得生机和活力。很多人在谈到自己成长经历的时候,往往会清晰地记得在父母的家教中听到的那些英雄故事,栩栩如生、令人感动。在家庭教育的沃土中,中华优秀文化的火种就是这样代代相传并不断发扬光大。家风、家教和家庭对优秀文化的弘扬使得社会发展的精神文明成果不断发展壮大,成为实现中国梦的重要推动力量,成为人们荡涤心灵灰尘的、添加生命希望的重要方式和环节。把时代精神与传统文化精华相结合,在创新发展基础上对传统文化的宝贵财富的继承和弘扬,彰显中国优秀传统文化的生命力。家风建设经过几千年的文明发展,一直作为和谐社会建设的重要依托。在社会主义现代化建设的今天,家庭作为社会的基本构成元素,家风、家庭建设依然是社会文明进步的第一站。家庭美德教育彰显中国优秀传统文化的科学性和普遍性,一句“老吾老以及人之老”表达了从家庭到社会的尊老敬老之风;一句“幼吾幼以及人之幼”说不完对于下一代无限的希望和寄托。现代社会,家庭中的文明家风建设对于社会和谐、国家发展和民族进步具有更加特殊的意义。我们要在中国这个特别注重家庭文化传统的国度里,把家庭打造成为和谐社会建设的第一个平台;把家庭建设成为人们梦想启航的地方;深度挖掘和运用家风、家教的现时代文化建设价值,使之成为真正的中国文化自信的重要源泉和基石,成为社会进步和文化建设的坚实基础。

家风建设对于人们文化自信的作用,还表现在社会生活中,家风文化建设的内容与整个国家的大文化是完全融合的。人们在论述家庭、家教和家风问题时,往往会表现出极其强烈的家国情怀,能够巧妙地把个人、社会和国家三个层面紧密联系起来,把个体的发展目标与国家要求和社会价值的的体现自觉地结合起来,正所谓“修身、齐家、治国、平天下”。家庭教育在传统家庭文化的传承和发扬的同时,把个人、社会和国家三个方面有机结合起来,以家风之德养社会之正气。从文化建设角度看,这样把家庭文化与国家文化建设完美地融合在一起,成为相互依托。家庭和睦则社会安定;家庭文明则社会文明;家庭进步则社会进步;最终实现家庭幸福则社会祥和。国家富强的同时,要求千家万户都好;民族复兴的成果由人民共享。亿万人民生活不断改善,实现人民幸福是社会主义优越性最终体现。由家庭文化建设做连接,实现家风建设与中华民族伟大复兴中国梦的融合,通过千千万万个家庭小平台把爱家与爱国统一起来,使每一个家庭成员怀揣美好的家庭梦,通过每一个家庭的文化建设构成全体社会成员共同的梦。家庭就像一台台能量发动机,通过家风建设把家庭梦融入民族梦,发挥每一个家庭的能量,最终成为实现中华民族伟大复兴中国梦。

其次,明确家风建设的主题很重要。新时代家风建设的主题就是弘扬正气,以家风建设促进社会主义核心价值观传播。从我国几千年的文化积淀中概括出来的家庭美德，有对平等的追求；有对和谐的要求。是对勤劳、勇敢的生活实践的规范和约束，也是对文化传统的遵循和守护。其中的很多内容与社会主义核心价值观要求相契合。家风、家教、家训等优秀家庭文化的传播有益于继承和发扬优秀文化精华过程中推进社会文明进步，实现社会主义核心价值观有效地融入家风建设。传播正能量的过程中，社会主义核心价值观融入家风建设处处体现着中国传统文化的创新运用，家风建设成为实现中国梦的一个落脚点，践行尊老爱幼等家庭美德的同时，弘扬和传播文明、和谐、爱国、敬业等价值理念。正确的人生观和价值观通过家风建设得到塑造是我国家风建设重要特色和创新。在今天，以家庭建设的基础，社会主义核心价值观传播具备更加坚实的社会基础。

明确的家风建设主题，使新时代家庭文化建设充满活力。社会主义核心价值观融入寻常百姓平常家，使传统文化与时代需要相结合，使古老的智慧和文明焕发青春和活力，在今天的社会生活中发挥其他任何方式都发挥不了的作用。把时代需要与理论精华科学地结合在一起，不断的与时俱进和理论创新中实现亿万普通百姓的梦想，在集体生活和家庭生活中都能感知和领悟我们时代的特点，感受中华优秀传统文化的伟大力量，从日常生活的点滴做起，践行社会主义核心价值观，培育优良家风，在生活实践中为人类文明进步做一份自己的贡献。

第三，家风建设要关心和关注社会的全面发展和进步。除了在精神文明建设过程的促进作用，在家风、家教、教训的文化建设过程中，要关心和关注社会的全面发展和进步。结合国家和社会出现的新状况、新特点，可以用不断创新的内容和方式，在进行中华传统美德教育的同时，在家庭教育中加强法治教育，加强信仰教育，与时俱进地把家庭文化建设提高到新的高度，提升教育的实效性，以家庭为阵地推进社会主义精神文明建设。新时代的国家建设要全面进步，需要文化建设方面在社会重要转型时期也做出调整。家风是一个家庭的精神内核，家庭是每一个社会个体精神托养所。新时代条件下，针对人们的价值观念新情况新问题，在家风、家教、教训的文化建设上也要与时俱进。通过家风教育推动弥补普通民众信仰的缺失。使家庭教育犹如及时雨和良药妙方，从生活细微处规范约束家庭成员的行为，在生活中推进核心价值观教育的大众化和普及化。实践证明，家庭教育中的法治观教育，不但能造就出遵纪守法的好公民，对于全社会良好社会风气的就形成都具有重大意义。

同时，家庭作为社会的基本细胞，细胞的健康，才能保证社会有机整体的健康。社会与家庭是整个有机体不可分割的组成部分。在文化血脉上，家风和家庭美德打造整个社会的良好精神风貌的基础，通过良好的家风和家庭美德建设，实现社会精神风貌的提高和进步。所以，家风就成为社会良好风貌的第一风景线，家庭文化教育中就可以充分地体现社会主义核心价值观，实现家风与社会主义核心价值观在家庭生活中的有机融合。很多人认为，精神生活是虚无缥缈的，家风和家庭美德建设很好地实现了精神信仰在现实生活中的直观体现。把看似宏观和抽象的社会主义核心价值观通过家风和家庭美德建设，在千万家庭的家庭文化建设在得到具体体现。有了一帆风顺的基础和万里航行的力量，祖国建设这条大船才会更加有力，一帆风顺。在普通百姓精神生活中，体现中国优秀传统文化的智慧，体现国家建设优秀文化、科学推进社会全面进步的能力。通过良好的家风和家庭美德建设，使千千万万家庭成为基本载体，成为千千万万个坚实的平台，践行社会主义核心价值观。通过良好的家风和家庭美德建设，调动每一个社会个体的积极性，积极参与到社会主义建设文化建设中来，推动科学价值理念深入到每一个中国人的内心，从精神层面体现每一个人的中国梦。

第四，以家风建设促进各行各业的职业美德建设。家庭就是小社会，每一个家庭都是这个社会的缩影。从这个意义上来说，把家风国家文化建设建设的“晴雨表”。我们在社会生活中创造性地把家风建设当做文化建设的重要平台、当做国家建设的重要抓手，以家风建设促进人的全面发展，以家风建设服务国家文化建设。家风建设关系着国家的社会公德建设、职业道德建设等。有了家庭做广泛的施教平台，人们各方面的道德作风建设就具备了广泛的社会基础。在今天的社会文化建设中，家风与社风、政风良性融合，使人们的思想道德修养和教育就具有了实实在在的社会根基。中国传统家庭文化的特点造就了世界上独一无二的全社会呈现和谐局面的国家。家风与社风、政风的融合前所未有地使社会稳定、政通人和。这是中国传统家庭观念以及家庭教育的普遍性和社会性历经几千年文明发展史不断积淀的结果，是祖先智慧的体现。家庭作为中国社会最基本单元传承中国传统文化精华，以血缘维系成员之间紧密关系。任何社会个体都首先是来自于某个家庭的家庭成员，家庭的影响以及家风的熏陶伴随着他的教育和成长。走向社会和工作岗位之后，家风熏陶形成的品性将成为伴随其余生的本质和素养。从这个意义上来说，看似私事和个人小事的家风建设就不再是简单的家庭生活那么单纯了，家风建设成为人们作风的背后影响要素，而且往往是较深层次的影响要素。家风为这个家庭走出来的每一个人的生活作风、工作态度提供深沉而持久的道德基础；有了良好的家庭教育背景，会给一个人增添无穷无尽的生存能量。当然，家庭教育背景与一个家庭的贫穷还是富有无关，精神的滋养是家风最关键。

也正因为此，人们常会发现，有着良好家庭教育背景的人，在人生的旅途上不会误入歧途。仔细思考，这里有足够的合理性。受到良好家庭教育培养的人，会从骨子里做到自律，从个性心理特征上影响人的行为。而且这些影响深远而持久。这样的人在各系的工作岗位上会因兢兢业业、勤勤恳恳，干一行爱一行。有人认为，对于一个社会个体而言，职业道德和社会公德都受个人品德的影响，个人品德是职业道德和社会公德的基础。这是有道理的。把家风建设与政风建设、与社会风气建设结合起来讨论，也是有道理的。家风和政风、社风紧密相联，家风建设对政风、社风建设具有巨大推动作用。

近两年来，社会上流行起家风建设的热流。人们看到了家风建设对人的培养作用，千千万万的家庭行动起来，把家风建设与国家需要、国家建设联系起来。这样，自身修养就具有普遍性意义，把家与国联系相联系，自我教育与国家需要相融合。事实证明，家风建设对于日后人生道路上的严以律己、廉洁修身具有奠基作用。正所谓“治国必先齐其家”，“其家不可教而能教人者，无之”（《礼记·大学》）。良好的家风源源不断地把正能量传递给每一位成员，用遵纪守法和崇德向善要求规范每个家庭成员的日常行为，滋养他们良好精神面貌和人生价值追求。教育家庭成员不论从事哪一个行业，都要努力成为社会的道德楷模，在各自的岗位上充满正能量，作为积极的人、正直的人为社会、为国家尽心尽力，做对社会有用的人。

最后，以家风建设弘扬家国文化。家国文化历来是中国家庭文化的核心内容。中国传统家庭文化是宗亲文化，重血脉和血缘，以血亲为线索。对于国家的认识集中体现在家国一体的家国情怀。有国才有家，先大家后小家。在国家危难时刻，可以舍小家保大家。能够很好地把家族利益与维护国家、民族利益紧密相连，并把国家和民族利益看得高于一切。家国同构、家国一体，但国是家的前提。传统家庭文化历来重视爱国主义教育，精忠报国的仁人志士在中国历史上的各朝各代，从来都不缺乏。对于国之大家的建设和爱护是家庭文化的前提和原则，家风、家教和家训传承中体现着这个传统上德治国家社会理念，把修身与治国平天下紧密关联。社会生活中人们重视家风建设的重要性，并在家风建设中把国之昌盛当做家之命运的前提和保障。对于家国关系的理解，深深地刻印在每一个中国人的内心，有国才有家是每一个中国人深深理解的道理。纵观近些年来全国文明家庭的家风建设，无不是把家庭文化建设与国家命运联系起来；与国家昌盛和民族富强联系起来；与中华民族伟大复兴的远大梦想联系起来。

在家庭文化建设的内容上，家国文化作为中国家庭文化建设的核心内容。人们常把“忠”“孝”双全作为家庭成员的要求，而当两者出现矛盾是把对国家的忠诚当做是最高原则。对于一个家庭成员来说，对国之忠心都是人生之大义。爱国主义和集体主义相映辉映，“先天下之忧而忧，后天下之乐而乐”激励着一代又一代仁人志士；“国富民才强，有国才有家”中国家庭认定的千年不变的道理。

一贯强调家庭之爱要“爱之有道”的中华民族家庭文化，对家庭教育中如何教育、如何关爱孩子有着系统的育子之道。家训家风文化的另一个核心内容就是在家庭教育中灌输正道和大道。为人父母应以“道”育人，爱不以“道”便会引孩子入邪路。孟母三迁、岳母刺字等等人们耳熟能详的佳话和楷模，今天被世人普遍传颂。中国家庭文化传统中丰富的家训、家风，是人类文化发展历史上不可多得的瑰宝，饱含丰富的人生观和价值观道理。

第四节　家风文化的传统哲学基础

中国传统哲学有着悠久的历史，以“和”“合”思想为主线，衍生出丰富的认识论和辩证法思想。和谐的主张、人文的光辉等，是中国传统文化的优秀遗产。家风文化作为中国传统文化的重要组成部分，反映着系统的传统哲学的理论基础。

首先，回顾一下中国传统哲学的主要内容。中国传统哲学以和谐文化为主题，以儒家哲学为主体。儒家“合”、“和”思想也成为家庭文化核心。关于形成“和”“合”文化思想的原因，前文已经论述，此处简单概括。中纬度的地理位置的黄河中下游地区，充分的日照和光照条件赢得了先机；黄河中下游地区的粘度适中、松软肥沃的黄土地是世界范围内土质优良几种土质之一；黄河水系的灌溉体系；再加上锦上添花的季风气候。在上述四个大自然馈赠的物质条件下，生活在河南这块土地上的中国古人，感受到了上苍的厚爱。诞生在这块热土上的中国人，无须特别辛苦地劳作，便有足够的生活必需品，人类只需要团结起来，战胜时而出现的洪水和猛兽。人类只需尊循自然规律即可生存，人与自然之间矛盾是次要的而和谐统一是主要的，由此便产生了人与人之间的和谐、人与自然、人与社会的和谐。孕育中国传统哲学思想的物质环境优越，“和”“合”文化的形成有着坚实的物质基础。物质环境的孕育只是一个方面，中国自古至今的中央集权制政治历史，反复证明着“和”“合”文化在中国大地上的可行性；再加上人口因素的影响，使得中国传统哲学和谐的主题反复被加深，不曾被改变。

其次，让我们关注中国家庭文化与传统哲学的内在关联。中国几千年的农耕文明发展史中，人民大众的流动性很小，生于斯长于斯的恋家、恋土情结根深蒂固。而这其中，家庭，蕴含着和谐文化的基因、承载着社会稳定的重任，从来是最为重要的社会基本构成。家庭文化深受传统哲学影响，传统哲学也就成为中国家风的指导规范。“和”“合”思想为主线，中华民族重视家庭和亲情；“和”“合”思想为主线，中国家庭结构稳定又坚固且富有生命力；“和”“合”思想为主线，中国才有家国文化，几千年不曾变；“和”“合”思想为主线，中国才会有“分久必合”的国家政权。“和”“合”思想为主线的哲学思想也是中华文化历经风雨而弥新的重要原因。

家庭作为这个民族最小的构成单位，作为社会的细胞，也以“和”“合”思想为主线构建起家庭文化的架构，秉持和谐思想，使中国的家庭文化与中国传统哲学融合发展，生生不息、薪火相传。

社会生活中我们对家风建设的重要性已经有了充分的认识。家庭文化“和”、“合”主题思想，正是基于对中国传统哲学精华的吸收。中国家庭文化中蕴含丰富的传统哲学思想资源，社会生活中的家风建设，不断地把中国传统哲学与时代精神相融合，是家庭文化与时俱进，积累几千年农业文明的文化滋养，把传统哲学普遍要求具体化，发展成为体系化的家庭文化。家风，作为中国传统文化中独特的文化密码和基因，发挥治家、睦亲、教子、修身、处世等功能的同时，以伦理教育和人格塑造为手段，培养家族成员“仁义礼智信”的道德品质，打造父慈子孝、勤廉节俭、兄弟和睦、邻里团结的良好家风。千千万万的家庭家风各有不同，但美德要素和多重伦理向度常常是共同的特点。很明显，“和”、“合”为主题的家庭文化思想是基于中国传统哲学的不断滋养，才有今天的丰满和傲骨，虽历经风霜雪雨的洗礼，却历久弥新、生命力更旺。

第三，品味家庭文化中家风的哲学意蕴及演变。小到日常交往为人处世，大到国事政事天下事都会受到以家风为代表的家庭文化的影响。家庭文化给每一个社会个体带来影响，从启蒙教育开始，对人施加长达一生的各种影响。内涵丰富、内容广泛，对人认识世界、处理各种矛盾关系具有重要作用和意义。家庭教育和影响是一种终身教育和影响，看似发生在家庭内部，实则潜移默化地影响到人们社会实践活动的方方面面。“种瓜得瓜”，家风建设对家庭成员的影响都会有结果。民族传统哲学影响下的家风思想，常常表现为个人服从整体的集体主义和高度的爱国主义、家国情怀。为人处世中处处体现和谐思想，体现对传统这些核心理念的深刻理解和对其精华的把握。在家庭文化中，能够很容易品味到家风中浓浓的中国传统哲学意蕴。

当然，随着社会的发展和进步，家风为代表的传统文化也经历着不断的演变，改革开放40多年来，河南的家风建设在形式上反映着经济迅速发展后家庭结构的变化，小家庭形式增加，原有的三世同堂、四世同堂越来越少。人们的流动性明显增加，不仅影响家庭教育的系统性，还因人们对世界看法的变化，影响着家庭教育的内容。虽然变化的方面有很多，但不变的是和谐为核心的价值观从来没变。随着人们物质文化生活条件的提高，更多的人把树立远大社会理想作为家庭教育的主要内容，以示长辈对后代们的期盼。这种影响人一生的家风教育仍然是家庭教育的主要途径。和谐友善和忧患意识等传统哲学思想，并没有因为生活条件的提高而改变，中国传统哲学的精髓与家庭文化相映辉映互促进、相互影响，万千家庭的家风建设在不断发展中本质不变、历久弥新，伴随着对于优秀传统文化的创新发展而吐故纳新、代代相传。

第五节 家风建设遵循的一般规律

家风作为社会文化建设的一部分，遵循着社会文化发展的一般规律。文化是社会发展的反映,是生产力不断进步发展的体现。文化作为生层建筑的组成部分,受经济基础决定,无论是内容还是发展形式都受制于经济经济基础。但同时,文化又对经济基础起巨大的影响作用。积极进步的文化起推进作用,跟不上时代的文化就会阻碍社会的发展进步。家风作为社会文化的重要体现,对于社会发展的作用亦是如此。家风建设是由社会存在决定的。我们号召千千万万的家庭,要随时代进步而不断丰富家风内容,紧跟时代步伐发挥家庭文化对社会存在的巨大反作用。通过千家万户的优良家风,传播正能量,孕育并支撑起优良民风和社会风气。

首先,新时代的家风,应该保持与先进文化的同向、体现新时代社会风貌、服务生产力的发展。社会生活中的家风建设,作为社会风气的重要组成部分,是我国新时代社会发展风貌的体现。家风、民风与国风和谐发展、良性互动。家风建设事关社会和国家的荣辱兴衰,担负起带动社会风气、推动社会文明进步的大任。这是千家万户的历史使命。历史证明,我国的家风建设在国家的荣辱兴衰中也的确扮演了忍辱负重与传承创新的历史责任。顺着历史的指引,今天的家风建设要发扬优良传统,继承和发展家庭思想文化的精华,推动社会主义精神文明建设,从时代发展的战略高度出发,为社会进步再做贡献。社会生活中对于家庭、家教、家风的认识,要建立在科学认识的基础上,科学认识家庭本质,科学认识传统文化,科学认识家风、家教作用。结合人类学、历史学和社会学,把握好科学的家庭观念,把握好家庭、家教、家风等生成、演变的规律。家庭作为社会最基本单位,会很敏感地感受到社会的进步与发展。家庭的社会作用也会在不同的社会发展阶段呈现出不同特点并随社会的进步而发展。家风建设和其他形式的家庭教育也应及时地进行内容更新。一个时代的生产力状况决定家风的变化,生产力是家庭发展变化的最终决定因素。同时,家庭的变化和社会作用也会反过来对社会产生反作用。家风建设与国家民族命运紧密相连,是对家庭本质的概括。

其次,家风建设过程中体现的文化相对独立性。社会变化带来的诸多变化,仿佛一切都在变。但事实上,也有不变,这就是家庭演变发展中发展,和谐为中心的价值追求始终没有变。家庭自身的和谐以及家庭与社会的和谐,是每一个家庭的追求。生产力发展状况最终决定家庭文化问题,但从较长的社会历史时期来看,家庭文化也具有相对独立性。在我国社会发展中,和谐是社会发展的方向和原则,贯穿在各个历史时期,是家庭建设的价值追求。家庭文化建设适应社会变革而变化发展的同时，保持了以和谐为价值追求的主题。这也说明，中国社会的核心主题一直没变，那就是和谐。因为家庭是社会的基本单位，家庭文化不可能脱离社会而单独存在。和谐的家庭文化具有重要意义，一方面，和谐的家庭利于家庭成员身心健康；另一方面，家庭和谐是整个社会和谐的基础。家庭与社会的关系是千万家庭的量的积累最终达到宏观的社会效果，万千和谐家庭汇集起社会和谐的力量。

第三，家庭在家风建设话题上表现出来的平等性。在家风建设话题上，所有的家庭都是“寻常百姓家”。中国漫长的历史上，历史学家笔下，在家风建设话题上，所有的家庭都是“寻常百姓家”。家国情怀不会因为一个家庭的贫穷而改变。社会生活中，中国传统哲学以及社会道德的要求都在家庭文化中得到体现，普通民众的家庭文化观，也同样被相同的追求提升到国家民族兴盛发展的高度。在相同的中国传统哲学联系下，千千万万的家庭都是寻常百姓家。人与人、人与自然、人与社会的统一与和谐，不会因为某一个家庭环境的变化而改变。这也是家风思想对社会文化重要意义的体现。我们应该把家风建设提高到推动国家文化建设、加速推动民族复兴进程的历史高度来倡导。以家风促民风，以家德促政德。社会生活中号召的把社会主义核心价值观融入家风建设，使家风建设在社会主义新时期更加重大的效益和功用。使中国优秀传统文化适应时代发展的新特点和新要求，使家风建设与社会主义国家的全面发展和进步融合起来。

最后，我国社会家风建设遵循有系统的原则。从前文的讨论中可以看出，家风建设还是有着系统的自身规律性的。这就要求在家风养成问题上遵循一定的原则，保证自己的家庭文化建设不能偏离主题，在自律与奉献中，明确家的发展方向，为每一个家庭成员的前途命运担负教化指引的作用。不少家庭制定自己的“家规”“家训”，实际上就是明确这一家庭的家风建设的原则。在众多的家风建设中，家国一体；仁义诚信；艰苦朴素；勤劳节俭；不谋私利；刚正不阿；公私分明；正直善良；邻里和睦等等，都是较为常见的家风原则。家庭中，长辈们率先垂范以身作则，在家风塑造中孜孜以求地践行“家规”“家训”，言传身教地影响每一个家庭成员。严明的家风往往可以诠释人格的魅力；呈现人生的百态；彰显信念的价值。千千万万的平凡人家用自己家庭的家风表明，在家庭面前，每一个人都应该心存敬畏，对家庭美德、社会公德等时刻保持自律，明白“行有所止”的深刻含义。

首先，和睦是最大的原则。在我国社会文化中，家庭是人的心灵寄托，家风对一个人的成长、工作和生活十分重要。家庭和睦是一个家庭最主要的特征，“家和万事兴”是所有家庭的共识。家庭成员的和睦关系是家庭幸福的前提。越是传统的家庭越是重视家风和睦的重要性。而且，家庭的和谐是一个人安心工作的基础，这就使得家庭建设与一个人的事业密切联系起来。正所谓“安居乐业”，如果家庭不“安”，就会影响到工作的心情，何谈“乐业”呢？可见，人们特别重视家风建设对于一个人工作的影响是有一定道理的。很多人强调家庭是社会和谐的一个单元。

其次，勤俭节约我国家庭文化和家风建设的重要原则。我国社会发展中，家庭具有多种功能，在相当长的历史时期，家庭都是社会的基本经济单位。也就是说，家庭具有生产功能。改革开放后的家庭联产承包责任制，就正确地体现和发挥了家庭具有的生产功能，充分体现了当时我国农村的生产力状况和农村家庭的经济功能，极大地提高了农民生产积极性，有效地解放了生产力。这也说明，家庭与经济密切关联，从而说明勤劳努力与勤俭持家的辩证关系。国家勤俭建国，家庭勤俭持家，家国文化再一次统一起来。

第三，家风建设建立在实践基础上。家风建设是“实践第一”，不用长篇大论，传、帮、带地一代代传递下来。我国家风建设理论从来就有着坚实的实践基础。实事求是、廉洁质朴的家风熏陶，使每一个家庭成员都从幼儿时期就接受来自于父母的影响。在父母的影响教育下，形成对家的感情，对责任的认识，养成家国情怀，形成和谐的思想，养成勤俭持家的习惯。同时，也形成了自己系统的家风思想。我国的传统社会中，家风继承着中国传统家庭的优良传统，诸如“勤俭持家、低调做人”，在生活的很多细节上，为了养成后人的高尚品格，许多要求甚至是近乎苛刻。特别是爱国、诚信、节俭等，是我国传统社会的家教中教育子女要具备的基本要求。很多历史人物在回忆自己的家庭生活时，印象最深的都是从父辈那里继承和获得的。父辈建设起来的楷模家风和规范是最为宝贵的家财，耳濡目染中养成的爱国、诚信和勤俭持家习惯，则是你每一个社会个体一生的财富。

第四，我国传统社会的家风建设中强调严于律己。父辈家教的严格往往是令人刻骨铭心的。很多人在成年之后，还能铭记家教中父母严格的教训。事实上，家庭教育中，父母都会严于律己，言传身教的。很多历史伟人的家庭教育，同样得益于严以律己。很多家庭用严格“家规”“家训”约束自己的家庭成员，坚守家国一体；笃行仁义诚信；厉行艰苦朴素；奉行勤劳节俭；倡导刚正不阿；追求邻里和睦。长辈们率先垂范以身作则地影响每一个家庭成员，用严明的要求彰显家风的宏伟高尚。

可见，家风建设绝非一家之小事，而是关乎民族兴盛的大事业。事实上，我国传统社会的家风教育中从来不缺乏对伟大祖国的赤子情怀，国事大过天报国心是成千上万平凡人的执著追求。家风教育和文化熏陶，爱国主义和忠于信仰的基因通过言传身教和耳濡目染，经典流传，深深烙在后人的心坎。

第七章　传统文化创新发展的价值呈现

——以抗疫战场家国情怀之价值为例

人们常常会把优秀传统文化融入时代精神，在营造一个团队的凝聚力乃至一个国家的精神或文化氛围时，强调要“以德为本”、“立德修身”。以立德修身提升一个团队乃至一个国家价值追求，能够在我们普通人中造就出杰出代表。分析抗疫过程中涌现的社会个体英雄人物，思考我们普通人中也能纷纷出现的英雄表现，揭示“立德修身”和家国情怀等精神信仰的重要性。我们号召优秀的人们以及所有的社会个体，借鉴中国传统社会伦理之精华，修德、养性、正身、克己；“不忘初心”、率先垂范、廉洁奉公，自觉提高个人修为。沉下身去“顺民心”、“重民事”、办实事。立足人民利益这个核心点，加强道德修养建设，打造英雄人物，让我们所有的普通人都能凝聚力量，为祖国建设增砖加瓦，奉献自己的全部。

决胜全面建成小康社会的关键之年，一场蔓延速度快、防控难度大、传播范围广的突发重大疫情席卷全国。新冠肺炎疫情给中华民族带来了突如其来的大灾难，但民族的生命力在抗疫战争中得到升华和锤炼；冠状病毒使很多人遭受病痛之苦甚至丢失生命，但人们的精神和信仰在艰难困苦中得到洗礼和检验。在我们国家科学二有力的统一的指挥下，为打赢一场疫情防控的人民战争、总体战、狙击战，全党全军全国人民空前团结，汇集起排山倒海的力量。社会主义制度优势迅速转化为治理效能，中华大地瞬间显现出巨大的民族凝聚力。

进入新时代，面对复杂多变的国际局势和风险与挑战并存的国内形势，我们重视运用优秀传统文化蕴含的社会治理的大智慧，特别是其中积淀的理想信念、价值理念和道德观念。倡导不论是英雄人物还是我们普通人，都要把优秀传统文化的天下为公、以民为本、自律自省作为每一个社会个体的内在素养,学习英雄人物,特别是学习我们普通人中的涌现的大英雄们学习。学习他们扬正气、讲道德、有情怀。在关键时刻,正是这些道德修养和精神情怀召唤和凝聚中华儿女为万众一心、共赴国难,为抗击疫情提供了强大精神动力。一个很简单的道理,那就是应对疫情,需要强大的国力做支撑。但同时,人们也发现,精神支柱也同样可以立地顶天。

第一节　疫情战场成为检验优秀文化素养的试验场

在全面决胜小康社会的关键之年,这么突然的疫情,使全国人民不得不停下原有的脚步,疫情带来的损失不可估量。但是,英雄的中国人民在大灾大难面前,从不妥协退让。在很短时间内,举国上下汇集起亘古未有的力量,团结同心,众志成城。国家采取最严格手段抗击疫情,用巨大的牺牲为全球公共卫生安全做出了贡献。在对抗疫情的过程中,英雄人物纷纷涌现,我们普通人中也能出现大英雄一样的人们,和勇敢的、先进的人们一起,冲锋在最前线,成为疫情防控的中流砥柱。特别是有众多的基层管理者,他们中有不少同志日夜奋战在最前线,坚守自己的工作岗位。他们夜以继日的严防死守,亲临前线组织协调和指挥作战,在没有硝烟的战争中付出了巨大牺牲,留下太多的令人泪目的瞬间。英雄人物,还有我们普通人中涌现的杰出代表,能够敏感地捕捉到有力的战机,特别是在疫情防控的初期。这样的责任心和敏感性常常关乎一个地方治疗与防控的时机,关系到能不能抓住宝贵的时间窗口。在防疫一线,人们可以清楚地认识到,管理过程中往往缺乏的不只是物资或资源,更需要勇敢和坚毅,当然,我们并不缺乏英雄人物。而且,在我们普通人中也涌现的大批的英雄,成为我们普通人的杰出代表。

英雄人物之所以成为英雄,是因为他们为国家、为集体总是竭心尽力。很多场合下,英雄人物的态度本身就能带给我们能量,他们所到住处给人传递信心和勇气,这本身就是高效的"添加剂",促发和激励我们普通,让我们中间也能涌现的杰出代表。关键场合下的英雄人物,还有我们普通人中涌现的杰出代表,与平庸的管理者相比,真正差别就在于内心的力量。所谓的"内心强大",其实就是这些人多了牺牲精神,多了责任心,多了家国情怀。这次疫情的大考中,很多一线的英雄人物,和我们普通人中涌现的杰出代表,他们在危险关头没有多余时间思考决策与执行的中间环节,为了党和人民的利益冲上去。这是他们的本能反应。但就是这样的本能反应是无价之宝,是成功的关键。是内在的道德修养和人生信念的呼唤,让他们表现出独立思考和迅速决策的能力,不会带有丝毫私利和惰怠。报道显示,抗疫期间,许多公有制医院业务技术岗位的英雄人物,大都以其专业敏锐性在指挥疫情防控和病患治疗中表现出极高的牺牲精神。还有我们普通人中涌现的杰出代表,他们往往身先士卒,夜以继日,冲在最前线,让同事们看到了力量和榜样:新冠肺炎会诊、制定治疗方案、坚守急难险重岗。他们用生命书写了对党和人民无限的爱与忠诚。

大灾大难就是一块"试金石"。疫情来临,特别是疫情发生的初期,一些英雄人物,我们普通人中涌现的杰出代表就在这块"试金石"面前崭露头角,显示出英雄人物的本色。当然,形成鲜明对照的是,有不少人临危退缩,没有表现出大无畏的牺牲精神。更多的情况是这些人不能像英雄模范那样想人民之所想,而是有不少问题。首先,最常见的就是污染群众信任以及和人民关系的官本位思想。在重大风险和灾难面前,不少人缺乏责任和担当,敷衍了事、丑态百出。他们面对人民群众的关切,不求进取、明哲保身。关键时刻也很难拿出科学的应急对策和预后研判,其后果无异于谋财害命,贻害无穷。这样的人,越是在关键的岗位,对社会危害就越大。事实证明,他们中的不少人缺乏危机意识甚至行政不作为,浪费了新冠肺炎疫情初期的有利战机。究其原因,往往是只求自己官运平稳,官本位思想在作怪。这些人平日里就爱高高在上,脱离"人民的利益";对他们来说,他们心中总是惦记着上下层级关系,而很难走进群众,更不可能"了解人民疾苦";他们爱以官职大小论地位高低,对于上级人物就充满敬官、畏官的心理,欺上瞒下也就成了常见现象。第二种严重危害社会的现象就是形式主义。这也是人在疫情面前行为失当的主要原因,是在抗击新冠肺炎疫情的初期,一些地方的抗疫措施不力的主要原因。他们常常是"以会议落实会议",在"填表格"、"走程序"上浪费了太多的精力。本应在抗疫一线发挥威力的基层管理工作者白白地把宝贵时间浪费在转达上级会议的精神和文件上,耗费在坐办公室的功夫上。最令人不齿的是极少数这样的人,盛行"家长制式"的独断专行。明显是错误的东西还要坚持,用"拍桌子定案"拒绝集思广益,好事自己做不来,也不让别人做成。

竭心尽力或敷衍了事,态度不同效果迥异。做事态度是知、情、意的外在表现。灾难面前不同的工作岗位和管理工作中,两类行为,两种工作表现,表现得如此悬殊。值得我们每一个人反思的是,是什么重要的原因造成了广大的英雄人物以及我们普通人中涌现的杰出代表能够身先士卒、不顾安危呢》其实很简单,是他们个人的内在的修为。理想与担当、党性与修为,是这些优秀的人们最深沉的内在素养。是他们的修为、理想与担当使得他们能够在风险面前经得住考验而彰显英雄本色,是他们的人生价值和精神信仰在关键时刻发挥着作用。

第二节 传统文化家国情怀成为人们责任心的动力

优秀传统文化能够解决很多现代人遇到的新问题。进入新时代,社会遇到前所未有大变局,国内和国际上,都有不少新问题。在我国,人们也不断发现优秀传统文化在多方面的现代价值。作为"中国之治"的智慧宝库,民族文化基因的现代价值再一次得到很好地开发和运用,优秀文化是精神命脉,更是信仰家园。其中蕴含的理想信念和爱国情怀生生不息、薪火相传,成为民族强大凝聚力的灵魂和根基。我们在思考优秀传统文化对于我们和英雄人物的教育作用时,能够清楚地看到优秀传统文化的伟大力量。我们普通人中涌现的杰出代表表现,也与他们"立德修身"和"家国情怀"为主要内容的修养和德行密切相关。我们研究了抗疫战场上的很多英雄人物,发现他们"立德修身"和"家国情怀"修养和德行超出普通人,这也是他们之所以成为英雄的原因。古往今来,"立德修身"和"家国情怀"以其感召力与示范作用而明显地影响着英雄人物,即使是对于我们普通人,只要在人生修养上多下功夫,也有利于提高我们的责任心和各方面的能力。

我们可以对英雄人物的"立德修身"的进行具体分析和考察。"立德修身"是中国传统社会伦理核心表达,是对传统社会文化一贯强调官吏的道德修为的概括和总结。"立德修身"是前提,"立德修身"是"以德治国"的德治思想在官吏个体层面的体现,正所谓"为官先修身"。在中国社会伦理道德发展史上,杰出的社会个体的个人修养直接关系其治理一方的效果,也就是说其品德修养关乎我们每一个普通人的成长经历,品德修养关乎我们每一个普通人的行为表现。对于一个官员来讲，其发生作用的机理就是一个官员的道德修养会影响其周围的政风，并最终影响到民风和社风。我们倡导的“立德修身”和“立德修身”，就是对中国传统社会文化经验总结。“立德修身”通过提高人们的道德修养，促成人们的行为自觉，最终外化到行动上。人们的个人修为在人生的关键时刻被表达和释放，并对社会道德风气施加新的影响。

“立德修身”有着悠久的文化历史，也一直发挥着放大人们创造能力的功能和价值。以个人修为增进工作效率和效果，彰显英雄人物以及普通人中涌现的杰出代表们的人格魅力。孔子的修德、修己、正身、克己；孟子的修身、养性及墨家、道家不同角度的阐释，提供了丰富的道德修养内涵和方法。“立德修身”是中华社会文化的思想精髓。从内容上来说，“立德修身”包含有丰富的道德修养内容。

首先，严己宽人。严己宽人要求严格地对待自己、宽厚地对待他人，发挥个人修养中的道德智慧以调整各种关系：严于律己发挥道德感化和榜样示范作用；宽以待人利于人与人关系和谐。在抗疫战场上，很多人冲锋在前，但在各种利益和机会面前却礼让别人。他们内心思考的多是别人，而在需要付出时从来不会犹豫。

其次，慎独重微。慎独强调个人行为自觉；重微强调细节与积累。事业的成功往往就在与关键的几步，做事从小处着手，不忽略量的积累。这些都是成功的秘诀。在个人修为的养成过程中，自觉的本性最宝贵。“慎独”是行为自觉的最高境界，每一个养成行为自觉的人，都具有坚强的内心。也只有这样，在困难来临时，才不会轻易改变自己。中外历史上的很多仁人志士，无不具有强大的内心，坚强而细致的品性。

第三，自省改过。自省和改过是修身养性并不断提高的必要路径。自省是自我反思、自我批评的过程，也是人的行为自觉的最好表现形式。“吾日三省吾身”，只有不断反省自己，才能在总结中认清自己的不足，才能继续进步和提高。自满骄傲和有错不知悔改，要么是本性顽恶，要么是心存侥幸，而这些都是不可取的。正确的方式是知错就改，在不断总结中前行。

第四，好学慎思。学习和积累是不断提高德行的必要过程和方法，理性分析和思考是学习的基础，正所谓“学而不思则罔，思而不学则殆”。人生舞台上，有学不完的知识和道理，“活到老，学到老”是正确的方式。只有对世界抱有好奇心，只要对生活充满兴趣，心就不会老。“勤学之，慎思之，明辨之，笃行之。”人生有学不完的学问。

最后是交友。强调讲信重义的接人待物之准则。

我们国家有着丰富的德治思想。在新的历史条件下，适应新情况、解决新问题，这些德治思想提供了新的理念和方法，对于新时代理想信念教育具有重要的指导意义。“立德修身”、“立德修身”对于新时代的价值在于，德行可以赢得民心，形成伟大的凝聚力，最终转化为赢得事业成功的合力及动力。“立德修身”的作用还体现在非权力影响力的提升，很多人就是因品质修养和德行操守显示出独特的人格魅力，以隐性的和潜移默化的方式产生持久的影响力。可以认为，非强制性影响力与法定权力相比更显效力。

“家国情怀”是挖掘人们内在精神修养和价值体验的另一条线索。以血浓于水的血亲情节为基础，构筑起每一个中国人对家庭、对家族乃至推及到对国家的热爱。这种维护中国人关系的最稳定的线索是构成家国情怀的内在根据。根植于血缘和亲情，其核心理念是家与国相连，爱家与爱国相通。家国同构的核心理念，也是中国人社会生活的价值观。家国同构建立在中国文化“忠孝一体”、“经邦济世”的基本共识基础之上。把家族伦理情感辐射到社会和国家，由对家族的爱和责任推及到对国家的深厚情感。这种伦理思想融合近代国家观念，便形成了把个人、家庭和国家命运相联结的家国情怀。

在千百年来的中国社会发展和中国文化中，家国情怀在本质上就是民族认同和国家认同，是蕴藏着民族凝聚力的价值观认同和文化认同。在抗击疫情过程中，中国人的家国情怀得到了充分展现和诠释。疫情发生后，一方面是党和政府把人民的生命安全和身体健康放在第一位，及时发动一切可用的资源、尽最大努力确保患者的及时救治；另一方面，疫情阻击战中涌现出千千万万舍家为国的感人事迹。当英雄人物，我们普通人中涌现的杰出代表冲锋在前，周围的人都会感觉到“你我皆兄弟，都是一家人”的气场；当“我先上”和“让我来”成为这一时期听得最多的口头禅的时候，每一个人都会被大家庭成员间的互爱和关怀所温暖。先国家后个人、舍小家为大家的家国情怀作为中国人的精神理念在抗疫战场得到淋漓尽致的体现。炎黄子孙，因精神和信仰共同地融入民族血脉而乡音难改；因文化和情怀薪火相传而永不分开。

立德修身和家国情怀具有十分密切的逻辑关系。立德修身和家国情怀有着共同的逻辑基础。在抗疫一线，敢于担当、从不缺少英雄人物，我们普通人中也涌现出大量的英雄人物,他们也都是平凡的人,之怒过他们具有更多、更深厚的素养和修为,兼具立德修身和家国情怀内在修为。立德修身和家国情怀辩证统一。他们的精神修养和价值信念以"家国天下"的内在自觉和道德格局,把个人、社会和国家紧密联系起来。"立德修身"是一个不断提高自我修养的过程,它是个体在关键时刻表现"家国情怀"的准备;而"家国情怀"对于"立德修身"的意义则是完成从"修心养性"到"信行合一"的飞跃,实现内在超越与外在事功的统一。对于广大基层管理者来说,是立德修身和家国情怀培育社会责任感与历史使命感。立德修身和家国情怀对人生价值的功能还有一个共同点,人们往往因为品行修养而"内秀于心,外毓于行",极大地提升影响力和个人魅力。团队整体的工作效率往往会得到明显提升,究其原因是英雄人物,的优秀人格和高尚品德潜移默化地影响组织成员。同时,作为中国优秀道德文化的代表元素,立德修身和家国情怀都强调"尚俭戒奢"、"以德养廉"。立德修身和家国情怀思想为我们普通人提供了成为英雄人物的机会,为领导干部拒腐防变能力加了一层"防弹衣"。在社会转型期,英雄人物辈出的年代,"立德修身"和家国情怀的内在修养是彰显每一个炎黄子孙的铮铮铁骨,是中华民族立于不败之地的重要法宝。

第三节　以人为本和人文关怀在抗疫战场大放光彩

抗疫战场上,我们国家做到了除了救民于疾病,还处处事事以人为本和人文关怀,使普通民众迅速感受到社会和国家带来的温暖和安全。人为本和人文关怀是中国传统文化的重要精神追求,在人们经常探讨人的全面发展的今天,孔子的仁爱思想、孟子的"民本"思想等中国人文关怀的古老智慧仍然光辉熠熠。

以人为本,体现了这个社会以最大多数人的利益为核心,人民至上和人民中心。以人为本,"尊重劳动、尊重人才、尊重创造、尊重知识",调动广大群众的劳动积极性,焕发出社会主义的巨大创造力。坚持以人为本,对社会成员进行人文关怀。事实上,尊重普通民众的各种平等权利,在我国有着悠久的历史。孟子主张君王与臣民人格平等,倡导尊贤任能,正所谓"君王与民同乐"。

今天我们国家倡导的人民当家制度制度体系的建立，是新时代的以人为本、以民为本的最高境界，借鉴古人智慧服务于今天的社会治理。

要坚持以人为本，要注重促进人的心理和谐，注重人文关怀和心理疏导，从精神层面去关怀社会成员，塑造积极向上、自尊自信、理性平和的社会心态。努力通过各种喜闻乐见的有效教育形式，消解人们身心矛盾与冲突，为人的心理和谐提供终极关怀，构建社会主义和谐社会。和谐社会也包括民众社会心理的健康、和谐，在此基础上才有真正的社会生活秩序和整个社会的和谐安定。人文关怀理念正源自于中国传统哲学的人文思想，新时代条件下，用正确方式处理人际关系，引导民众从思想上接受社会主义核心价值，加强和改进思想政治工作的融入，保证社会成员的精神世界自由健康地成长。新时期新阶段加强和谐社会建设，体现以人为本、科学执政的新要求。

从人与人之间关系的处理到个体融入到社会之中，传统的中国文化满含了人文关怀思想。诚实守信、换位思考或心理换位、正己为先等交际原则，"言而有信，一诺千金"、"人不信不立"、"言必行，行必果"、"轻诺必寡信"、"己所不欲，勿施于人"等要求，都是具体体现。人际交往中，宽容对方、尊重他人是另一个重要原则。正所谓"爱人者，人恒爱之；敬人者，人恒敬之"（《孟子. 离娄下》），宽容与尊重是中国人十分看重的交际美德。对此，老子也认为，"以其不争，故天下莫能与之争"（《老子 · 六十六章》）。民间有许多俗语，如"小事不让人，大事难做成"、"退一步，海阔天空"等，都是对宽人律己这一交际原则的肯定。这一点上，东西方文化差异很大。中国人在与人意见不一致时提倡尊重，求同存异；西方人却以个人为中心，坚持已见。所以，中国人总能给人以宽容，这就是充满策略和善意的尚和原则。反映在社会发展观念上，树立全面、协调、可持续的发展观，是国家发展策略意义上的以人为本，其目的是促进经济、社会和人的全面发展。

注重促进人的心理和谐，是构建社会主义和谐社会的重要基础。和谐社会不仅是指社会生活秩序的和谐，还包括社会成员的心理和谐，塑造自尊自信、积极向上、理性平和的社会心态。这其中包括民众社会心理的健康与和谐。和谐心理以社会现实为基础。和谐的思想理念，是人类精神进步的产物，心理和谐就是心理健康。是保持一种健康、积极理念的文化概念。包括社会认知、社会情感、社会态度和社会动机的社会心理基本过程，是构建和谐社会的重要内容和题中应有之义。和谐是指事物协调、均衡、有序的发展状态，社会心理和谐是凝聚和谐精神的和谐心理，是数千年来人类孜孜以求的美好理想。和谐心理支配和调节着人们的社会生活，是构建和谐社会的精神诉求和心理支撑，对于社会主义和谐社会的构建有着巨大的影响和推动作用。

和谐心理是促进民主法治、公平正义的心理支撑。当前我国正处于社会发展的转型期，现实社会中不免会存在一些不和谐现象，社会需要公民道德、社会伦理、精神心理等“隐形制度”的资源。心理和谐便成为规范、引导和调适社会行为、化解社会矛盾、融合社会关系的有效手段。和谐心理是实现人际关系诚信友爱的精神基石；是激发社会活力的源泉；是维护社会安定有序的心理保障。社会稳定的重要组成部分和心理基础是社会心理稳定。从某种程度上说，社会稳定不仅指社会状态、秩序的安定，更重要的是人心之稳。心理和谐的个体能够善待与人类共同存在的生物和人类所赖以生存的环境，尊重和认同其他生物乃至环境的价值，从而实现人与自然的和谐相处、共生发展，达到“天人和谐”的理想状态，迈向真正的和谐社会。

在此次抗疫战场上，中国传统哲学中和谐思想给予我们很多有价值的启示。用以人为本的理念，给予民众以心理疏导和人文关怀，是灾难面前最好的安慰。中国人民之所以能取得那么明显的成就，和谐心理的构建是走向社会稳定的重要途径，也是这次抗疫胜利的重要保障。在今后的，和谐社会心理的构建，对于社会主义和谐社会的构建仍然会有着巨大的影响和推动作用。加强人文关怀和心理疏导，注重促进人的心理和谐，引导人们正确对待困难、挫折和荣誉，正确对待自己、他人和社会。塑造自尊自信、积极向上、理性平和、健康幸福的社会心态。

第四节　文化修养在新时代条件下突出的引领价值

在取得成绩的时候，更要谨小慎微和居安思危。这是我们提出的最新要求。新时代我国经历复杂多变的国际局势；在战略机遇期的国内全面深化改革也遭遇了诸多困难和风险。所有的中国人都要加强修养和自律，要有底线思维意识和风险意识，提高拒腐防变和驾驭风险的本领。

首先，塑造立德修身和家国情怀的修养，以优秀传统文化续航生命力，提高我们的道德修养水平，并在工作实践中自觉学习和践行中国优秀传统文化。小到提高工作团队的工作效率，大到国家建设的顺利开展，都与弘扬中华优秀传统道德密切相关。这关系到每一个社会个体的修养和提高，也关系到国家的前提和命运。以优秀传统文化哺育一个团队乃至一个国家的社会文化，对于提高团队的执行力或者国家的文化软实力，都具有重要意义。文化建设是提高一个单位和组织综合能力的重要步骤。反映在指挥、协调和组织过程中下属达成目标的号召力和组织目标的实现力；反映管理过程中每一个成员对于总体目标的实现能力，体现集体的战略性、统筹性、决定性之综合效力；事业的成功，既需要科学的组织体系，又需要文化道德修养上的功力，这是持久而扎实的“内在功力”。

构建立德修身和家国情怀的精神世界，对我们每一个社会个体来说，都是修心养性、狠下功夫的过程。立德修身和家国情怀中蕴含着丰富的治国理政智慧。我们号召从传统德政文化思想中汲取灵感和智慧，在国家治理体系和治理能力现代化的进程中，对历史上的治国方略进行规律性总结和创新性运用。培育立德修身和家国情怀的精神世界，遏制“官本位”作风。要坚持“以民为本”的价值追求，将人民利益作为出发点和落脚点，并落实到各自的工作中。真心真意地爱民，做到恤民情、懂民心；实实在在地重民事，做到“听于民”、“顺民心”；孜孜以求地利民，把实惠和利益还给人民。“以民为本”是获得人民群众支持和拥护从而形成凝聚力的前提。立德修身和家国情怀是英雄人物的修养和情怀，也理应成为我们每一个普通人的理想和信念。迟早会有那么一天，不同行业的人们再次聚集起来，以伟大的凝聚力团结起来，共赴时艰、攻坚克难。

其次，加强理想信念教育，用科学的理论体系武装每一个社会个体。在日常工作中，有悖于时代主题的行为大都缺乏理想信念的根基。信仰是灵魂世界必不可少的精神内在。在这个空间世界里，少了科学信仰，就会有错误思想补位；丢失科学信仰，错误思想就占领阵地。反思抗击疫情的英雄人物以及我们普通人中涌现的杰出代表，他们给我们普通人的大多数做出了榜样，鼓励着我们迎难而上；也有些严重拖了大家后腿的人，恰恰是因为他们内心多了封建文化残留的那些东西，少了理想和信念。可见，加强信仰教育对武装一个团队乃至一个国家的全体人民，对于实现集体或国家的整体目标具有重大价值和意义。

当然,具体的实践过程是一个系统工程,以社会主义核心价值观为出发点,脚踏实地、清廉自律,弘扬正气。守正明德的高尚品格在于积累。事实表明,抗疫战场上富有影响力的英雄人物,都不是即兴而起的激情表现,而是都经历了信念修养的长期锻造和尺寸之功的长期积累。当风险和挑战来临,优秀品格的凝聚力和影响力便会迅速转化为英雄人物的人格魅力和精神力量。在现实生活的实践中,能够给人们这种精神食量的理论来源包括三个方面内容,科学而系统的关于理想、信念和价值观的理论、我们国家社会主义核心价值观和中国优秀传统文化,三者之间紧密相连,高度契合。

第三,健全和完善制度体系,以治理规范保证秉公用权、清廉为政。健全的制度体系是孵化英雄人物和我们普通人中涌现的杰出代表的大环境。我们把国家治理现代化作为执政主课题,为立德修身和精神引领提供科学而系统的制度环境,既可以限制消极怠工现象,又可以充分发挥富有创新能力的人们的聪明才智。有人怀疑把权力关进制度的笼子里,会不会也影响实干者的效率。事实证明,用制度体系规约权力只会打击和避免形式主义和官僚主义。新冠肺炎疫情期间暴露出的有些人缺乏创新精神和危机意识,甚至行政不作为,都与制度体系欠完善不无关系。有不少管理者,造成抗疫初期被动的抗疫局面,监管不力难咎其责。在全面深化改革的新时代,国家要分清制度建设上的轻和重、主和次、缓和急。要认识到健全制度管理体系的重要性,要认识到制度体系对于治理能力的重要意义。值得注意的是,我们国家已经开始加强监督,强化对权力运行的制约和监督。我们已经感受到国家对"制度治国"的决心。

总之,对照新冠肺炎抗疫战场上人们的不同表现,分析他们背后道德修养和理想信念的内在差异,对比研究"立德修身"和家国情怀对于杰出的社会个体和我们普通人的功效意义,让我们清晰地看到了"立德修身"和家国情怀等中华优秀传统文化在新时代的新作用。结合推进治理能力现代化和国家制度体系现代化的社会背景,我们更应树立远大的理想、坚定的信念,思考新时代提高人们力量和干劲的措施和方法。

历史反复证明,只要人民有理想、有信仰,国家就会有希望。事实也一再证明,把社会主义核心价值观的要求与中国优秀传统文化相结合,打造人们的精神家园,是新时代文化建设的重要路径和方法。倡导修德、正身、克己;廉洁奉公、率先垂范;沉下身子去"顺民心"、"重民事"、办实事。把立德修身和家国情怀蕴含的治理思想转化为民族复兴的精神动力,凝聚全国人民的精气神,为早日实现中华民族的复兴伟业而奋斗。

第八章　比较视野下河南传统文化对策

在社会发展中不断进步和创新，河南省域传统文化的前行之路，有着自己的特点。相较于国外，特别是韩国、日本等国在传统文化价值创新方面取得的成功经验，河南省域的文化发展走出了一条更加适合自己的路。在区域内的开封、洛阳、郑州等地市，围绕文化主题，发展文化经济，让古老的文化发祥地再现昔日经济发展领头羊的荣光。传统文化以自觉继承为主，依靠是文化自觉的力量。同时，政府也加强顶层设计，全面规划本地文化发展蓝图，助力文化与社会经济的融合发展。民间的文化创新需要付出很多努力才能取得成效，主要原因是传统文化在以农业为主的传统社会里根深蒂固。在这种情况下，政府行为规范尤为重要。韩国、日本等国在传统文化价值创新方面取得的成功经验主要就在于政府的积极有为。相比之下，我们在过去相当长的一段时间内认识不足、重视不够、行动欠缺。在国人屡屡感叹韩日政府以声索国身份把本源自中华民族的文化遗产申请"世界非物质文化遗产保护"的时候，学界和政府更需要警醒和反思。更严重的是，西方文化思潮的影响不断加强，侵占舆论阵地、腐蚀人们信仰。

正如我们熟知的"四个讲清楚"重要理想中论述的那样，中国优秀传统文化是我们民族的"根"和"魂"；中华文化积淀着中华民族最深沉的精神追求，包含着中华民族最根本的精神基因，代表着中华民族独特的精神标识，是中华民族生生不息和发展壮大的丰厚滋养。河南作为文化大省，理应成为文化强省。我们要思考经济文化与文化经济辩证关系，积极地以文化产业发展促进经济产业新布局。发挥文化家底雄厚的优势，以文化促进社会全面发展进步，以文化产业带动其他相关产业，扭转经济与文化发展脱节的不利状况，促进经济、社会与文化的和谐发展和全面发展。

第一节 以文化创新促进河南经济发展

“越界融合”，一项以文化促经济全面发展之策，是指推动文化产业与旅游、体育、电信、金融以及制造业、现代农业等相关产业融合发展，延伸文化产业产业链和产品链，实现政治经济社会文化各方面之间双向嫁接；“功能溢出”是指要发挥文化产业现代价值的导向作用和影响力、辐射力效应，推动文化产业与城市化进程和公共文化建设融合发展，统筹文化建设与经济建设、社会建设、政治建设和生态建设协调发展，提高国家和城市的文化软实力与综合竞争力。借助行政上推进大企业、大集团成长的手段，文化产业政策效果明显，特别是创意产业更是生机勃勃。探讨河南文化创意产业对策是文化理论工作者的重要使命，对策讨论应围绕文化创意产业明确的战略方向；文化创新策略（创新是文化发展的最核心，高度重视文化创意产业发展的创新能力）；完善与文化创意产业发展相适应的法律、法规体系；优化与改进河南文化创意产业发展内外环境。

上海合作组织成员国政府首脑（总理）理事会第十四次会议于 2015 年 12 月中旬在郑州市成功举办。此次峰会是当时郑州市乃至河南省承办的高规格国际会议，也是对河南全方位发展的认可。对于地处炎黄文化发祥地核心区域、文化积累深厚的河南省来说，文化产业一直是影响这一地区经济、政治发展格局的重要因素。文化牌无疑是最为有利最为有力最为可靠的资源。在经济全球化趋势影响下，要大力发展文化创意产业尤为重要，选择什么样的文化创意产业发展战略，探讨文化创意产业健康发展对策，研究文化创意产业的发展战略问题成为当前文化产业可持续发展的重要课题。

河南文化产业现状、特征与问题。经过近几年的努力，目前河南文化创意产业已初步完成了外延发展和规模扩张阶段。站在时代的高起点上，进一步加快文化创意产业发展，应当以科学发展为指引，以建设中原文化中心为目标，以推动发展方式转变为核心。郑州集高教资源、商务资源、文明文化资源于一体，是中国第一古都，国家历史文化名城，作为省会为河南文化创意产业发展提供了条件，使郑州成为综合型文化创意产业发展的条件得天独厚。近几年来,以知识和科技为依托的文化创意产业发展成绩显著。漫画类已出版数量占全国原创动漫出版物年总产量比重逐年增加,形成中文世界最大的动漫出版资产。名扬四海的少林禅武文化,海内外知名的《漫画月刊》和《少林海宝》都为以历史文化为依托的文化创意产业发展提供了广阔的平台。开封的宋都文化创新传承成绩卓著,清明上河园是国家文化产业示范园区宋都文化的重要组成部分,是河南文化产业的亮点,还是开封市文化产业发展的龙头产业。开封市文化发展模式是河南省华夏历史文明传承创新区战略定位的重要体现。

河南省文化强省建设办公室与省创意产业协会调研制定了《河南省创意产业发展规划》,我省的文化创意产业有一个大的发展,创办和支持了十大文化创意产业集聚区;协助和培育文化创意产业百强企业。目前的发展呈现出以下三个方面的特点:一是紧扣文化特色,力争为稳步提高,体现厚积薄发的优势。由主要依靠投资驱动和外延发展文化创意产业的方式,转变到主要依靠文化创意和人才培养,以科技支撑为基础,坚持内容和品牌建设导向,走知识产权开发与运营、文化消费拉动以及市场环境培育的内涵的道路。把文化产业引上科学发展的轨道上来;二是进行所谓的“越界组合”,充分发挥文化创意产业作为创新经济的引领作用,挖掘相关产业潜力,放大文化产业对相关产业的影响,开发相关具有消费性的服务业和生产性服务业的综合效应,推动文化创意产业与旅游、体育、电信、金融以及制造业、现代农业等相关产业与融合发展;三是实现所谓的“功能溢出”,发挥文化创意产业作为核心内容的价值导向作用和影响力效应,推动文化创意产业的发展。实现文化建设与河南的经济建设、社会建设、政治建设和生态建设结合起来,提高河南省的文化生态环境与文化软实力,增强其综合竞争优势。也就是说,要以加快转变文化创意产业发展方式,促进河南省结构调整和经济发展方式转变,为贯彻落实文化科学发展的同时,带动的核辐射相关产业,转变河南经济发展方式。为探索和谋划河南发展的新引擎、新路径,在丰富而深厚的文化资源基础上,扎实做好现代开发和运用,服务人民文化生活,对河南发展方式的转变起到积极的引领和示范作用。

就目前河南省域文化产业发展特点和优势趋向来看,“越界融合”与“功能溢出”无疑是下一步政府指导的方向,发挥文化产业现代价值的导向作用和影响力、辐射力效应,推动文化产业与城市化进程和公共文化建设融合发展,统筹文化建设与经济建设、社会建设、政治建设和生态建设协调发展，提高国家和城市的文化软实力与综合竞争力。

在经济全球化和市场经济条件下，我国文化产业已经初步形成以公有制为主体、民营和外资广泛参与的产业体系，进入外延扩张的高速增长的快车道。作为国民经济的一个新增长点，文化产业在促进结构调整、转变经济发展方式，推动文化市场发展繁荣，增强国家软实力中将发挥着越来越大的作用。

近几年来，河南省顺应时代发展的潮流，制定新的省域定位。不同的城市和地区再制定自己的城市定位和区域定位。各级政府根据新的定位，分别出台相应的系列政策和措施，促使文化创意产业在全省呈现出多处开花、普遍提高、迅猛发展的良好态势。在近几年里，文化创意产业收入逐年获得新突破，为完善产业结构、提高市民生活品质、提升河南形象和软实力，以及探索新的城市发展路径增添了新的动力。然而，就河南省文化创意产业发展方式而言，依然存在着主要依靠投资拉动的数量扩张和外延发展，内容创新不足而导致文化消费增长乏力的结构不合理，缺乏精品节目和世界品牌以致国际竞争力不强，作为中原文化中心的影响力、辐射力尚未充分发挥等一系列粗放式发展的问题。这表明，河南省文化创意产业发展和全国一样，具有沿袭以往粗放式经济发展方式的路径依赖。当然，这一问题已经引起人们的广泛关注，发展模式改变在即。

在宏观谋划上，河南省需要立足我国经济社会发展全局，对文化建设做出新的战略定位。要推动文化产业成为河南省国民经济的支柱性产业，迫切要求按照科学发展、可持续发展、绿色发展、和谐发展等要求，根据文化产业发展的规律和特点，借鉴国际文化产业发展经验，通过体制保障机制创新和发展方式转变，探索有中国特色的文化产业发展道路和发展模式，提高竞争力和影响力。

构建转变河南省文化创意产业发展方式的理论框架，梳理国内外相关实践，为提出转变河南省文化创意产业发展方式的相关战略及战略实施提供理论基础和实践依据，从而推动转变河南省文化创意产业发展方式的研究。作为文化创意产业在我国的一个特色，宏观调控是我国利用政府来处理市场经济中各产业矛盾和问题的重要手段，是我国社会主义市场经济的特色之一。宏观调控发挥应有的功能和作用，政府科学谋划之后给予合理的行政干预，对于文化产业发展起到促进作用。观察几十年的发展历史，可以看出通过政府行政手段配置资源，弥补市场调节缺陷，特别是集中力量办大事方面，有效缩短赶超发达国家文化创意产业的时间，一定程度对文化创意产业实现产业超常规发展，这样极大增强了文化创意产业国际竞争力，在全球化过程中也起到了保障国家的经济、文化安全的作用。但同时，我们应清醒地认识到，政府干预是一把双刃剑，干预多少、干预什么、如何干预等等都是学问，过与不及都会造成损失，很难把握。一个重要表现就是在过去的某段时间里，政府干预过多使得文化创意产业发展战略选择很死板，政府行政干预过多过久造成极大负面影响。体制与行政职能干预障碍依然是当前我国文化创意产业发展最大的制约瓶颈。管办不分、政企不分、干预过多使得很多文化企业不能作为文化市场竞争的主体发挥积极性和主动性。不少文化相关企业，缺乏文化产品生产自主权，企业自主运行困难，最终导致整个产业发展被动，文化产业主体缺乏发展积极性和主动性。还有一些企业的问题是没有形成良好的企业内部激励保障机制。

省内各地发展不平衡。由于我国是个多民族国家，地域广大。历史地理等诸多原因造成的各地区经济和文化发展不平衡一直存在。近几年来，文化创意产业的发展也存在资源分散和低水平重复建设严重的现象。就河南全省，也存在发展不平衡问题。我们从数据来看文化创意产业发展资源分散和低水平重复建设的情况。郑州、开封、洛阳等地开发利用较好，但全省很多地方则发展不足。发展不平衡还表现在资源利用不全面，没有呈现多种文化资源综合利用、协同发展的效应。

以开封文化旅游发展为例来分析，开封目前的文化产业多点开花，在很多方面实现了把发展文化创意产业延伸至旅游产业等其他多种行业的良好势头，实现文化产业到向旅游等产业的渗透融合。以清明文化节、禹王台庙会和大宋武侠艺术节为品牌的文化创意产品初具规模，并把影响辐射到相关产业。值得注意的是，上述多种文化与相关产业的融合现象，在融合路径上仅属于文化产业与旅游等产业在资源、技术融合，在融合模式上也只涵盖了延伸融合模式与部分渗透融合模式，融合的路径和模式还过于简单和单一。在这方面，开封、洛阳等可以借鉴国内的杭州、国外意大利的威尼斯等做法，将文化产业与基础设施的建设、文化内涵的注入、工业发展方向等的相联系，进行宏观设计、顶层设计和长效性设计。

相关制度建设滞后及其提高。要立足河南特点和本地实际情况，制定针对性的地方法规，充实完善文化创意产业法律制度的建设。文化创意产业法律缺失现象严重，空白的区域比较多。法律是政策的固定化和制度化，是政策的最高形式。改革开放以来，《专利法》、《著作权法》、《广告法》应运而生，是我国为文化产业的发展制定的几部重要的法律。但总体来说，我国文化创意产业政策上升到法律层次的行业政策不够，行政性规定和管理条例较多但约束力往往不是那么明显和有效。等待《出版法》、《电影法》、《广播法》、《电视法》、《演出法》、《新闻法》、《电信网络法》《图书馆法》全部汇齐之后，都会作为文化创意产业发展的重要法律支撑，发挥对文化产业的保驾护航作用。西方历史发展经验告诉我们，行政干预和各种条例不能代替法律，法律对于文化创意产业正规和科学发展意义重大。权威性、强制性、合法性、稳定性是对权利和义务的保障，是法律与法规条例的本质区别。“意见”、“通知”、“办法”等行政管理机关的行政性规定，在执行过程中随意性很大，其权威性更不能与法律相比，往往有不同的解释，很难得到真正的落实。因此，我国文化创意产业政策应该使各种政策上升到法律高度，应该尽快使各种政策法律化。对于河南省来说，很多区域存在地方法规的空白，比如出版、电影、广播、新闻、演出等等。

当前国内外文化创意产业发展背景分析。不少知名经济学家认为，创意产业与经济发展方式转变至关重要，从产业发展的层面而言，创意产业促进经济发展方式转变主要通过资源转化、价值提升、结构优化和市场扩张三种模式实现。一是资源转化模式，在传统粗放型的经济发展模式中，通常要消耗大量的物质资源，特别是能源，其增长的代价是自然资源逐渐消失和环境不断恶化，因此，资源环境约束和资本约束成为经济发展的瓶颈。而创意产业最显著的特征是鼓励个人创造力的无穷释放，这种释放创造了新的产品和新的市场需求，冲破了传统资源的硬约束；二是价值提升模式，从某种意义上，经济发展方式的转变可以理解为相同条件下，对产业附加值的提升和观念价值的挖掘，而创意产业既是产业高附加值的来源，是产品观念价值的创造者；三是结构优化模式，创意产业促进经济发展方式转变的结构优化模式基于产业融合视角。创意产业的发展可以理解为文化、科技和经济的融合发展，这种融合建立在为消费者提供高度个性化的创意产品之上，一方面需要多样性的文化资源和文化拓展消费的空间，另一方面也高度依赖现代电子信息技术手段，只有在虚拟的空间里，才能真正比较自由地实现“没有做不到，只有想不到”的个性创意境界。因此文化元素和科技手段成为创意产业优化现有经济发展结构的重要因素。

有学者在回答中国经济网记者提出的文化发展方式怎么转变中指出,转变经济发展方式的实质是对原有经济发展方式的革命。转变经济发展方式很难,难在它是一场革命。一是从目标来看,转变经济发展方式是对原有的经济发展方式的一种彻底变革。二是从领域来看,转变经济发展方式延伸到社会发展领域、政治发展领域、文化发展领域。三是从作用来看,转变经济发展方式要使整个社会经济发展的水平、状况和性质等发生深刻的变化。四是从影响来看,转变经济发展方式对整个社会都会发生极为广泛的影响。

文化体制改革是文化发展方式转变的关键。文化体制改革是我国国家体制改革的重要组成部分。按照中央"创新体制,转换保障机制、面向市场、增强活力"的要求,推进经营性文化单位转企改制,增强国有文化单位的发展活力和市场竞争力,培育骨干文化企业,打造一批走向世界的,有竞争力的大型企业集团,鼓励民营文化创意企业快速发展,鼓励非公资本以多种形式进入文化创意产业领域,优化文化产业结构,推动一批企业上规模,上档次,抓效益,努力构建统一开放、竞争有序的现代文化市场体系,这是转变文化发展方式的现实途径。说到底,只有通过文化体制改革才能实现文化发展方式转变,也只有文化发展方式转变了,文化体制才可能得到改革。

还有学者提出,应按照科学发展观的要求,以文化产业发展方式转变引领国民经济结构调整和相关产业转型。科学发展观是立足社会主义初级阶段基本国情,总结我国发展实践,借鉴国际发展经验,适应我国新的发展要求提出来的指导各方面工作的理想理论。科学发展观的第一要义是发展,核心是以人为本,基本要求是全面协调可持续,根本方法是统筹兼顾。要以科学发展观为指导,遵循文化产业的发展规律和特点,以加快发展方式转变为中心,推动文化产业进入科学化发展的轨道,进而促进整个国民经济结构、社会结构的调整,为转变发展方式探索新的路径。

转变文化产业发展方式首先要深刻认识文化产业发展的规律和特点,创新发展理念,提高转变文化产业发展方式的自觉性和责任感;其次,要以提高竞争力和影响力为目标,把发展文化产业主要依靠投资驱动和外延扩张的粗放、数量增长方式,转变到主要依靠人的创意和人才培养、科技进步、内容生产和品牌建设、知识产权开发与运营、文化消费拉动以及市场环境培育的内涵发展轨道上来；再次，要充分发挥文化产业作为创新经济的引领作用和溢出效应，及其兼具消费性服务业和生产性服务业的综合效应，通过政策引导和市场保障机制的双重作用，推动文化产业与旅游、体育、电信、金融以及制造业、现代农业等相关产业融合发展，着力提高相关产业的文化附加值，增强竞争力。与此同时，要研究并出台相关政策，鼓励相关产业延伸产业链和产品链，与文化产业进行双向嫁接，为二者融合发展增添新的动力。最后，要发挥文化产业作为内容价值的导向作用和影响力、辐射力效应，推动文化产业与城市化进程和公共文化建设融合发展，统筹文化建设与经济建设、社会建设、政治建设和生态建设协调发展，提高国家和城市的文化软实力与综合竞争力。

国外对文化产业的讨论。英国是文化创意产业的发源地，也是全球最早开始重视文化创意产业发展的国家。英国经济学家费希尔提出三种产业分类，不同类型产业的特征和功能，以及不同时期的产业结构及其功能的变化趋势，受到理论界的普遍重视。后危机时代，英国正在努力将文化创意产业发展为驱动经济的新引擎。英国国家科技艺术基金会（NESTA）专门就创意产业支持并推动其他领域的经济创新进行的调研，表明创意产业发展劲头强大。英国政府发布的《新经济下创意英国的新人才》战略报告，激发每个人的创意才能，缔造一流的文化创意企业、培养一流的文化创意人才。据统计，过去曾有较长时期内的文化创意产业增长率高出英国整体经济增长 20 多个百分点。文化创意产业在英国的影响非常大，全国一半以上的人参与创意活动。

在美国，以纽约为例，该地区也正在进行着经济结构的调整和转型。由于美国的文化政策秉承自由主义传统，所以强调文化产品生产、销售的高度市场化和最小化政府干预为主旨。美国认为文化产业在经济领域不具有特殊地位，文化产品与钢铁、汽车等其他产品没有什么不同，文化不需要特殊的规划和保护，政府所应做的就是为文化企业的经济活动以及个人的文化创造提供一个公平合理、充分竞争的舞台。美国纽约曾经在相当长的时间内以金融、保险和房地产（FIRE）为支柱产业，正是由于 FIRE 产业发展过火而失控，引发过金融危机。金融危机爆发后，纽约吸取教训，转向智力、文化和教育（ICE）为代表的产业。从总体上看，美国整体经济结构的调整也在从 FIRE 转向 ICE。ICE 包括信息、创意、能源和环境等领域。

在欧洲，法国是一个拥有悠久文化传统的国家，艺术和文化的财富超越于政治制度，法国人对其文化有种强烈的自豪感和保护欲，对文化的重视是深入骨髓的，因此任何外来的文化侵入都会引起法国人的强烈反应，或许这也是法国政府能有效掌控文化政策的原因。法国政府非常重视文化产业，制定了一系列优惠政策，使文化产业得以顺利发展。主要有三种形式的财政支持或赞助：一是中央政府直接提供赞助、补助和资金等，每一个从事文化活动的企业或民间协会，均可向文化部直接申请财政支持。二是来自地方财政支持，法国的大区、省、市、镇政府都有支持文化事业发展的财政预算。三是政府通过制定减税等政策鼓励企业为文化发展提供各类帮助，有关企业可享受3%左右的税收优惠。一系列的优惠政策刺激和保障了文化企业壮大和发展。

在当今世界，创意产业已不再仅仅是一个理念，而是有着巨大经济效益的直接现实。从国际创意创业的发展来看，英国、韩国、美国、丹麦、荷兰、新加坡、澳大利亚等国都是创意产业的典范国家，他们都有自己的发展特色，并产生了巨大的经济效益。

总体来看，河南文化产业发展有着形势大好的外围借鉴。在经济全球化和市场经济条件下，我国文化产业已经初步形成以公有制为主体、民营和外资广泛参与的产业体系，进入外延扩张的高速增长的快车道。作为国民经济的一个新增长点，文化产业在促进结构调整、转变经济发展方式，推动文化市场发展繁荣，增强国家软实力中将发挥着越来越大的作用。河南省需要立足我国经济社会发展全局对文化建设做出新的战略定位，要推动文化产业成为河南省国民经济的支柱性产业，迫切要求按照科学发展观的要求，根据文化产业发展的规律和特点，借鉴国际文化产业发展经验，通过体制保障机制创新和发展方式转变，探索有中国特色的文化产业发展道路和发展模式，提高竞争力和影响力。

第二节　河南文化产业发展定位及思路

河南文化产业运行保障机制及价值定位对策。转变文化发展方式是科学发展观的重要组成部分，也是河南文化产业发展的主线。当前，我国正处在转变发展方式的新阶段。在这一转型中，文化理论和文化发展方式的创新既是观念的解放，产业的转型为国家文化政策的创新提供思路，是对未来我国文化发展方向的引领,是一种总体的文化战略的部署与策划。在我国沿袭经济领域的粗放、外延和数量型发展方式的问题依然突出的情况下,加快文化产业发展,促进经济增长方式转变,对于中国经济的中长期发展,具有至关重要的战略意义。

文化产业发展思路。在我国沿袭经济领域的粗放、外延和数量型发展方式的问题依然突出的情况下,加快文化产业发展,促进经济增长方式转变,对于中国经济的中长期发展,具有至关重要的战略意义。而且,转变文化发展方式也是科学发展观的重要组成部分。当前,我国正处在转变发展方式的新阶段。在这一转型中,文化理论和文化发展方式的创新既是观念的解放,产业的转型,新思路的开拓,又为国家文化政策的创新提供思路,是对未来我国文化发展方向的引领,是一种总体的文化战略的部署与策划。

国家和政府关于文化创意产业发展的整体政策性安排也为可持续性打下了基础。文化创意产业的发展要为后代人的发展与生存创造必要条件。是一个国家和民族可持续发展、科学发展的不由之路。在实现文化创意产业持续发展的基础上逐渐形成具有中国特色的生产经营战略方式。文化创意产业发展战略是一个庞大的系统,有关政府部门应从不同的发展环境和产业条件出发,设计产业发展战略,设计人力资本战略、市场营销战略、技术发展战略等;做好宏观战略和微观战略;积极发展与多元展开并举。

转变文化产业发展方式首先要深刻认识文化产业发展的规律和特点,创新发展理念,提高转变文化产业发展方式的自觉性和责任感;其次,要以提高竞争力和影响力为目标,把发展文化产业主要依靠投资驱动和外延扩张的粗放、数量增长方式,转变到主要依靠人的创意和人才培养、科技进步、内容生产和品牌建设、知识产权开发与运营、文化消费拉动以及市场环境培育的内涵发展轨道上来;再次,要充分发挥文化产业作为创新经济的引领作用和溢出效应,及其兼具消费性服务业和生产性服务业的综合效应,通过政策引导和市场保障机制的双重作用,着力提高相关产业的文化附加值,增强竞争力。与此同时,要研究并出台相关政策,鼓励相关产业延伸产业链和产品链,与文化产业进行双向嫁接,为二者融合发展增添新的动力。最后,要发挥文化产业作为内容价值的导向作用和影响力、辐射力效应,推动文化产业与城市化进程和公共文化建设融合发展,统筹文化建设与经济建设、社会建设、政治建设和生态建设协调发展,提高国家和城市的文化软实力与综合竞争力。

“越界融合”主导河南文化产业运行保障机制。培育文化创意产业链是区域文化创意产业发展的重要手段。文化创意产业链与文化创意产业集群是区域文化产业发展中最实际的体现。在提高区域文化创意产业的竞争力方面，文化创意产业链为区域文化创意产业提供巨大的动力。把河南的历史文化结合城市、地域、人物，以时空间为坐标进行很好的梳理、归纳、整合，合理规划，几乎可以使河南每一个城市都有发展独特的以历史文化为主题的创意产业园。再以历史文化创意产业为基础延伸产业链条，扩展产业网络，发挥扩散效应与晕轮效应，就能极大带动各类外围关联产业的协同发展，从而实现河南文化的产业化，促进河南经济的腾飞。当然，在整合资源，统筹规划的过程中，还需要政府的宏观调控，以免地方资源形成恶性竞争，造成资源浪费。如杜康酒的内耗，钧瓷烧制工艺分散、不统一和恶性竞争等就是让人痛心的前车之鉴。

构建转变河南省文化创意产业发展方式的理论框架，梳理国内外相关实践，为提出转变河南省文化创意产业发展方式的相关战略及战略实施提供理论基础和实践依据，从而推动转变河南省文化创意产业发展方式的研究。系统调查当前转变河南省文化创意产业发展方式的现状、问题和影响因素，分析转变河南省文化创意产业发展方式与消费者参与的互动保障机制，掌握转变河南省文化创意产业发展方式中消费者参与的实际情况、关键性问题，以及明确转变河南省文化创意产业发展方式中消费者参与的过程机理。

应该把文化创意产业发展的动力保障机制等放在今天研究的重要位置。事实上，很多时候文化和文化创意产业的定义、我国文化创意产业的内容载体及其发展现状等，也有必要进一步分析。因为对最近几年我国文化创意产业基本经验和发展进程作考察可以发现，与美国、法国、日本和韩国相比，我国文化创意产业的发展在管理战略、法制战略、规划战略、投融资战略有很多方面有待提高。为了满足人民群众日益增长的精神文化需求和促进人的全面发展，为了使文化创意产业成为国民经济新的增长点，我国必须积极主动发展先进文化，重视文化软实力，坚持经济效益和社会效益的统一，积极探讨今天社会主义文化创意产业发展的战略。

充分发挥文化创意产业作为创新经济的引领作用和溢出效应，及其兼具消费性服务业和生产性服务业的综合效应，推动文化创意产业与旅游、体育、电信、金融以及制造业、现代农业等相关产业“越界组合”。文化创意产业是当今世界发展最快、前景最为广阔的新兴产业。河南作为享誉世界的历史文化名城，拥有丰厚的文化遗产和诸多高等院校、科研机构及高端文化艺术人才，具有发展文化创意产业的优越条件。目前河南文化创意产业已初步完成了外延发展和规模扩张阶段。站在时代的高起点上，进一步加快文化创意产业发展，应当以科学发展观为指引，以建设中原文化中心为目标，以推动发展方式转变为核心

以“功能溢出”打造优势并带动关联产业。以特定产业带动文化创意产业发展。由于国家和各级政府高度重视，最近几年的文化创意产业快速发展，突出表现在全国文化创意产业所占国民经济总产值的比例与日俱增。当然，文化产品的质量提升，不断完善产业发展方式，文化创意产业自身的建设，文化创意产业结构调整，在推动经济快速发展过程中发挥了积极作用，也极大地满足了人民群众对文化需求。文化创意产业发展中所表现出来的极强的生命力，为今后发展打下坚实的基础。当然，具有新生事物特性的文化创意产业是在选择我国文化产业发展龙头时的首选。文化创意产业极大地推动经济文化发展，其实质是跨行业、跨领域的各产业间的重组与合作，带来出比传统文化产业更为高额的利润。文化创意产业往往是第三产业不断壮大的基础上的第二产业充分发展，是第二产业与第三产业融合发展。是融合第二产业和第三产业的新的经济增长点，创造性地打破第二、三产业的原有界限创造巨额利润。文化创意产业的主流往往是体验型、娱乐型、休闲型的产业形态，新的文化消费市场和新的消费群体不断涌现。

当前的我国社会正进入全面发展时期，第二、第三产业之间的交互越来越频繁，二者所在 GDP 比重越来越大，由服务业带动的制造业和由制造业推动的服务业与逐渐成为我国经济发展的两大支柱。这些特定产业成为我国文化创意产业发展的新的基础，而且这些应时代发展大运而生的新型产业符合我国基本国情，很好地规避了文化创意产业发展中系列问题与矛盾。

实现文化产业内部各行业之间的优势互补等是以特定产业为发展动力对我国文化创意产业发展的红利。特定产业共同拉动和平衡整个产业发展，最大限度实现文化产业内部各行业之间优势互补。对于区域经济而言，区域共赢和文化创意产业整体发展成为必然。我国文化产业自身发展成功经验说明，特定产业为发展动力拉动了我国特色文化产业的发展，缩短了文化创意产业整体赶超外国先进水平的时间。我国文化创意产业的发展以文化创意产业为主导是切实可行的一种选择。

政府服务职能的发挥。政府在管理文化创意产业的过程中将会从以行政手段为主逐步转变为行政手段、法律手段、经济手段，三者并用。还要实现政企分开、政事分开，明确政府与文化首位的职责。实施政企分开、政事分开的关键在于明确政府和文化单位、企业各自的职能。政府只能要由“办文化”转到管文化，赋予文化企业、单位相对的独立自主权责，将原来属于政府管理的人事权、财权、经营权充分给基层文化单位和企业，减少行政干预。准确把握新时代我国经济文化社会发展的新要求，发展新型文化产业，构建现代文化产业传播体系，掌握时代发展新趋势及广大民群众对精神生活需求，扩大对外开放，处理好政府与市场关系，以市场为导向，构建经济体制整体框架，科学谋划文化战略发展文化生产力，健全国有文化资产管理体制，推进文化体制改革，区分文化事业与文化创意产业之间的关系，使我国文化创意产业真正成为国民经济支柱性产业。把文化与经济的互动与融合转化为经济效益。

首先，加强转变河南省文化创意产业发展方式中企业参与的运行保障机制，包括参与保障机制、竞争保障机制等。研究如何完善转变河南省文化创意产业发展方式消费者及企业参与的政策与管理体制，有效落实消费者及企业参与的制度保证。转变政府职能。与法制建设相一致的，就是政府职能在文化创意产业发展中的转变。政府部门必须转变政府职能、改进管理体制。严格事后监管，改善和加强宏观监管，符合经济社会发展需求和百姓期待。尽快实现“中国梦”是改革的最终目标，使百姓满意。转变政府的文化管理职能是整个国家行政职能转变的一个重要环节，符合政府从管理型向服务型政府转变的改革方向。在转变政府职能应在宏观体制框架上建构“党委领导、政府管理”的文化领导管理模式，强化依法执行，注重运用多种手段管理文化产业。

其次，转变河南省文化创意产业发展方式宣传策略研究。通过新闻报刊、网络、影视等多种媒介，以公众喜闻乐见的方式，宣传转变河南省文化创意产业发展方式的典型事例，并通过网络互动、文化产业网站等新媒体建设，营造推动转变河南省文化创意产业发展方式的舆论氛围。为此，要努力开创一个利于中国文化创意产业发展的内部和外部新环境。从时间的角度来说是跨越式的加速变革发展；从程度上来说是深层次影响着社会政治、经济、文化的发展。转型是随着我国社会主义市场经济体制的发展而不断完善。开动脑筋，把祖先留给我们的优秀文化的伟大智慧转化为社会治理效能。

第三，政府加大科技投入，构筑创新科技平台。民族的灵魂在于创新，民族国家如果没有自己的文化特质，这个民族将会动荡不安。中华文化之所以自立于世界文化之林，是因为它创造性地继承和丰富了古今中外的一切优秀文化成果，形成其独特的文化特征（即以人为本、和而不同、德仁为先）。文化转型发展，不仅需要对民族优秀文化遗产的传承“保护”挖掘和生产创造；更需要建设发展好社会主义先进文化（即社会主义核心价值体系），从而增强民族文化的内在凝聚力、向心力和亲和力。

相关配套制度建设。文化立法的完善，将会给政府提供行政的法律依据，按照法律赋予的权责进行行业管理。建立和完善与文化产业发展相适应的法律法规体系。全面依法治国，也为我国文化法制建设提供了理论依据，是今天文化创意产业健康发展的重要保证。当然，文化市场发展需要建立和完善社会主义文化法制。由于文化生产的市场准入滞后、文化产业中文化的特殊性，等等原因使得文化产业立法和实施都相对迟缓。当前情况下，文化创意产业法治化进程更加紧迫和重要。音像制品管理条例、娱乐场所保护条例、知识产权法等等，是改革开放以来已经出台的相关规范和法律。这说明我们党十分重视文化产业。相关精神文明建设的规定以及配套实施细则都可以作为我国文化及文化创意产业立法的文献。但总的说来，我国在文化创意产业立法规范化、体系建设上都不够完善，与国际规则的衔接不够，和全球化现实水平不相符，也无法适应我国文化创意产业发展的意识形态化、民族化、地区范围化、知识化和科技化。为此，推进科学立法、严格执法、公正司法、全民守法，对现有法律法规进行适当调整和补充，以达到和保证有法可依、执法必严、违法必究的社会要求，确保在法律上人人平等的实现。也只有这样才能保证文化创意产业良性发展。当然，现代社会只有民主法治才能保障秩序的运转，并通过增强监管建立公平文化创意产业竞争体系。

社会公平正义是现代社会的又一特点。党的十八大以来，党和国家明确要求必须坚持维护社会公平正义，逐步建立社会公平保障体系。该体系以机会公平、规则公平、权利公平为主要内容。一个社会合理性所在就是重视公平以及人文关怀。

打造特色与品牌。中国发展文化创意产业，一定要有自己的特色品牌，让品牌立足于文化创意产业竞争之中，形成自己的核心竞争力。品牌已经成为发展文化创意产业的必不可少的途径，越来越得到从事文化创意产业工作的人士的认同。很多文化创意产业发达的国家，不仅重视品牌的创立，同时也善于发挥品牌的商业价值和文化交流价值，通过品牌影响下所衍生出来的产品链、产业链等创造出一连串的产业价值。“好莱坞”是美国文化品牌的代名词，而以“好莱坞”为首的美国的电影公司每年制作的电影曾长期占据全球放映电影时间的50%，电影票房的2/3。之所以能获得这么大的收益主要归功于美国的文化品牌的创立和成功运动。中国的文化历史悠久，文化内涵丰富，如我国的北京故宫博物馆、敦煌石窟、秦始皇陵墓、桂林山水、西藏的布达拉宫等，这些都是世界宝贵的艺术财富。中国的小吃也是深得外国人的喜爱。这些反映中国特色的文化都是我国创立自己品牌的资源优势。对于这些文化资源我们要根据其特点，做出相关的产业规划，利用新媒体和传统媒体进行品牌宣传，打造具有中国民族特色的文化创意产业，增强本国文化产业的竞争优势。值得补充的是，我国政府在文化创意产业发展中还应拓宽产业融资渠道，加大资金支持力度。近年来，在社会主义经济建设、政治建设取得成效的同时，我国对文化发展的重视程度越来越高，政府对于文化创意产业发展的投资力度加大，但是较之西方发达国家对于文化创意产业的投入还有一定的差距。文化建设中制定的一些方针政策，落实的具体举措，不断推动公共文化服务设施向民众免费开放、继承和发展具有特色的民族文化事业、促进文化创意产业向规范化、专业化转变等，这些都需要大量的资金作为支持与保障。所以加大对于文化创意产业的资金支持力度，拓宽文化发展的融资渠道势在必行。

第三节　河南传统文化创新与民风建设

在新时代，文化建设在和谐社会建设的作用日益重要。文化建设成为经济建设的重要动力；成为社会全面进步的重要基础。淳朴、明正的社风风气对于每一个社会个体都比以往任何时候都需要。传统文化创新、发展和新文明、新风尚建设。

近几年的河南省，在全省范围内自上而下地掀起文化建设的高潮，在此过程中，打造传统文化相关的区域优势成为一大趋势。把握发展机会，发动各个地市的区域优势，调动地市参与积极性，以文化发展促进经济、社会的和谐推进。在内容上，全省掀起文化强省的过程中，号召全体民族了解自己国家和民族的光辉历史，培育大家的爱国、爱省、爱家乡的情感。注重公民爱国主义教育。为了避免把文化建设和爱国主义活动搞成形式主义，提高效果学习和活动效果，各地市还运用比较方法，把外省市，甚至外国的文化创新、爱国精神培育的相关经验介绍进来，对其中有益的经验拿来为我们所用，探讨其有价值的教育理念，结合本地情况才能使爱国主义教育更有生命力。

着眼于当下，结合当前形势，特别是结合当地的具体情况往往会更具有针对性，效果更好。保证使广大群众在传承民族传统文化的同时，增加民族自豪感。使中国传统文化能独树一帜，为世界文明的发展作出新贡献。在具体执行者中还发现，改变传统习俗中一些不好的做法很重要。比如，针对河南省部分地区存在的传统陋习，如婚丧嫁娶等活动中所表现的铺张浪费、封建迷信等落后习惯，开展实地调研等工作。学习和改进的时候借鉴韩、日如何打造国人的精神支柱；弘扬“国家至上家庭为根”的文化氛围与传统文化现代创新的风气；传统文化、家庭、社会秩序之间的相互作用和如何执行好相应的对策，都很值得研究。韩、日在古老文化如何传承、如何与政府引导形成合力方面的经验都很值得探讨；韩、日在家庭文化方面，和中国有相似的地方；也遇到传统风俗与文化新时尚等交互作用的矛盾。

做好传统文化在新形势下如何发展和文化机制的建设。结合《关于实施中华优秀传统文化传承发展工程的意见》，考虑到河南省创新发展传统文化的长期规划：框架、如何运行、保障体系、评价反馈等系统。参考韩、日用法律、国家规划的形式作保障，有成套组织机构体系、配套运行机制的经验；今后。我们要加大文化创新及政治法律、其他社会制度良性互动借鉴。所以，在传统文化创新发展方面，应把握好社会主义的文化发展方向，坚决不能动摇；坚持为人民服务；转化、创新性发展结合起来；交流、互通有无，开放、包容；统筹发展，汇成合力。提升传统文化的合理利用。传统文化的合理部分，是当今各国、各地区发展的重要基础之一；传统文化作是意识形态，长期以来影响着各国的政治制度，反过来通过人们的信念、行为等影响着社会的经济等各个方面。因此，对传统文化，河南省应做好“扬弃”、“古为今用”，使中华民族的优秀道德传统好好利用下来。

促进传统文化创新发展与社会主义核心价值观传播。社会主义核心价值观，是实现民族复兴、中国梦的核心理念、力量源泉，应与中华优秀传统文化相结合。应当学习发达地区的传统文化创新策略，重新建立和打造文化发展理念,讨论河南省传统文化创新融入社会主义核心价值观的方法。

以传统文化创新发展促进思想教育体系创新。结合国情和省情,探讨河南省文化发展战略、文化创新发展促进社会发展对策等文化创新发展目标方面,要多培养新时代自律的、有创新精神的人,服务国家建设;文化创新发展,要发扬传统文化中伦理道德培养人的作用,优秀伦理道德是民族精神的精髓,是青少年教育的核心内容;伦理道德,教育方法较多,乡风民风建设是重要手段。为此,各级政府部门加大投入文化教育经费是重要举措,增加基础设施投入。目前,就河南省而言,很多文化基础设施建设,没有跟上经济发展的节奏,投入远少于发达地区的相应投资。

在传统文化创新中的对策思考中,注重实用性、可行性。比如在乡风民约的新时代创新方面,在爱国主义方面,分析国内在传统文化创新运用方面做得比较好的省市经验,吸收其有益方面,进行可行性创新;分析这些省市结合民族精神、当前形势塑造国民精神;现代问题如何解决、传统文化怎样开发;简化理论:传统文化的人文关怀理论和公民心理健康服务(注重心理引导)。提倡知行合一,引导公民主动进行社会道德实践,在实践中生成道德思维,发展道德行为能力。密切留意群众的心理健康情况,广泛宣传心理健康知识,使群众形成良性循环的心理调节。避免显性教育走形式,力求隐性教育实用性。借鉴这些省市传统德育思想教育方法灵活,我们应学习其经验,显性教育、隐性教育要相互结合,形式、途经灵活化,加大河南省传统德育思想教育的渗透情况。

坚持以全面而科学的社会观为指导。新时代全面而科学的价值观传播促进了思想解放,传统文化的思想精髓,伟大的民族精神得到大幅度的提高。在社会观方面,我们要用科学的理论对今天发生的各种社会现象进行了正确的说明和解释。在社会风气建设方面,把握社会的关键问题。事实上,我们的社会是以婚姻关系为基础,维系还是主要靠血缘关系,包括夫妻关系、父母与子女之间的关系,是整个社会的构成重要基础。社会成员间的经历,物质基础和精神状态多有相似性。

全面而科学的社会观指引着我国社会文化的建设、社会和谐建设。特别在打造中原文化建设高地的进程中,以文化促进经济、以文化促进社会进步已经取得了显著成效。在社会的各层面,采取结合具体情况的针对性措施。为配合社会风气建设,对传统文化的相关内容进行现代价值开发,大到比如对河洛文化的解读，小到对历史上某一时期民间风情的解读，都应该是其对有关社会文化的具体讲解，并以此为基础，对河南省社会文化的建设提供了明确的方向。在全面而科学的社会文化观的指引下，针对现阶段河南省城市文化、城镇文化和农村文化建设所呈现的问题，进行多方面的思考。下一步的发展过程中，应从以下几方面考虑：一是在社会生活中，对于最普及的大众观，进行文化影响，如婚姻关系方面，培育正确的婚姻观，不能受经济发展中一些青年男女经济至上观念的影响，呼唤爱情传统文化的回归，倡导双方应以爱情为基础结婚，夫妻应当多沟通、多理解。在此方面，可以挖掘梁祝文化的现代价值，传播和弘扬淳朴的爱情观。二是，在诸如亲子关系等普通民众的最基本社会关系方面，批判的基础上发挥传统文化的价值，使其能在社会教育中的发挥作用，使社会成员之间相互关爱，构建良好亲子感情，形成长幼有序的社会关系。

在传统文化创新与民风建设进程中，注重发挥基层社区和其他社会组织的思想政治教育的精神动力。在传统文化创新与民风建设进程中的思想政治教育是指社会或社会群体用一定的思想观点、政治观念、道德思想对其成员造成有目的、有计划、有组织的影响，使其形成符合一定社会、一定阶级所认同的思想品德的社会实践活动。在传统文化创新与民风建设进程中，思想政治教育对人们的行为具有规范及制约的作用。在思想政治教育下，帮助人们认同关于社会文化建设的有关规范，进而对符合社会要求的行为进行鼓励、不符合社会发展要求的行为进行批判，从而使群众的行为活动符合社会要求。在传统文化创新与民风建设进程中，思想政治教育作为社会意识形态的组成部分，属于文化的组成部分，是社会文化的结构单位之一。在传统文化创新与民风建设进程中，思想政治教育的文化功能指的是它对文化结构及其各组成部分的影响（陈万柏），文化功能的目的：一是通过思想政治教育等形式影响思想政治信息与主导意识形态，让群众接受主流文化的价值观，使其行为活动符合社会要求；二是群众通过学习、模仿、社会实践等活动得到思想道德知识，养成特定的政治态度、政治信仰和政治情感。，每个思想政治教育的成员，都有独有的生活实践方式，所以针对农村及偏远地区的留守群体，能通过在农村环境中开展思想政治教育，从而使其从思想内化，避免不利于社会健康的行为方式，从而实现传统文化创新与民风建设的实质性成果。

在传统文化创新与民风建设进程中，注重以社会主义核心价值观为统领。社会主义核心价值观是社会主义核心价值体系的核心，属于社会主义核心价值体系的精华。社会主义核心价值观具有前沿性,其为群众的思想政治建设、国家的价值观建设指明了方向。其价值目标是使国家富强、民主、文明、和谐,现阶段国家正朝着社会主义和谐社会的高级阶段发展,而农村和城乡社会作为社会的组成部分,对于河南省这样的传统农业和人口大省来说,在社会和谐发展中起着重要作用。河南省的农村人口占有很大比例,对于维护社会的稳定发展起着较为重要作用,把农村地区的消极因素去掉,能极大地促进河南省域整体的发展。所以说,农村社会文化的进展状况可能直接影响到全省发展大局的稳定。众所周知,公民个人的价值准则是爱国、敬业、诚信、友善。在基层社会中,诚信、友善体现在社会生活的方方面面。可以具体体现在社会成员间相互尊敬、友敬,也可以体现在邻里之间和睦共处,还体现在公民之间互相尊重、友爱、友好。各个层次相互衔接,便形成全社会的社会主义新型人际关系。公民的社会文化建设好有利于推动整个国家的和谐、发展,所以在建设社会文化的过程中要把国家、民族、社会的关系有机联系起来,在传统文化创新与民风建设进程中,让社会主义核心价值观有效落实到现实生活中,从而来指引群众的思想发展,促进农村社会文化的稳定发展。

第四节　构建新时代良好的和谐家庭

在中国传统文化中,家的作用特别重大。“家是最小国,国是千万家”,国泰民安等都表现了中华民族独有的“家国天下”情感。今些年来,随着经济的发展,河南省在城乡一体化建设过程中,加强家庭文化建设的内部构建。家庭文化思想建设方面,社会存在影响社会意识,社会意识反作用于社会存在。市场经济的发展影响了人们的思想,要有效地进行家庭文化建设需从思想上影响人们的心灵。思想观念是指家庭成员思想意识的观念、意志、看法等,其是家庭成员的思想、心理、观念等因素总和,是对家庭中许多因素能动性的反映。对于农村家庭文化建设中体现的多种问题,建议关于家庭文化的思想建设可从下列途径入手。

首先,树立科学的婚姻观。婚姻,多存在于指男女之间、一方到另一方共同生活,形成亲属关系的法律约束。由于观念和文化不同,多以亲密或性的形式被认可,以婚礼的方式来被世人认可。婚姻表现在形式上,是双方财富、心理和生理结合;就本质看,是双方的特有的社会盟约。自人类社会开始,双方结合趋于规范化的主要影响因素是风俗、伦理和法律。夫妻双方应是因爱结合而不是世俗的经济因素或性需求等。在家庭中,夫妻关系位于家庭关系的核心部分,夫妻双方在家庭中起着举足轻重的作用,夫妻感情生活美满有利于家庭稳定。好的婚姻关系应该是相互尊重、平等;相互包容、生活自由;相互信任、信守承诺。夫妻的责任是相互的。这种责任不仅表现在夫妻的情感上,也表现在对子女、对家庭成员的关爱上,还表现在对社会和对集体的责任上。婚姻促进家庭的产生,家庭责任的体现,具体是抚养孩子健康成长、照料年迈父母、维持日常生活,夫妻在婚姻生活中应相互扶持,为家庭文化建设尽自己的努力。

其次,回归理性的教育观:“教育,是以促进人的发展、社会的进步为目的,以传授知识、经验为手段,培养人的社会活动。”而理性教育观体现在家庭教育的目标性、价值性,又体现其规律性。家庭文化与学校文化在育人理念方面有显著不同。家庭教育主要是兴趣的挖掘,是以形成明日的能力、创造出好的价值为想法的文化追求;学校教育是知识方面的教育,注重系统的理论体系和能力的培养,以开阔人的视野为理念态度。不同于学校教育,目前普遍存在着唯分数至上的教育观点,孩子是家庭的希望,家长树立正确的教育观,才能培养好孩子,学校文化与家庭文化的结合——合力教育才是对人的成长比较合理的结构。家庭教育观的基本原则:一表现在生活教育,家长要认识到学校教育和家庭教育的不同,在家庭环境中家长要有特有的教育模式,关注孩子的优点。家长应把关注点放到孩子的兴趣上,提高孩子欣赏生活、开阔视野、锻炼身体、人际交往等综合能力。二是亲情教育,家庭有爱才和谐,学会感恩,使人们能凭借“情”而远离社会的浮躁,远离人群的冷漠所致无知的津渡,从容地找回人性源泉。家长要会舍生处地为孩子着想,要让孩子习惯感恩,感恩父母、兄长、朋友等,只有这样,孩子才能茁壮成长。留守儿童缺乏父母的关心,若父母及时进行爱的补偿,能有效的防止孩子变成冷漠、尖酸的人。最后注意身教重于言教,家长的思想和行为规范直接影响子女思想品德的发展。父母的观点及其待人接物的态度,往往给子女留下及其深刻的印象。有文献表明,婴幼儿的意识可塑性较强。家长的言行、家庭成员的关系、家庭的氛围、家庭的生活习惯等,都会影响他们的思想。家长的言行举止对在孩子日后行为方式有深刻的影响，所以家长必须从自已做起，做好榜样。

再次，建立和谐的人际观。“人际观就是指人们在交往中形成的对于人际关系的总的看法和认识。它指导着人们同他人交往、沟通信息和情感，建立人际关系。社会主义所倡导的人际关系应当是人与人之间平等、互助、友爱、和谐的人际关系，即集体主义价值取向”，目前家庭中家庭成员之间存有不和谐的情况。市场经济快速发展，使得人们对许多事情失去耐心，所以在很多情况下人们往往是容易发脾气，沟通就是要建立和谐的人际观，就是让家庭成员学会倾听，学会耐心沟通交流的方法。无既定目标的感情难以有责任感。夫妻即使因为各种原因没有一起生活，也应多渠道沟通交流，学会分享生活的点滴，这样才可以更好地生活，既能让夫妻和睦，又可以给子女树立好榜样，使其子女在家庭中、在学校都能与人正常沟通。

重视家庭文化的道德建设。“国无德不兴，人无德不立。”道德建设是立国之本，兴国之基。“精神的力量是无穷的，道德的力量也是无穷的。自强不息、厚德载物的思想，支撑着中华民族生生不息、薪火相传，今天依然是我们推进改革开放和社会主义现代化建设的强大精神力量。”家庭文化的缺失其实是家庭道德的不足，没有了道德的约束和规范，将影响家庭发展，从而不利于社会的发展，因此应该对家庭文化进行道德建设。强调性道德建设，对适龄青年开展性道德建设可以在思想上加强其对婚姻的理解，从而会谨慎选择伴侣，可以减少未婚同居、未婚先孕的情况，使婚姻家庭比较符合社会道德要求。发展传统孝道建设，“孝”的意义不仅指对父母的顺从、赡养，也包括了“以家道、家教、家风、家业、养亲、事亲、尊亲、悦亲等为主要内容的传统文化，又集中展示了仁爱、责任、礼敬、勤劳、奉献等核心的伦理、道德精神，这是中华民族宝贵的精神财富”。公民的道德教育方面，“廉耻心”是公民必须拥有的道德底线，有“廉耻心”才会在日常生活中注意个人的行为，才可缩小家庭伦理失衡，道德低下的局面，才会对家庭成员有担当。

加强家庭文化的行为建设。行为是指人们一切有目的的活动，在平时所表现出来的所有动作的统称。家庭成员的所有行为均受其思想的影响，社会存在决定社会意识，社会意识反作用于社会存在。对家庭成员开展道德建设的目的是让其行为符合道德标准，因此有必要对农村家庭成员开展行为建设。以明确的行为规范来制约其日常行为，提倡积极的生活方式，在对待家庭成员的关系上形成符合社会标准的行为，对子女尽心抚养，对父母尽力赡养、对兄弟姐妹关爱。德行，表现在一个人的行为方式上，在心为德，施之为行。南宋理学家朱熹说；"德行，得之于心而见之于行事者也"。将有利于和谐家庭文化建设的标准内化为精神，外化为行为。

在家庭文化建设的外部构建上，家庭是社会的细胞，其发展依靠家庭成员道德的提高，同时也受社会大环境影响。如何促进家庭文化建设的外部影响，利用好政府干预、社会调控，推动家庭文化得到关注，这有利于推动农村家庭文化的健康发展。家庭文化的发展受到很多影响，对内因进行调控，也要加强对外部因素的管理。家庭文化建设作为社会主义精神文明建设的重要内容，在当前条件下，家庭文化建设的外部影响因素主要有：行政因素、法律因素、媒体舆论因素。行政因素：国家行政机关对于某项问题建立的有关政策、制度，均有强制性，在一定程度上是对我国现行法律与道德合适的补充、提供一定辅助作用。在农村部分地区，经济还相对落后，群众的整体科学文化水平不高，且因为健康教育宣传不到位使得家庭文化在发展过程中遇到不小的阻碍，依靠问卷调查得知：留守人员对家庭文化了解不多，对家庭文化建设的相关内容几乎没有听说，有部分人员对家庭文化建设没有兴趣，个别想参加的也因为各种原因无法实行。对于家庭文化建设国家制定了专门的家庭政策，家庭政策相比较家庭法来说更为灵活，在农村地区好推广，且较稳定和具有一定强制性。当地政府部门通过行政建设依靠强制手段对于农村家庭文化建设是会取得一定的成果。

法律，在国家统治的过程中可以为实现统治提供服务，通过有效的立法程序而颁布，具备强制性。我国当前法律体系并不完善，好多关于家庭文化建设的问题还不能妥善解决，务必增加对该类法律体系的建设。在调查的过程中发现许多村民深受乡俗民约的影响，家务事多进行自行解决，如若难解决会求助村委会，而几乎不主动利用法律来保护自身合法权益。所以，在完善我国有关法律发展的时候也要重视在农村地区宣讲有关法律，在走访过程中许多村镇都开设有村务公布栏，有关部门可依靠村务公布栏等以容易接受的方式宣传法律知识，以此促进我国法律的建设，为更好的促进家庭文化建设提供有利保障。舆论是指群众在特定的时间、地点等条件下，对某行为、现象公开表示的内容，基本一致的观念、意见和态度的总称。根据其来源和形成的方式可划分为群众舆论与社会媒体舆论，其中群众舆论是：社会发生某一现象时群众会依据自己的需要、价值观等公开自己的态度和看法，具有自发性的特点；社会媒体舆论是指利用报纸、杂志、互联网等对特定现象进行评论、传播，其时效性快、传播范围大、影响范围广等特点。群众舆论和社会媒体舆论都具有监督社会行为的功能，在农村地区舆论的影响甚至超过法律的影响，“家丑不可外扬”“戳脊梁骨”都是因为害怕受到周围群众的指责形成的俗语，所以在发展家庭文化建设时可有效利用舆论建设从而发挥其监督、传播的功能，在社会上形成接近社会主义核心价值观方向的氛围。

家庭文化建设还应有相应的政策支持，加大家庭文化建设的法律支持力度。针对农村留守老人应加大相关法律支持。我国修订的《中华人民共和国老年人权益保障法》正式出台后，该法规定子女必须“常回家看看”，要关爱老年人，使其心理上有慰藉，而用人单位应积极保障其工作人员休息休假、探亲的权益。

以弘扬正气和融入社会主义核心价值观的创新策略为主，同时针对河南省域传统文化在婚丧嫁娶等日常活动中表现出来的陋习以及其他相关落后的、不科学的风俗习惯，以实地调研形式开展研究工作。传统文化创新发展与新文明新风尚建设。河南省政府要加强公民爱国主义教育，引导公民理性爱国。学习借鉴日韩注重爱国精神培育，探讨蕴含其中的深层的教育理念，才能使河南省的爱国主义教育更富有时代精神和实效性。与时俱进，结合时代发展新特点，使公民将传承民族传统文化与弘扬民族精神有机结合。使中国传统文化在世界多元文化格局中找到适当位置，为人类文明的进步作出新贡献。分析韩日从和谐家庭和民风民俗入手打造现代人的精神支柱；弘扬“国家至上家庭为根”的家国文化与传统文化现代创新的原则；传统文化与家庭关系和社会秩序的作用分析与对策研究。韩日在传统文化传承手段及与政府引导形成合力成功经验分析；韩日在和谐家庭与中国相比有过之而无不及的传统观念（比如强烈的孝悌观念）分析；儒家伦理风俗文化与代沟婚姻等现代人面临的问题辩证关系分析。

做好传统文化创新创新发展与文化保障机制建设。结合《关于实施中华优秀传统文化传承发展工程的意见》，思考河南省创新发展传统文化的长效保障机制，包括框架结构、运行体制、保障体系和评价反馈系统。借鉴韩日以法律和国家规划形式保障，建立整套组织机构体系和配套运行保障机制的经验；韩日文化创新与政治法律和其他社会制度良性互动借鉴。为此，在传统文化创新创新发展原则上，牢牢把握社会主义先进文化发展方向；坚持人民为中心;创造性转化和创新性发展相结合;交流互鉴,开放包容;坚持统筹规划,形成合力。提升传统文化的现实价值转换水平。传统文化的价值观念,成为今日各国各地区迅速发展的重要基础,传统文化作为意识形态长期以来潜移默化地影响着中韩日各国的政治制度,并通过人们的价值观念、行为规范方式等影响着中韩日社会的整个经济文化生活。对待传统文化,河南省传统处理好“扬弃”的关系,做到“古为今用”,实现中华民族优秀德行和修养传统的现代价值的转换。

促进传统文化创新发展与社会主义核心价值观传播。社会主义核心价值观是推进中国特色社会主义事业和实现民族复兴中国梦的核心理念和力量源泉,与中华优秀传统文化相契合。凝练韩日传统文化融入国家意识的成功经验,探讨河南省传统文化创新融入社会主义核心价值观对策。以传统文化创新发展促进理想教育体系创新。研究河南省理想教育创新发展对策。理想教育培养目标比较,韩日培养全球化信息化时代自律的、富于创造性的人,服务其政治制度;社区婚姻家庭相关的主题文化工作内容比较,传统文化和伦理德行和修养是韩日民族精神内核,是青少年教育理想基础;社区婚姻家庭相关的主题文化工作途径比较,韩国理想教育方法灵活多样;教育经费投入比较,河南省远低于韩日教育投资水平。在传统文化创新中的对策思考中,注意实用性和可操作性。以爱国主义为例,分析韩日传统文化实用性和可操作性创新;分析日韩结合民族精神和时代特点培育国民精神;现代问题的解决与传统文化灵活性开发;简化和生活化深奥理论,如传统文化的人文关怀理论与公民心理健康服务(注重心理疏通)。强调知行合一,鼓励公民主动投身社会德行和修养实践,在德行和修养实践中形成德行和修养思维,发展德行和修养行为规范能力。密切关注公民的心理健康现状,广泛普及心理健康知识,引导公民形成良性循环的心理调节保障机制。避免显性教育形式化,追求隐性教育实效性。日韩传统德育理想教育方法灵活多样,我省应借鉴其经验,显性教育和隐性教育要紧密结合,形式和途经要多样化,强化河南省传统德育理想教育的渗透力度。

坚持以吸收传统文化精粹和高尚的理想情操相结合为的指导原则。冲破封建残余理想牢笼,把吸收传统文化精粹和高尚的理想情操相结合,让民族精神融入时代精神。正确认识的本质,维护好家庭以婚姻关系为基本形式,以血缘关系为纽带,处理好夫妻双方两个人之间的关系,父母和子女之间的关系,也就是家庭。在家庭中不但有物质关系还有内在的精神关系，即家庭成员之间的理想观念、精神状态等。

吸收传统文化精粹和高尚的理想情操相结合，促进我国和谐家庭的建设、社会和谐。家庭建设为社会文化建设发挥重要的作用，为我国和谐家庭的建设提供了具体的理论指导。吸收传统文化精粹和高尚的理想情操相结合，要做到在婚姻关系上，要树立正确的婚姻观，男女双方应以爱情为基础结合在一起，夫妻双方两个人相互沟通、相互理解；在亲子关系上，要建立平等的亲子关系，发挥科学而全面的家庭教育的功能，使家庭形成关爱有加，以孝为先的良好亲子关系，形成长幼有序的伦理关系。

可以在社会的基层组织进行相关主题的教育活动。比如，发挥社区婚姻家庭相关的主题文化工作的精神动力。社区婚姻家庭相关的主题文化工作是指社会或社会群体用一定的政治观点、德行和修养理想、理想观念对其成员施加有目的、有计划、有组织的影响，使他们形成符合社会需要的、正确的婚恋观、家庭观等理想品德的社会实践活动。社区婚姻家庭相关的主题文化工作对人们的行为规范具有约束规范的作用，在社区婚姻家庭相关的主题文化工作下，帮助人们认识并认可有关和谐家庭建设的社会规范，通过对符合社会要求的行为规范，为了使人的行为规范方式符合一定社会要求，对正确的婚恋观、家庭观进行肯定褒奖、违背社会发展要求的进行否定、批评。社区婚姻家庭相关的主题文化工作作为社会意识形态的组成部分，包含于文化之中，是社会文化的重要传播形式。社区婚姻家庭相关的主题文化工作的文化功能指的是它对文化结构及其各组成部分的影响。文化功能的目的一方面是通过社区婚姻家庭相关的主题文化工作等形式传播正确的婚恋观、家庭观，形成符合社会要求的行为规范模式，促使人们接受主流文化的价值观；另一方面是通过正确的婚恋观、家庭观个体学习，培养社会成员的信仰和情感。作为社区婚姻家庭相关的主题文化工作的对象，每个人都有自己的生活实践范围，正确的婚恋观、家庭观可以通过在农村这个微观环境，改变不利于家庭发展的行为规范习惯。以爱国、敬业、诚信、友善为统领。爱国、敬业、诚信、友善是新时代社会文化发展要求的高度提练和集中表达，为人们的理想建设、价值观磨练提供了风向标。社会和谐，家庭是基础，在社会和谐发展中发挥着不可替代的作用。作为传统意义上的农业大国。农村人口在我国总人口中所占比重较大，农村和谐家庭的建设，对于维护社会的稳定起着重要的作用，直接影响到国家的和谐。“家是最小国，国是千万家”，去除农村地区不和谐因素，能更好地推动我国整体的发展。对于全社会来说，强调公民爱国、敬业、诚信、友善；家庭之间应互相帮助、和睦友好、互相尊重、互相关心。把国家、民族、家庭的关系紧密联系在一起，努力形成社会主义的新型正直友善的人和人之间关系关系。只有公民的和谐家庭建设好，家庭成员之间相互关爱、互亲互敬、公民个人层面诚信、友善、邻里之间互帮互助、和谐友善，才能进一步推及至整个国家的和谐与发展。在建设和谐家庭的过程与国泰民安的进程融合统一。

加强和谐家庭建设的内部构建。和谐家庭的理想建设方面，我们应发挥社会意识对社会存在具有反作用。今天，是市场经济的对人们理想产生巨大影响的时代，要想有效地进行和谐家庭建设需要从理想上浸润人们的心灵。理想和信念家庭成员的家庭、婚姻思想以及相关的观点和主张等，包括家庭成员的理想、心理、信念，是对家庭物质基础能动性的反映。针对农村和谐家庭建设中出现的种种问题，对和谐家庭建设可从如下几种途径入手。首先，建立科学的家庭内部关系。家庭内部关系，特别是夫妻双方两个人之间的融洽关系特别重要，在家庭中，夫妻双方两个人之间的家庭内部关系关系处于家庭关系的核心地位，夫妻双方两个人在家庭中扮演者重要的角色，夫妻双方两个人感情生活的和谐与满足成为维系家庭稳定的重要支柱。当代科学的家庭内部关系关系应当是相互尊重，平等相处；相互信任，信守承诺、相互包容，自由生活；家庭内部关系中，夫妻双方两个人之间的责任不是孤立存在的。这种责任不但表现在夫妻双方两个人之间的情感上，还会表现在对社会、对集体的责任上，表现在对子女、对家庭中其他成员的关心上。家庭内部关系的缔结意味着家庭的产生，具体为抚养孩子的成长等家庭责任的出现，照料年老的父母、维持家庭的正常生活，夫妻双方两个人在家庭内部关系生活中应相互支持为和谐家庭建设尽自己的一份力。

其次，回归科学而全面的家庭教育观。教育是培养人的社会活动，是以社会的进步为和促进人的发展目的传授知识、经验的过程。科学而全面的家庭教育观要求实现家庭教育的目标性、价值性和规律性。家庭和学校在育人理念方面有明显的不同。科学而全面的家庭教育是兴趣的挖掘，学校教育是知识教育，家庭教育观的重点是以形成日后不同的气质和能力创造发展空间。和学校教育相区别的是，家庭应秉持开阔人的视野为理念的教育观。但在所调查的地区普遍存在着错误教育观，把孩子继续束缚在应试教育中规则中。

今后，家庭教育的重大首先表现在生活教育，不应再把学校的教学模式照抄照搬回家庭，应把关注点转移到培养孩子的兴趣上，提高孩子综合能力。其次是亲情教育，尊重孩子，让孩子学会感恩，保证健康成长。最后是身教重于言教，父母用科学和健康的世界观、人生观给子女留下深刻的印象，从自身做起，对孩子进行言传身教。

再次，建立和谐的正直友善的人和人之间关系。在正直友善的人和人之间关系中，就会在交往中形成正直友善品性，人和人之间关系就会愈益改善。指导人们同他人交往、沟通信息和情感，建立正直友善的人和人之间关系。社会倡导的正直友善的人和人之间关系应当是人与人之间的平等、互助、友爱、和谐。正直友善的人和人之间关系关系在现代家庭中家庭成员之间同样适用。市场经济快节奏、高压力的生活，使得人们往往比较急躁，易发脾气。建立和谐的人和人之间关系，沟通很重要。家庭成员学会倾听，耐心交流，可以利用现代信息技术分享生活的乐趣。

重视和谐家庭的德行和修养建设。“国无德不兴，人无德不立。”德行和修养建设是立国之本，兴国之基。德行和修养的力量也是无穷的。精神的力量是无穷的，自强不息、厚德载物的理想，是推进改革开放和社会主义建设的强大精神力量，支撑着中华民族生生不息、薪火相传。凡是不和谐的家庭，家庭德行和修养的缺失，失去了德行和修养的约束与规范，常常是主因。缺少德行和修养建设的家庭会出现诸多不和谐的声音，影响家庭的发展，进而影响社会的发展。必须在家庭中经常性地进行德行和修养建设。

进行家庭教育的孝道教育。“孝”包括了“养亲、事亲、尊亲、悦亲、家道、家教、家风、家业等多层意义，远远超出了对父母的顺从和赡养。孝文化为主要内容相关家庭文化集中展示了仁爱、礼敬、勤劳、责任、奉献等核心伦理规范。在家庭教育中强化公民的德行和修养教育，才能减少家庭伦理失衡，在日常生活中规范个人的行为。

加强和谐家庭的行为规范建设。家庭成员的日常行为规范受其家庭理想、家庭伦理等观念的引导。在对家庭成员进行德行和修养建设时候，要保证行为规范符合社会要求，倡导健康的生活方式。对父母尽赡养之职、对子女尽抚养之责、对兄弟姐妹尽手足之情。在心为德，施之为行。把符合和谐和谐家庭建设的行为规范外化到模范的实践中去。和谐家庭建设还需要必要的政策支持，上文已经提到和谐家庭建设的法律支持问题。比如对于下未成年人的抚养教育问题，比如对于留守老人的抚养安置问题，为了家庭和谐以及社会和谐，都要加强相关法律建设。要加强家庭内部关系相关的法律制度的宣传力度。我国于1950年公布施行了第一部《中华人民共和国家庭内部关系法》，修订后的新家庭内部关系法于1981年开始施行，这部新修订的家庭内部关系法在近半个世纪里对调整我国家庭内部关系家庭关系，促进家庭的和谐发展做出来巨大的贡献。但随着我国经济发展水平的提高，社会环境发生了很大的变化，原有的《中华人民共和国家庭内部关系法》与现实社会的发展出现了不协调的方面，2001年，九届全国人大常委会第21次会议通过了对《中华人民共和国家庭内部关系法》的修订，新修订的家庭内部关系法同日起施行。2011年，最高人民法院发布家庭内部关系法最新的司法解释，因此说现行的家庭内部关系法符合我国的实际情况，2021年开始，全新的《民法典》将颁布实施。

在社会和国家层面上，打造和谐家庭建设的外部环境。家庭作为社会的细胞，其自身的发展受整个社会大环境的影响。政府和社会积极推进社会主义精神文明建设，提高人们的整体科学文化水平。从规章制度、法律法规建设上推进保障和谐家庭建设外部大环境，维护人们的合法权益，为和谐家庭建设提供制度保障。另外，还要用积极向上的文化建设引导舆论的发展方向。在进行和谐家庭建设时可利用舆论建设，传播积极有为的正能量，有效发挥其监督和传播的作用。

第五节 建设全新文化发展保障机制

由于文化和经济发展的相对滞后，要想在河南省内实现文化发展上的一体化，需要建立起一系列的保障机制。协调城乡之间的关系，协调同一区域政治、经济和文化之间的关系，以更好地发挥联动发展、协作发展，保障文化发展的顺利开展。以河南省文化发展的“农村和谐家庭”发展状况来说，可以思考和借用保障机制来有效督促，进行人为干预，增加和谐家庭数量。在问题调研中发现，农村地区有关和谐家庭比例在近几年有下降趋势。究其原因，农村地区有关和谐家庭的宣传做的不到位，教育缺失等现象普遍存在。而这些都本应该是基层社区的日常工作内容。

首先,应该加大宣传力度,让区域内的居民明白和谐家庭建设的意义,明白应该如何做。为此,社区内部可以建立起舆论监督保障机制和基层服务保障机制。同时,可以发动各种相关的基层群众服务组织建设,如妇联。在服务妇女发展、保障妇女权益、促家庭和谐等方面,妇联可以发挥广泛的群众性和社会性,架起群众与各类组织之间的桥梁,推动和谐家庭的建设。妇联可以通过家政、保健等方面的培训工作提高广大妇女同志的就业,提她们的生存能力、自身素质和权利意识。这样可以提升她们在家庭的地位,为和谐家庭建设打好基础。在此基础上,妇联可以和其他组织机构如各级团委、文化部门等形成共促和谐家庭的合力,整合各种社会资源,提高妇女同志就业率。基层服务保障的主要功能体现就是服务群众。

其次,建立有关家庭生活的辅导培训机构。西方国家有婚前教育和家庭生活培训机构,随着近年来我国社会出现的婚姻家庭相关问题的不断增多,群众生活中也出现了对婚姻和家庭进行指导和培训的需求。我们国家可以根据实际情况,学习和借鉴在基层社会组织设立相关咨询或培训机构的做法。在培训内容上,可以灵活多样,随时增加,有地方基层社区统一组织,协调地方的有关权威部门参与。具体内容上,可以是心理咨询,为出现家庭内部关系问题的人提供辅导;可以是即将走进婚姻殿堂的青年男女,进行相关法律内容的宣讲;可以是家庭内部关系调解;介入和培训家庭沟通技巧,缓解家庭矛盾;可以是孤独的老人或留守儿童,给他们在节假日等特殊时间里提供特殊的爱与温暖,让所有的人享受国家和社会的关爱、包容和尊重。

第三,建立扶困救贫的特殊保障机制。现阶段的国家医疗与养老政策已经比较好第为大多数的人们提供了基本保障。但是在农村等落后和偏远的区域,总有因为信息、交流等问题导致的“被遗忘的角落”。这时的基层组织工作就显得尤为重要。为每一个社会个体谋福利是我们国家的制度使然,特别是善待特殊困难的普通老百姓,为他们着想,为他们谋利,尊重每一个社会成员的生命和健康的权力。使每一个人都享受国家发展和进步的实惠。

第六节　建设文化舆论监督有效平台

近年来的经济迅速发展,特别是在城乡一体化建设的拉动下,河南省域的文化发展出现了很多新现象。一方面以弘扬正气和融入社会正能量的创新发展,取得一系列成果。另一方面河南省域传统文化继承中也还有封建陋习的影响,主要表现在婚丧嫁娶等日常活动中。

为打造传统文化创新发展与新文明新风尚,建设文化舆论监督有效平台十分必要。这个舆论监督平台,要加强公民爱国主义教育宣传,结合时代精神和时代发展新特点,鼓励民众将传承民族传统文化与弘扬民族精神有机结合,为人类文明的进步作出新贡献。从和谐家庭和民风民俗入手,打造现代人的精神支柱;弘扬"国家至上家庭为根"的家国情怀;鼓励建立新型家庭关系,为和谐社会秩序做贡献。

当家庭出现内外部矛盾时,文化舆论监督平台可以承担起调解和协商的职责。会同或协调基层社区、村委会、居委会或乡镇政府相关人员或部门共同参与调解,通过有效和及时的调解,解决家庭矛盾。这样的调解和介入,是基层社会治安的重要辅助,可以大大减少各类案件的发生率,把很多基层矛盾消灭在萌芽阶段。这样的文化舆论监督平台为基层社会的和谐建设、平安建设做出积极贡献,具有很多积极效果。

文化舆论监督平台还可以起到文化"过滤器"的作用。经济发展起来之后,基层社会管理中,会发现富裕起来的人们也有很多文化消费方面的需求。基层文化的满足,就有一个把握方向的问题。文化舆论监督平台正可以起到文化"过滤器"的作用。比如对于各种大众传媒的监督作用。大众传媒传播速度快、时效性强,传达社情民意的功能是十分明显的。各种大众传媒的流行也潜移默化地改变着社会。但是,我们也可以看到各种大众传媒的运转,必须存在监督和管控的环节,发挥其帮助村民了解村规民约、增加有用信息的输送;同时,对于各种大众传媒的的传播内容要进行严格的过滤,不能放任自流、失去管控。对有损社会风气、家庭和谐、阻碍良好文化传播的现象及时制止,堵住漏洞。

建设文化舆论监督有效平台,还要发挥好基层社区工作的各种信息传播方式,打造综合性的宣传和引导机制体系。可以普遍使用广播室、黑板报等传统的有效传播方式。比如,可以发挥区域广播、村务公开栏、社区文化室等作用,大力发展基层文化,大力弘扬和谐文化。在基层社会组织形成较强的威信,用有实效的工作成绩赢得基层民众的拥护和欢迎,促进基层民众对和谐文化、和谐家庭建设的关注。

建设文化舆论监督有效平台，要切实发挥民间网络平台的传达和监督作用。国家统计局发布的《中华人民共和国国民经济和社会发展统计公报》显示，近几年来的我国互联网上网人数逐步增加，其中手机上网人数更是达到了总人口一半以上的惊人程度。互联网普及率达到50%以上。这其中，虽然农村地区互联网普及率稍低，但也超过了30%。可见想见，网络平台在农村里发挥了极大的信息传递作用。智能手机在农村已经普，使用人数远远超过电脑的使用人数。所有这些，为外出务工人员和在后方留守的人员之间建立信息沟通提供了极大方便。借助于微信公众号、QQ群等聊天工具，村邻之间互通有无、拉近关系；留守群体了解外面的世界，和远方的亲人建立关系，使双方的信息能够及时传递。同时，助于微信公众号、QQ群等聊天工具，村委会等基层社会组织还能及时收集各个家庭的特殊情况，在需要的时候第一时间提供帮助，减少外出务工人员的后顾之忧。及时发现困难家庭，对留守家庭加大支持力度，用信息联系每一个家庭，让爱充满到和谐社区、和谐社会的角角落落。

主要参考文献

[1]阮元(校刻).十三经注疏[M].北京:中华书局,1980.
[2]郭沫若.郭沫若全集(考古编)[M].北京:科学出版社,1982.
[3]王国维.观堂林集(全四册)[M].北京:中华书局,1959.
[4]杨向奎.宗周社会与礼乐文明[M].北京:人民出版社,1992.
[5]宗白华.美学与意境[M].北京:人民出版社,2009.
[6]郭沫若.郭沫若全集(历史编)[M].北京:人民出版社,1982.
[7]李泽厚.美的历程[M].北京:三联书店,2009.
[8]朱志荣.夏商周美学理想研究[M].北京:人民出版社,2010.
[9]施昌东.先秦诸子美学理想述评[M].北京:中华书局,1979.
[10]叶朗.中国美学史大纲[M].上海:上海人民出版社,1985.
[11]白川静.金文的世界:殷周社会史[M].温天河,蔡哲茂合译.台北:联经出版事业公司,1989.
[12]陈来.中华文明的核心价值[M].北京:三联书店,2015.
[13]刘成纪.西周用乐状况及相关美学问题[J].求是学刊,2011(5).
[14]我们的.在哲学社会科学工作座谈会上的讲话[N].人民日报,2016-05-19(01).
[15]关于实施中华优秀传统文化传承工程的意见[N].人民日报,2017-01-26(06).
[16]刘云山.中央文明委第五次会议全体会议上的讲话[N].人民日报,2017-01-21(01).
[17]陈兴贵,王美.文化生态适应与人类社会文化的演进)[J].怀化学院学报,2012(9):16-20.
[18]王永贵.意识形态领域新变化与坚持马克思主义指导地位研究[M].北

京:人民出版社,2015:185.

[19]杨昕.论中国共产党意识形态话语权建设的原则与目标[M].理论界,2015(3):33-37.

[20]郝立新.历史选择论[M].北京:中国人民大学出版社,1992.

[21]王伟光.我们的治国理政理想研究[M].北京:中国社会科学出版社,2016.

[22]严书翰.现代化与社会全面发展[M].北京:红旗出版社,1999.

[23]我们的.在哲学社会科学工作座谈会上的讲话[N].人民日报,2016-05-19(01).

[24]我们的总书记在文艺工作座谈会上的重要讲话学习读本[M].北京:学习出版社,2015:28.

[25]庄锡昌.多维视野中的文化理论[M].杭州:浙江人民出版社,1987:99.

[26]凌云.模因论视域下网络流行语及其文化阐释[J].江西社会科学,2019(8):234-240.